· 经 典 润 泽 生 命 ·

曾国藩家书

插图版

于江山◎主编
（清）曾国藩◎著
陈书凯◎编译

中国纺织出版社

内容提要

曾国藩是中国近代史上的一位重要人物，被称为晚清“第一名臣”，同时他又是被公认的中国近代最后一个集传统文化于一身的典型人物。其所著家书，涉及的内容广泛，本书特选取其中 150 余篇，编为修身劝学、持家理财、治军为政、交友处世四个部分。编者为每封家书注有准确的日期，并进行了现代文全译，以便读者能够深刻地了解道光、咸丰、同治三个不同时期的曾国藩，了解其真正智慧之所在，读者从此书中可见一个思想者对世道人心的深刻体察和感悟。

图书在版编目（CIP）数据

曾国藩家书：插图版／（清）曾国藩著；陈书凯编译．—北京：中国纺织出版社，2015.1（2022.3 重印）
（国学今读）
ISBN 978－7－5180－1268－8

Ⅰ.①曾… Ⅱ.①曾… ②陈… Ⅲ.①曾国藩（1811～1872）—书信集②《曾国藩家书》—译文 Ⅳ.①K827＝52

中国版本图书馆 CIP 数据核字（2014）第 283380 号

责任编辑：张永俊　　特约编辑：刘　阳　　责任印制：储志伟

中国纺织出版社出版发行
地址：北京市朝阳区百子湾东里 A407 号楼　邮政编码：100124
销售电话：010—67004422　传真：010—87155801
http：//www. c－textilep. com
E-mail：faxing@ c－textilep. com
中国纺织出版社天猫旗舰店
官方微博 http：//weibo. com/2119887771
佳兴达印刷（天津）有限公司印刷　各地新华书店经销
2015 年 1 月第 1 版　2022 年 3 月第 4 次印刷
开本：710×1000　1/16　印张：20
字数：308 千字　定价：59.80 元

凡购本书，如有缺页、倒页、脱页，由本社图书营销中心调换

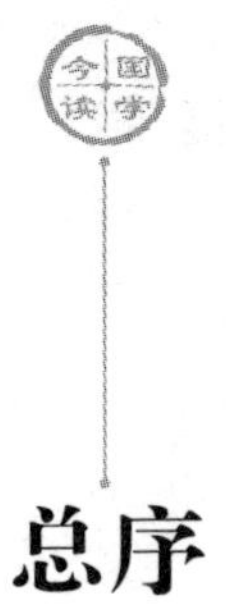

总序

国学的本来与未来

对于中华民族来说，迄今为止的大事因缘，莫过于国家的命运——诞生、跋涉、传衍和弘扬，当然也包括国破家败与绝处逢生。从这个意义上讲，国学的命运也就是中华民族的命运。

国学潮之所以汗漫于21世纪初叶的中国，是因为其内生的属性契合了民族复兴的强烈诉求。这一波潮涌不是返祖而是进化，承载着一系列厚本厚生、资治化民、与时偕行的历史使命，其目标麾指人类文明的又一巅峰。

红尘滚滚的世俗显然对国学大潮的浪迭涛涌缺乏理性的应对预案。于是在价值多元的当下社会，国学便被推向了纷纭披拂的“春秋战国”。红艳艳的国学大旗随风飘扬起来，却鲜有人去理性思索其背后的动因。

今天我们传承着国学的本来，于是就有了这套插图版的国学经典系列。

我们知道国学经典浩如烟海，“累世不能通其学，当年不能究其礼”。所以我们选择了一个力所能及的方向和规模。当然也可以做得更大，但我们宁愿选择做得更精。我们像双手掬捧着祖先的遗惠，虔诚而勤勉地加以拂拭、点饰、悟析和解读，力图让这些千年经典焕发出时代的清辉。从这十几本入选经典中，我们不难看到国学经典为我们提供的精神资源和思维向度：

一、生生不息的变易之道；

二、居安思危的忧患意识；

三、安贫乐道的幸福观；

四、自强不息的进取观；

五、厚德载物的道德观；

六、民为邦本的政治哲学；

七、和而不同的和谐理念；

八、阴阳互生的发展观；

九、义利统一的价值观；

十、天人合一的宇宙观；

十一、知行合一的学统；

十二、资治化民的宗旨和践行。

而这些，都已化成了中华民族的文化基因，成为中华民族伟大复兴的精神渊薮。

至于国学的未来，我们认为：就是践履国学智慧的大众化、现代化和生活化。这同时是我们推广国学的最终目标，当然也是我们推出本书系的重要宗旨。能以本书系的出版来助推国学潮的澎湃，是我们莫大的荣幸。

参与这项工程的诸多同人的敬业精神不止一次让我感动倾情。我一直认为我们这一书系在众多同类出版物中毫不愧恧，因为在统稿的过程中我读出了底蕴、良知和用心。没有什么能比得上这样强大的支撑了。所以我满怀欣悦地向读者推荐我们的插图版经典读本。这是一套继往开来的书系，伴随着国学的本来走向未来。

于江山 甲午之秋

朝秦暮楚地 巴山夜雨中

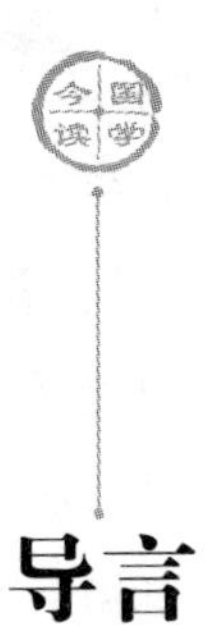

导言

曾国藩，这个近代史上响当当的人物，一生都致力于修身、齐家、治国、平天下。但就是这么一个身份显赫的晚清重臣，因其所处的特殊历史和社会环境，无论生前还是死后，都没有赢得世人一致的尊崇。

这位名噪当世的晚清重臣，生于1811年，原名子城，字伯函，号涤生，出生于湖南湘乡（今双峰县荷叶镇），共有兄妹9人，身为长子，他堪称榜样。曾国藩6岁开始读书，道光十八年（1838年）便从一介书生一跃成为当朝进士，后入翰林院，拜在军机大臣穆彰阿的门下，留京后10年七迁，并连升10级，37岁就官至礼部侍郎，升为二品重臣，后又担任署兵、工、刑、吏部侍郎。他与大学士倭仁、徽宁道何桂珍等为密友，以“实学”相砥砺。仕途的平步青云使他在京师赢得了很高的声望，无论是至交好友、同代朝臣，还是平民百姓，对他都很推崇。

曾国藩虽然官运亨通，一般人难以企及，但真正使曾国藩声名显赫、举国皆知，并让后世褒贬悬殊的，却是镇压太平天国运动。咸丰二年（1852 年）曾国藩因丧母返乡守孝，恰逢洪秀全领导的太平天国运动以摧枯拉朽之势夺取了东南大部分省份。翻腾的巨澜横扫湘湖大地，直逼湖南长沙。1853 年 1 月，曾国藩以在籍侍郎的身份被清廷任命为团练大臣，负责湖南的团练招募、训练和自保，他便因势在家乡成功地组建了一支特别的民团——湘军。他以封建宗法关系为纽带，不招游杂、城镇市民，只招募青年农民，挑选同乡、同学、师生和亲友当军官，并先聘营官，由营官自己招募士兵。整个湘军只服从曾国藩一人。他要求将士“忠义血性”“书生以忠诚相期奖”，与同僚左宗棠、弟弟曾国荃、弟子李鸿章等率领这支军队转战 10 年。1860 年湘军总数已达到 30 万人，并最终平定了太平天国运动。之后曾国藩被加封为兵部尚书衔，授两江总督，并以钦差大臣的身份督办江南军务。从此，曾国藩不但拥有兵权，而且掌握地方大权。不过自打下天京后，为消除朝廷的疑忌，曾国藩主动收敛羽翼，裁减湘军，在朝中赢得了极好的口碑。所以在历尽艰辛为清王朝平定天下之后，他便被封为一等勇毅侯，成为清代以文人而封武侯的第一人。

1865 年 5 月，曾国藩奉命督办直隶（约今河北）、山东、河南三省军务，镇压捻军。他驻营徐州，先后采取重点设防、凭河筑墙、查办民圩的方略，欲在黄河、淮河之间，运河以西，沙河、贾鲁河以东的区域歼灭捻军。后因师久无功，次年冬清廷改派李鸿章接替，命其回两江总督本任。1867 年，曾国藩调任直隶总督。1870 年 6 月，天津发生天主教案，他奉命前往查办，屈从法国势力，处决、遣戍官民数十人，受到社会舆论谴责，世人对他的鞭笞也由此而渐趋白热化。9 月，他奉命还任两江总督、直隶总督，官居一品，死后被谥“文正”。

曾国藩除了治军有方之外，还非常重视采用外国军火，主张“师夷智以造炮制船”。1861 年，设立安庆内军械所，制造“洋枪洋炮”，后又试制小火轮船。1863 年，造成“黄鹄”号轮船，并派容闳赴美国购买机器。1865 年至 1866 年，与李鸿章在上海创办江南制造总局等军事工业，并为之积极筹措经费，派遣学童赴美留学，成为清末兴办洋务事业的首创者。曾国藩是中国历史上“睁眼看世界”并积极实践的第一人。在他的指导下，建造了中国第一艘轮船，开启了近代制造业的先声；建立了第一所兵工学堂，肇始中国近代高等教育；第一次翻译印刷西方书籍，不仅奠定了近代中国科技的基础，而且极大地开阔了中国人的眼界；安排第一批赴美留学生，为国家培养了大批栋梁之才，民国第一任总理唐绍仪、中国“铁路之父”詹天佑、清华大学第一任校长唐国安等就是这些人中的成就突出者。

曾国藩本出身寒门，并非贵族之后，除了太平天国农民起义和清朝军队的腐败不堪为他提供了发迹的机遇之外，更重要的还是其为人处世、修身治家的德行成就了他盛极的一生。曾国藩以经世致用为宗旨，“不行驾空之事，不谈过高之理”，注重从小事做起，踏实苦干。在实际生活中，他特别注重从小事培养人的品德和情操，主张力戒浮躁，“不说大话、务虚名”，注重从小事磨炼人的品行。如在军中，他每日黎明必与幕僚同食早餐，非齐不食。曾国藩以理学家的身份，率先创办了第一家近代军事企业——安庆内军械所，又率先奏请选派幼童出国留学，为近代中国文化的转变作出了贡献。在组建湘军的过程中，他以“引出一班正人，倡成一种风气”为宗旨，逐渐完善了一种可使人才辈出的军队机制。据罗尔纲的统计，湘军中官至总督、巡抚的达 27 人，这些人物的成功又为湖湘士子树立了一个榜样，激励他们以乡贤前辈为榜样。在湘军之后的一大批湖南名人，从谭嗣同、黄兴到毛泽东，个个注重经世之学，从小立下以天下为己任的远大抱负，响应时代与民族的召唤，走在创新社会、拯救民众的最前端，并成就了一番革新除弊、安邦治国的大业。

虽然在中国近代历史上，对曾国藩的功过是非褒贬不一，但他一生严于治军、治家、修身、养性，实现了立功、立言、立德的封建士大夫的最高追求，被后世奉为道德修养的楷模。曾国藩以一介儒生，由科举入仕途，由此青云直上，出将入相，成为晚清王朝的一根柱石，使大厦将倾的清王朝又苟延了 60 年！他毕生服膺程朱理学，又主张兼取各家之长，认为义理、考据、经济、辞章四者不可缺一，但始终将理学放在首要地位。他在古文、诗词方面也很有造诣，被奉为桐城派后期领袖。曾国藩一生求学不断，尤其是早年更是精钻学问，学做圣贤，后从戎理政也未曾有丝毫的懈怠，共留下了1500万字的奏稿、案牍、诗文、书信、日记等，被誉为“道德文章冠冕一代”。后人辑其所著诗、文、奏章、批牍等为《曾文正公全集》。

《曾文正公全集》由曾国藩撰写，李鸿章之兄、湖广总督李瀚章编辑，共167卷，初于1876年刊行，几经刻印，卷数不一。全集包括奏稿、批牍、治兵语录、文集、诗集、杂著、日记、书札、家书、家训等部分。

俗话说“一屋不扫，何以扫天下”，曾国藩修身、齐家、治军、为政的思想深深地影响了他的家人，而如今仍流传于世的家书便是其间的桥梁和纽带。他虽然大部分时间都在朝为官或征战沙场，但从未放松对家人尤其是对后代的教育和督促，为后人留下了一部丰厚的人生大书——《曾国藩家书》。著名人文学者南怀瑾先生认为，曾国藩一生共有十三套学问，流传后世的有两套，一套是《曾国藩家书》，另一套是《冰鉴》。

这套家书在浩如烟海的古代作品中，可以说是前无古人，独具特色的家书中各篇虽或长或短，但全都真实而细密，平常而又深入，涉及生活的方方面面，全无矫揉造作之态，就像面对面地诉说家务世事。曾国藩是个好儿子，能使父母放心，并得到他们的欢心；是个好哥哥，教导照顾弟妹体贴入微、情真意切；是个成功的父亲，仁慈而又严正，是子女的好榜样。凡是想要扮演好为人子女、为人父兄的角色，都不可不看这些情真意切的家书。家书内容不仅细致入微，而且面面俱到，从修炼身心到洞察对手、从做大事的本领到高人一筹的功夫、从战胜绝境的胆略到培养与众不同的气质、从克服人性中的弱点到掌握成功的步骤、从巧处人际关系到为

官之道、从追求学识到养生经验，应有尽有，而且见解深刻，智慧闪烁，读来扣人心弦。从这些家书中，我们也可以感受到功高震主的曾国藩内心如履薄冰、如临深渊的惶恐，也可从中感受到时代的风云变幻，感受到这位风云人物“勿以善小而不为”，从点滴小事做起的务实精神。

曾国藩的家书，共有千余封，是历史上家书保存下来最多的。由于涉及的内容广泛，本书特选取其中 150 余篇，分为修身劝学、持家理财、治军为政、交友处世四个部分。为了让每一个渴望了解曾国藩的读者能从中读出真正的曾国藩，了解曾国藩的真正智慧之所在，编者在每一篇都注有准确的日期，并备有详尽的翻译，逐句解释，以便读者能够深刻地了解道光、咸丰、同治三个不同时期的曾国藩。读者从此书中可以看见一个思想者对世道人心的深刻体察和感悟。

“从政要学曾国藩，经商要学胡雪岩。”长期以来，曾国藩曾被政界人物奉为“官场楷模”。他的家书虽不乏日常琐事，但在看似琐碎的叙述中，却深蕴了人生理想、精神境界和道德修养，其中漫溢着的骨肉亲情，对感情日渐淡漠、邻里乡亲形同陌路的现代社会，确实有劝世化俗的价值。大多数官宦之家，盛不过三代，而曾氏家族却代代有英才，出现了像曾纪泽、曾广均、曾约农、曾宝荪、曾宪植等一批著名的外交家、诗人、教育家、科学家和高级干部。由此可见，细读此书，定会让您受益匪浅。

作为“清代三杰”之一，曾国藩头戴“中兴名臣”的桂冠，是大清力拔山兮的人物，诸多大家对他都有高度的评价：

著名革命家章太炎对曾国藩的评价最为客观，称曾国藩“誉之则为圣相，谳之则为元凶”。

梁启超惊叹：“如无曾文正毅力，必为失败之人。”足可说明曾国藩的影响之大。

正因为人们对这位在中国近代史上地位显赫的人物的评价有如此激烈的争

议，所以这一著作无疑是了解和研究曾国藩其人及这一时期历史的重要资料。尽管曾氏著作中广为流传的为数不多，但仅这一部家书就足以体现他的学识造诣和道德修养，从而赢得“道德文章冠冕一代”的称誉。

编译者

2014 年 9 月

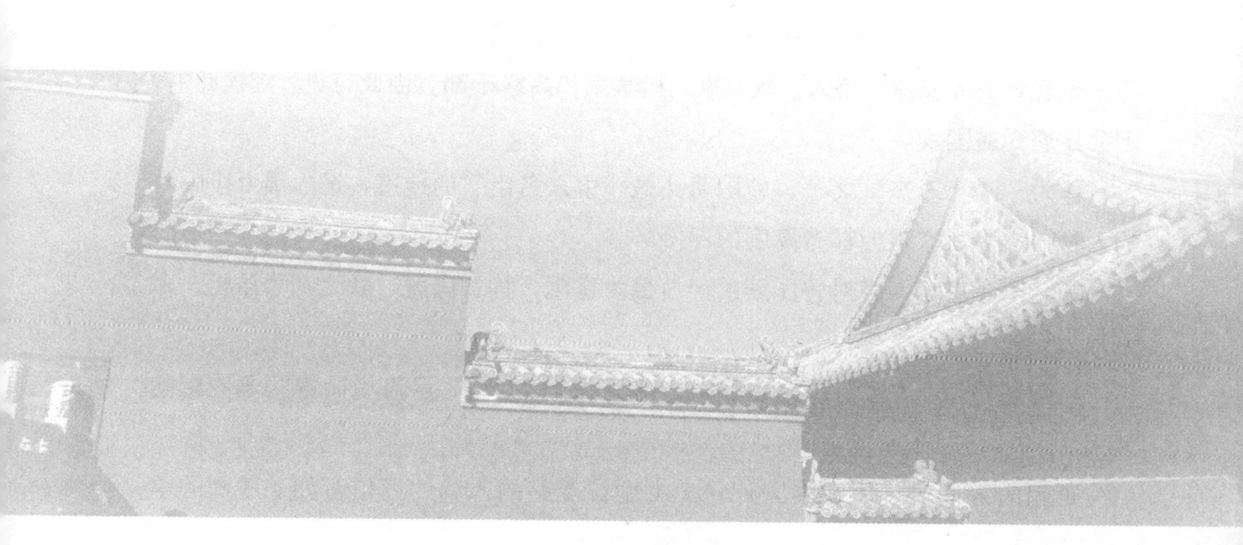

目录

修身劝学篇

持家理财篇

治军为政篇

交友处世篇

修身劝学篇

一 禀父母：述赴京及抵京后事宜皆顺

【原文】

男国藩跪禀父亲母亲大人膝下：

去年十二月十六日，男在汉口寄家信，付湘潭人和纸行，不知已收到否？后于二十一日在汉口开车。二人共雇二把手小车六辆，男占三辆半。行三百余里，至河南八里汊度岁。正月初二日开车，初七日至周家口，即换大车。雇三套篷车二辆，每套钱十五千文。男占四套，朱占二套。

初九日开车，十二日至河南省城，拜客耽搁四天，获百余金。十六日起行，即于是日三更趁风平浪静径渡黄河。二十八日到京，一路清吉平安，天气亦好，惟过年二天微雪耳。

到京在长郡会馆卸车。二月初一日移寓南横街千佛庵。屋四间，每月赁钱四千文，与梅、陈二人居址甚近。三人联会，间日一课。每课一赋一诗誊真。初八日是汤中堂老师大课，题“智若禹之行水赋”，以“行所无事则智大矣”为韵，诗题赋得“池面鱼吹柳絮行”，得“吹”字。三月尚有大课一次。

同年未到者不过一二人，梅、陈二人皆正月始到。岱云江南、山东之行无甚佳处，到京除偿债外，不过存二三百金，又有八口之家。

男路上用去百金，刻下光景颇好。接家眷之说，郑小珊现无回信。伊若允诺，似尽妥妙；如其不可，则另图善计，或缓一二年亦可，因儿子太小故也。

家中诸事都不挂念，惟诸弟读书不知有进境否？须将所作文字诗赋寄一二首来京。丹阁叔大作亦望寄示。男在京一切谨慎，家中尽可放心。

又禀者，大行皇后于正月十一日升遐，百日以内禁剃发，期年禁燕会音乐。

何仙槎年伯于二月初五日溘逝。是日男在何家早饭，并未闻其大病，不数刻而凶问至矣。没后，加太子太保衔。其次子何子毅，已于去年十一月物故。自前年出京后，同乡相继殂逝者：夏一卿、李高衢、杨宝筠三主事，熊子谦、谢切庵及何氏父子凡七人。光景为之一变。男现慎保身体，自奉颇厚。

季仙九师升正詹，放浙江学政，初十日出京。廖钰夫师升尚书。吴甄甫师任福建巡抚。朱师、徐师灵榇并已回南矣。

詹有乾家墨，到京竟不可用，以胶太重也。拟仍付回，或退或用随便。接家眷事，三月又有信回家中。信来，须将本房及各亲戚家附载详明，堂上各老人须一一分叙，以烦琐为贵。

谨此跪禀万福金安。

道光二十年二月初九日

【译文】

儿子国藩跪禀父亲、母亲大人膝下：

去年的十二月十六日，儿子于汉口寄出一封家信，并把信交给了湘潭人和纸行代转，不知你们是否收到？我们于二十一日乘车离开汉口，两人共雇六辆二把手小车，儿子占了三辆半。就这样行走了三百多里，路经河南八里溪，在这里度过了年关。于正月初二再次出发，初七这天到达周家口，然后换乘大车，一共雇了两辆三套篷车，每套十五千文。其中儿占四套，朱占两套。

初九这天起程，十二日到达河南开封，在此地拜客，所以耽搁了四天，而且收到了别人送来约百余金的礼金。如此耽搁到十六日，又再次出发，并于当天三更，趁风平浪静之时直渡黄河。二十八日到达京城。这一路基本上平安顺利，而且天气也顺人意，唯过年那两天下了点小雪而已。

到京城后，我们先是在长郡会馆暂时安歇。二月一日便搬到南横街千佛庵。我们在这里共租住了四间房，每月房租四千文，而且离梅、陈二人住所很近，三人正巧可以一起温习功课。目前基本上是隔一天一次课，每次课都要写出一赋一诗。初八这天的大课由汤中堂老师教授，他出的题目是“智若禹之行水赋”，并且以“行所无事则智大矣”为韵，诗题赋得“池面鱼吹柳絮行”，得“吹”字。到今年的三月份还有一次这样的大课。

同年未到的人不过一两个而已，梅、陈二人都是于正月到达。岱云的处境堪忧，先是去了江南和山东两地，境遇并不理想，之后来到京城，偿还旧债之后，剩下的钱财就只有两三百金了，再加上一家老小八口拖累，其艰难可想而知。

儿子一路上的花销大概只耗用了百金而已，目前尚可维持。至于接迎家眷的事，郑小珊现在还没有回信。如果他同意此事的话，当然求之不得；但如果不同意也不碍事，我会另做打算，或者缓个一两年也没什么，反正目前孩子还很小，可留在家中抚养。

家中的各项事情有双亲照料，我都不是很担心，唯一放心不下的就是几位弟弟的学业是否有进步？劳请将几位弟弟写的文章诗赋寄一两份来京城，还有丹阁叔所作的文章，也请一并寄来拜读。儿子在京城的学习生活，自会万事小心谨慎，家中无须挂念，尽管放心好了。

另外，还有一些事情向父母大人禀告：大行皇后于正月十一日仙逝而去，官府因此规定百日之内禁止剃发，一年之内禁止各种形式的宴会和娱乐。还有一件让人难过的事情，何仙槎年伯于二月五日不幸离世。那天儿子在何家用早膳，还没有听说他有什么严重的症状，但是不一会儿就闻听了他去世的凶讯。年伯死后，朝廷追加他为太子太保，其次子何子毅已于去年十一月去世。自前年离京之后，同乡中有很多人相继死去，让人不胜悲哀，其中有：夏一卿、李高衢、杨宝筠三位主事，还有熊子谦、谢切庵以及何氏父子共计七人。当日情景已不复再现，所以儿子现在特别注意爱惜自己的身体，以免不幸发生。

季仙九先生最近被提升为正詹，并外放到浙江担任学政，于初十离开京城，前往赴任。廖钰夫先生被朝廷任命为尚书，吴甄甫先生担任福建巡抚。朱先生、徐先生的灵榇已顺利送抵南方老家。

随身所带的詹有乾家的墨，到京城后竟然发现无法使用，可能是因为墨中的胶质太多的缘故，所以打算日后再带回家中，或退或用都可以。至于接迎家眷的具体事宜，三月还会有信寄回家中。下次的来信中，请将本房及各亲戚家姓氏附载详细，堂上各位老人的情况也劳请一一叙述清楚，以详细为要。

谨此跪禀万福金安。

道光二十年二月初九日

二 禀父母：谨守父亲保身之训

【原文】

男国藩跪禀：

父亲大人万福金安！

自闰三月十四日，在都门拜送父亲，嗣后共接家信五封。

十五日接四弟在涟滨所发信，系第二号，始知正月信已失矣；廿二日接父亲在廿里铺发信；四月廿八信巳刻接在汉口寄曹颖生家信；申刻又接在汴梁寄信；五月十五接父亲到长沙发信，内有四弟信、六弟文章五首。诸悉祖父母大人康强，家中老幼平安，诸弟读书发奋；并喜父亲出京，一路顺畅，自京至省，仅三十余日，真极神速。

男于闰三月十六发第五号家信，四月十一发六号，十七发七号，不知家中均收到否？迩际男身体如常。每夜早眠，起亦渐早。惟不耐久思，思多则头昏。故常冥心于无用，优游涵养，以谨守父亲保身之训。

九弟功课有常。《礼记》九本已点完，《鉴》已看至三国，《斯文精萃》诗、文各已读半本。诗略进功，文章未进功，男亦不求速效。观其领悟，已有心得，大约手不从心耳。

甲三于四月下旬能行走，不须扶持，尚未能言。无乳可食。每日一粥两饭。家妇身体亦好，已有梦熊之喜。婢仆皆如故。

今年新进士龙翰臣得状元，系前任湘乡知县见田年伯之世兄。同乡六人，得四庶常、两知县。复试单已于闰三月十六付回，兹又付呈殿试朝考全单。同乡京官如故，郑莘田给谏服阕来京。梅霖生病势沉重，深为可虑。黎樾乔老前辈处，父亲未去辞行，男已道达此意。广东之事，四月十八得捷音，兹将抄报付回。

男等在京自知谨慎，堂上各老人不必挂怀。家中事，兰姊去年生育，是男是女？楚善事如何成就？伏望示知。男谨禀，即请母亲大人万福金安。

道光二十一年五月十八日

【译文】

儿子国藩跪地禀告：

父亲大人万福金安！

自从闰三月十四日，在京城城门拜送父亲回家，后来共接到家信五封。

十五日接到四弟从涟滨发出的信，看来是第二封，这才知道正月里寄出的信已经遗失了；二十二日接到父亲在二十里铺所发的信；四月二十八日巳刻又接到家中从汉口寄到曹颖生家的信；申刻又收到从汴梁寄来的信；五月十五日接到父亲到达长沙后发出的信，里面有四弟的信，还有六弟的文章五篇。从信中谨知祖父母大人身体康健强壮，家里老小都平安无事，诸位弟弟都发奋读书，并且高兴地得知父亲离京后一路畅通无阻，从京城到省城，只用了三十几天的时间，真是神速啊。

儿子在闰三月十六日寄出的第五封家信，四月十一日寄出的第六封家信，还有十七日寄出的第七封家信，不知家中是否都已经收到？近来儿子身体如常无恙，每晚都早早入睡，起得也渐早。唯一不尽如人意的就是不能用脑过度，思虑过多便头昏脑涨。因此经常静心养神，不让脑子想任何事情，闭目打坐，修身养性，以谨遵父亲所教导的保身之训。九弟的功课一如往常，《礼记》九本已点完，《资治通鉴》已看到三国，《斯文精萃》的诗、文各读了半本，诗歌稍有进步，文章依旧停滞不前，但我并不求他的学问能见速效。看他对学问的领悟程度，显然已经有些心得，之所以没有什么大的进步，大概是手不从心，表达不出来的缘故吧。

甲三在四月下旬已能下地行走，无须人在旁扶持，只是还不能说话。因为没有奶吃，所以每天一顿粥、两顿饭。家妇近来身体也好，已有生男的喜兆。婢女仆从都与原来一样，没什么变动。

今年新进士龙翰臣得了状元，此人是前任湘乡知县见田年伯的世兄，同乡六个，四个得了庶常，两个担任知县。复试单已于闰三月十六日寄回，现又寄呈殿试朝考的全部名册。同乡们在京城担任的官职大致未变。郑莘田给事中丧期服完之后已回到京城。梅霖生病势日渐严重，让人很是担忧。黎樾乔老前辈那里，父亲无暇前去辞行，儿子已代为表示歉意。至于广东之事，四月十八日已经传来捷报，谨将抄报寄回，供父亲垂览。

儿等在京城为官，自己定当遵从教诲，谨慎从事。堂上各位老人，无须挂念。家里的事我还有很多不知道的，兰姐去年生育，所得是男是女？楚善的事情到底如何成全？儿子非常希望父亲大人来信告知。儿子谨禀，叩请母亲大人万福金安。

道光二十一年五月十八日

三　禀父母：谨记节欲、节饮食

【原文】

男国藩跪禀：

父母亲大人万福金安！

十月廿二奉到手谕，敬悉一切。郑小珊处小隙已解。男从前于过失，每自忽略。自十月以来，念念改过，虽小必惩，其详具载示弟书中。

耳鸣近日略好，然微劳即鸣。每日除应酬外，不能不略自用功，虽欲节劳，实难再节。手谕示以节劳节欲节饮食谨当时时省记。

萧莘五先生处，寄信不识靠得住否？龙翰臣父子已于十月初一日到京，布匹线索俱已照单收到，惟茶叶尚在黄恕皆处。恕皆有信与男，本月可到也。男妇等及孙男女皆平安。余详与弟书，谨禀。

道光二十二年十月廿六日

【译文】

儿子国藩跪禀：

父母亲大人万福金安！

我于十月二十二日收到了二老的手谕，敬读之后得知一切。我与郑小珊的小小嫌隙，如今已经得以化解。以前对于过失，儿子往往因粗心而忽略。自十月以来，每每念念不忘改过自省。尽管问题很小，但也要自我惩戒，关于此事的详细情况，都已经写在给弟弟的信中。

近日耳鸣稍微有所缓解，但只要劳累一点便会很快复发。我现在每天除了应

酬外，不能不多加用功，提升自己的修为。虽想节劳，但实在难以再节了。手谕训示儿子节劳，节欲，节饮食，我一定时刻谨记于心。

萧莘五先生那里，寄信不知是否可靠？龙翰臣父子已于十月初一日到达。布匹、线索，都已照单子收到，只是茶叶还在黄恕皆那里。恕皆有信给我，本月可以到。儿媳妇、孙儿、孙女都平安，其余的详细写在给弟弟的信中，谨此禀告。

道光二十二年十月二十六日

四　致诸弟：明师益友虚心请教

【原文】

诸位贤弟足下：

十月廿一接九弟在长沙所发信，内途中日记六叶，外药子一包。廿二接九月初二日家信，欣悉以慰。

自九弟出京后，余无日不忧虑，诚恐道路变故多端，难以臆揣。及读来书，果不出吾所料，千辛万苦，始得到家。幸哉幸哉！郑伴之不足恃，余早已知之矣。郁滋堂如此之好，余实不胜感激。在长沙时，曾未道及彭山屺。何也？又为祖母买皮袄，极好极好，可以补吾之过矣。

观四弟来信甚详，其发奋自励之志，溢于行间。然必欲找馆出外，此何意也？不过谓家塾离家太近，容易耽搁，不如出外较清净耳。然出外从师，则无甚耽搁；若出外教书，其耽搁更甚于家塾矣。且苟能发奋自立，则家塾可读书，即旷野之地，热闹之场亦可读书，负薪牧豕，皆可读书；苟不能发奋自立，则家塾不宜读书，即清净之乡，神仙之境皆不能读书。何必择地？何必择时？但自问立志之真不真耳！

六弟自怨数奇，余亦深以为然。然屈于小试辄发牢骚，吾窃笑其志之小，而所忧之不大也。君子之立志也，有民胞物与之量，有内圣外王之业，而后不忝于父母之生，不愧为天地之完人。故其为忧也，以不如舜不如周公为忧也，以德不修学不讲为忧也。是故顽民梗化则忧之，蛮夷猾夏则忧之，小人在位贤人否闭则忧之，匹夫匹妇不被己泽则忧之。所谓悲天命而悯人穷，此君子之所忧也。若夫一身之屈伸，一家之饥饱，世俗之荣辱得失、贵贱毁誉，君子固不暇忧及此也。六弟屈于小试，自称数奇，余窃笑其所忧之不大也。

盖人不读书则已，亦即自名曰读书人，则必从事于《大学》。《大学》之纲领有三：明德、新民、止至善，皆我分内事也。若读书不能体贴到身上去，谓此三项与我身了不相涉，则读书何用？虽使能文能诗，博雅自诩，亦只算得识字之牧猪奴耳！岂得谓之明理有用之人也乎？朝廷以制艺取士，亦谓其能代圣贤立言，必能明圣贤之理，行圣贤之行，可以居官莅民、整躬率物也。若以明德、新民为分外事，则虽能文能诗，而于修己治人之道实茫然不讲，朝廷用此等人做官，与用牧猪奴做官何以异哉？

然则既自名为读书人，则《大学》之纲领，皆己身切要之事明矣。其条目有八，自我观之，其致功之处，则仅二者而已：曰格物，曰诚意。格物，致知之事也；诚意，力行之事也。物者何？即所谓本末之物也。身、心、意、知、家、国、天下皆物也。天地万物皆物也，日用常行之事皆物也。格者，即物而穷其理也。如事亲定省，物也；究其所以当定省之理，即格物也。事兄随行，物也；究其所以当随行之理，即格物也。吾心，物也；究其存心之理，又博究其省察涵养以存心之理，即格物也。吾身，物也；究其敬身之理，又博究其立齐坐尸以敬身之理，即格物也。每日所看之书，句句皆物也；切己体察、穷究其理即格物也。此致知之事也。所谓诚意者，即其所知而力行之，是不欺也。知一句便行一句，此力行之事也。此二者并进，下学在此，上达亦在此。

吾友吴竹如格物工夫颇深，一事一物，皆求其理。倭艮峰先生则诚意工夫极严，每日有日课册，一日之中，一念之差，一事之失，一言一默皆笔之于书，书皆楷字。三月则订一本，自乙未年起，今三十本矣。盖其慎独之严，虽妄念偶动，必即时克治，而著之于书。故所读之书，句句皆切身之要药。兹将艮峰先生日课抄三叶付归，与诸弟看。

余自十月初一日起亦照艮峰样，每日一念一事，皆写之于册，以便触目克治，亦写楷书。冯树堂与余同日记起，亦有日课册。树堂极为虚心，爱我如兄，敬我如师，将来必有所成。余向来有无恒之弊，自此次写日课本子起，可保终身有恒矣。盖明师益友，重重夹持，能进不能退也。本欲抄余日课册付诸弟阅，因今日镜海先生来，要将本子带回去，故不及抄。十一月有折差，准抄几页付回也。

余之益友，如倭艮峰之瑟僩，令人对之肃然。吴竹如、窦兰泉之精义，一言一事，必求至是。吴子序、邵蕙西之谈经，深思明辨。何子贞之谈字，其精妙处，无一不合，其谈诗尤最符契。子贞深喜吾诗，故吾自十月来已作诗十八首。兹抄二叶，付回与诸弟阅。冯树堂、陈岱云之立志，汲汲不遑，亦良友也。镜海先生，吾虽未尝执贽请业，而心已师之矣。

吾每作书与诸弟，不觉其言之长，想诸弟或厌烦难看矣。然诸弟苟有长信与我，我实乐之，如获至宝。人固各有性情也。

余自十月初一日起记日课，念念欲改过自新。思从前与小珊有隙，实是一朝之忿，不近人情，即欲登门谢罪。恰好初九日小珊来拜寿，是夜余即至小珊家久谈。十三日与岱云合伙，请小珊吃饭。从此欢笑如初，前隙尽释矣。金竺虔报满用知县，现住小珊家，喉痛月余，现已全好。李笔峰在汤家如故。易莲舫要出门就馆，现亦甚用功，亦学倭艮峰者也。同乡李石梧已升陕西巡抚。

两大将军皆锁拿解京治罪，拟斩监候。英夷之事，业已和抚。去银二千一百万两，又各处让他码头五处。现在英夷已全退矣。两江总督牛鉴，亦锁解刑部治罪。

近事大略如此，容再续书。

兄国藩手具

道光二十二年十月廿六日

【译文】

诸位贤弟：

十月二十一日收到九弟从长沙寄来的信，里面夹有途中所记的日记六页和药材一包。二十二日又收到九月初二的家信，能够知道家中的一切情况，感到非常的欣慰。

自从九弟出京以后，我一直担心他在路上会出什么事情。直至读了来信，得悉他果然经历了千辛万苦才到家。真是太幸运了！郑做旅伴不可靠，我早已知道。郁滋堂这样好，我实在不胜感激。在长沙时，没有谈到彭山屺，不知是什么缘故？又为祖母买了皮袄，这样做非常好，可以弥补我的过失。

四弟的信写得很详细，发奋自励的决心充满字里行间。却不知为什么还要到外面去教书。他说在家塾教书离家太近容易耽搁学业，不如在外边教书清净。其实，如果是在外面读书，也许不会耽搁；如果是在外面教书的话，恐怕比在家塾教书更容易耽搁。倘若真的发奋自立，在家塾教书可以读书，在空旷的田野，在热闹的场所，也可以读书，即使是背柴放猪，还能读书；倘若不是真的发奋自立，不仅在家塾教书不能读书，就是在清净的乡间，在神仙住的世外桃源，也不能读书。有什么必要这样选择地点、选择时间呢？还是问问自己是不是真的立志读书吧！

六弟埋怨自己的命不好，我也是这样认为的。不过，在小考中遭遇了失败就发牢骚，我可是要笑话你志气太小，所忧虑的事太琐碎哟。君子立志，要有为大众谋幸福的肚量，内具圣人才德、外行王者之业，这才不会辱没父母生我养我，才能做一个对天对地都不会感到惭愧的完美之人。所以，这样的人忧虑的是，自己不如舜，不如周公，自己的德行没有修炼好，学问没有讲习好。忧虑愚昧无知的人顽固不化，忧虑侵略者侵占国土，忧虑品行不好的人攫取要职，忧虑有德行、有才干的人不能发挥作用，忧虑老百姓得不到自己的恩惠。这才是一个有志之人真正应该忧虑的事。这样的人是不会忧虑个人的进退，家人的饥饱，世俗的荣辱、得失、贵贱和毁誉这些无足轻重的小事的。六弟只不过是小考没有及格，就说自己的命不好，我真要笑话你的心胸太狭小了。

不读书也就罢了，既然认为自己是读书人，就必须按照《大学》上说的去做。《大学》的主要内容是：明德、新民、止于至善，并把这三点看成是分内的事。读书如果不能联系自己，说这三件事与自己毫不相干，那么，读书还有什么用处呢？就算这个人会写文章，会作诗，自认为学识渊博、温文儒雅，他也只算得个识字的放猪娃。为什么不能说他是一个明理有用的人呢？我们都知道，朝廷之所以根据八股文来选拔任事的人，是因为这样选拔出来的人能代圣贤说话，能明了圣贤的心意，像圣贤一样地做事，这样的人做了官，在百姓中能做表率。如果把明德、新民看作分外的事，虽然能文能诗，但是对修身养性、治理百姓的道理一点不懂，朝廷任用这种人做官和任用放猪娃做官又有什么不同呢？

既然认为自己是个读书人，就一定要明白《大学》上说的都是自己立身最重要的原则。里边需要学习的项目有八条，据我看来，最有用处的只有两条，即“格物”和“诚意”。“格物”是获取知识，“诚意”是实际去做。“物”就是整个的事物和现象，身体、心灵、意识、家务、国事、整个天下，日常要做的事，都是物。“格”是去观察研究，从里边找到事物的道理。例如，侍奉长辈，定期

问候是物；弄清侍奉长辈、定期问候的道理是格物。尊敬兄长，跟随其后是物；弄清尊敬兄长要跟随在他身后的道理是格物。我们的心灵是物；弄清楚影响心灵活动的道理，是格物。我们的身体是物；弄清爱护身体的道理，弄清站要正、坐要直对爱护身体的作用是格物。每天看的书，书上的每句话都是物；根据自己的体会弄清它的作用是格物。这都是获取知识要做的事。"诚意"是知道了道理就要照着做，不欺骗人。知道一句就做一句，是实际行动。同时去做格物和诚意这两点，就可以获得渊博的学问和显达的地位。

我有个朋友叫吴竹如，他格物的功夫很深，每遇到一件事物，都要找出它们的道理来。倭艮峰先生则在诚意上很严格，每天都写日记，一天中有一个想法不对，有一件事做得不好，或说了一句话，或是沉默不语，他都要记下来，而且用正楷字写。三个月写的订成一本，从乙未年到现在，已经订有三十本了。即使他一个人独处的时候，也不乱想、乱说、乱做，非常严格，有时出现了一点不对的念头，就立刻把它打消，而且记在日记上。所以所读的书，每句话都可以和自己密切联系起来，就像医治自己的病的良药一样。兹将艮峰先生的日记抄三页给你们看看。

我从十月初一开始，也照着艮峰先生的方法去做，将每天想的、做的，都用楷书写在日记上，好让自己一翻到就可以发现并克服缺点。冯树堂和我同一天开始写日记。他很虚心，像对兄长一样地爱护我，像对老师一样地尊敬我，以后一定会有成就。我向来有缺乏恒心的毛病，但坚持每天写日记就可保证我终生有恒心了。有了良师益友的督促，我只有前进不能后退。本来想抄我的日记给你们看的，不料今天镜海先生到我这里来把本子拿走了，来不及抄。十一月有信差，一定抄几页给你们看看。

在我的好友中，倭艮峰最为严谨，不禁让人肃然起敬。吴竹如、窦兰泉最为精细，一句话一件事都要寻求道理。吴子序、邵蕙西论及经典时思想深刻，条分缕析。何子贞谈起文字来精妙异常，尤其是谈诗，总能说到别人心坎上去。他很喜欢我的诗，所以从十月以来，我已作了十八首，这里抄两页给你们看。冯树堂、陈岱云胸怀大志，性情急切，也是好朋友。虽然还没有向镜海先生请教过，但在心里我已把他当作老师了。

每次写信给你们，我总不觉得言语太多，或许你们会厌烦吧。不过，你们要是写长信给我，我定会如获至宝，非常欢迎。这大概是因为人与人的性情不一样吧。

我从十月初一起写日记，以此帮助自己改过自新。从前我和小珊有误会，实在是我一时愤怒，不近人情，所以我打算主动上门道歉。恰巧初九那天，他来我家拜寿，当天晚上我去他家和他谈得很好。十三日我又和岱云请他吃饭。此后，我们的关系又恢复如初，所有的误会都消除了。金竺虔报满任知县，现住在小珊家，喉痛一个多月，现已全好了。李笔峰还在汤家。易莲舫要出门教书，现在很用功，也是在学倭艮峰的榜样。同乡李石梧已升任陕西巡抚。

两大将军都锁拿押至京城治罪，准备处以斩监候。英夷的事，现已议和。用去两千一百万两白银，又在各处让出五处码头。现在英夷已全部退出。两江总督牛鉴，也锁拿押至刑部治罪。

最近的情况大致就是这样，以后再给你们写信。

兄国藩手书

道光二十二年十月二十六日

五　致诸弟：读书要有志有识有恒

【原文】

诸位贤弟足下：

十一月十七寄第三号信，想已收到。父亲到县纳漕，诸弟何不寄一信，交县城转寄省城也？以后凡遇有便，即须寄信，切要切要。

九弟到家，遍走各亲戚家，必各有一番景况，何不详以告我？

四妹小产以后生育颇难，然此事最大，断不可以人力勉强。劝渠家只须听其自然，不可过于矜持。又闻四妹起最晏，往往其姑反服事她。此反常之事，最足折福。天下未有不孝之妇而可得好处者，诸弟必须时劝导之，晓之以大义。

诸弟在家读书，不审每日如何用功？余自十月初一立志自新以来，虽懒惰如故，而每日楷书写日记，每日读史十叶，每日记茶余偶谈一则，此三事未尝一日

间断。十月二十一日立誓永戒吃水烟，洎今已两月不吃烟，已习惯成自然矣。予自立课程甚多，惟记茶余偶谈、读史十叶、写日记楷本，此三事者誓终身不间断也。诸弟每人自立课程，必须有日日不断之功。虽行船走路，俱须带在身边，予除此三事外，他课程不必能有成；而此三事者，将终身以之。

前立志作曾氏家训一部，曾与九弟详细道及。后因采择经史，若非经史烂熟胸中，则割裂零碎，毫无线索；至于采择诸子各家之言，尤为浩繁，虽抄数百卷犹不能尽收。然后知古人作《大学衍义》《衍义补》诸书，乃胸中自有条例自有议论，而随便引书以证明之，非翻书而遍抄之也。然后知著书之难，故暂且不作曾氏家训。若将来胸中道理愈多，议论愈贯串，仍当为之。

现在朋友愈多。讲躬行心得者，则有镜海先生、艮峰前辈、吴竹如、窦兰泉、冯树堂；穷经知道者，则有吴子序、邵蕙西；讲诗、文、字而艺通于道者，则有何子贞；才气奔放，则有汤海秋；英气逼人，志大神静，则有黄子寿。又有王少鹤（名锡振，广西主事，年二十七岁，张筱浦之妹夫）、朱廉甫（名琦，广西乙未翰林）、吴莘畲（名尚志，广东人，吴抚台之世兄）、庞作人（名文寿，浙江人）。此四君者，皆闻予名而先来拜。虽所造有浅深，要皆有志之士，不甘居于庸碌者也。

京师为人文渊薮，不求则无之，愈求则愈出。近来闻好友甚多，予不欲先去拜别人，恐徒标榜虚声。盖求友以匡己之不逮，此大益也；标榜以盗虚名，是大损也。天下有益之事，即有足损者寓乎其中，不可不辨。

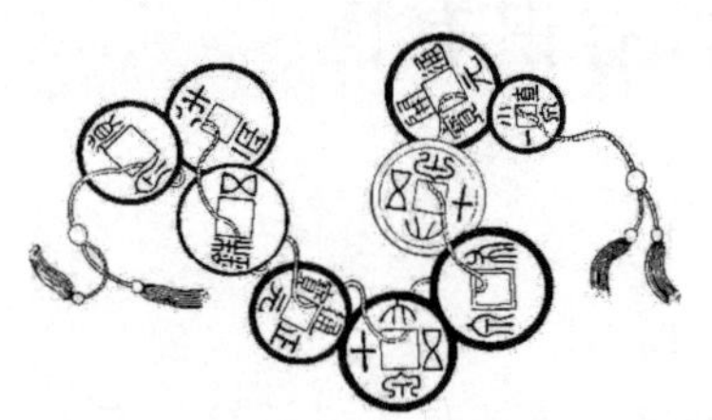

黄子寿近作《选将论》一篇，共六千余字，真奇才也。子寿戊戌年始作破题，而六年之中遂成大学问，此天分独绝，万不可学而至。诸弟不必震而惊之，予不愿诸弟学他，但愿诸弟学吴世兄、何世兄。吴竹如之世兄现亦学艮峰先生写日记，言有矩，动有法，其静气实实可爱。何子贞之世兄，每日自朝至夕总是温书，三百六十日，除作诗文时，无一刻不温书。真可谓有恒者矣。故予从前限功课教诸弟，近来写信寄弟，从不另开课程，但教诸弟有恒而已。

盖士人读书，第一要有志，第二要有识，第三要有恒。有志则断不甘为下流；有识则知学问无尽，不敢以一得自足，如河伯之观海，如井蛙之窥天，皆无识者也；有恒则断无不成之事。此三者缺一不可，诸弟此时，惟有识不可以骤几，至于有志、有恒则诸弟勉之而已。

予身体甚弱，不能苦思，苦思则头晕，不耐久坐，久坐则倦乏，时时属望惟诸弟而已。

明年正月恭逢祖父大人七十大寿，京城以进十为正庆。予本拟在戏园设寿筵，窦兰泉及艮峰先生劝止之，故不复张筵。盖京城张筵唱戏，名为庆寿，实则打把戏。兰泉之劝止，正以此故。现在作寿屏两架。一架淳化笺四大幅，系何子贞撰文并书，字有茶碗口大。一架冷金笺八小幅，系吴子序撰文，予自书。淳化笺系内府用纸，纸厚如钱，光彩耀目，寻常琉璃厂无有也。昨日偶有之，因买四张。子贞字甚古雅，惜太大，万不能寄回。奈何奈何！

侄儿甲三体日胖而颇蠢，夜间小解知自报，不至于湿床褥。女儿体好，最易扶携，全不劳大人费心力。

今年冬间，贺耦庚先生寄三十金，李双圃先生寄二十金，其余尚有小进项。汤海秋又自言借百金与我用。计还清兰溪、寄云外，尚可宽裕过年。统计今年除借会馆房钱外，仅借百五十金。岱云则略多些。岱云言在京已该账九百余金，家中亦有此数，将来正不易还。寒士出身，不知何日是了也！我在京该账尚不过四百金，然苟不得差，则日见日紧矣。

书不能尽言，惟诸弟鉴察。

兄国藩手草

道光二十二年十二月廿日

【译文】

诸位贤弟足下：

十一月十七日所发出的第三号家信，想来家中早已经收到了吧。近日父亲到县里交粮，弟弟们为何不趁此机会写一封信，请父亲从县城转寄到省城呢？若以后遇到方便之机，就要尽量抽时间写信寄过来，切记切记。

九弟回家之后，一定会去各处拜访亲戚好友，各家都有各家的不同情况，新鲜事也不会少，为何不写信一一告知呢？

四妹小产之后再生育就是很困难的事了，此事关系重大，不可小视，但也绝不可刻意勉强。家人要劝慰四妹不可急躁不安，听其自然即可，万万不要因此事过于拘谨。听说现在四妹在家往往很晚才起床，起床之后还经常要婆婆在旁服侍她，这可是最要不得的事情，不仅对其身体无益，反而会折福的。天下从没有不孝的妇人会得到好报的，所以弟弟们务必多加劝导，让她通晓大义。

诸位弟弟们在家读书习字，不知每天用功程度如何？自十月一日以来，我立志改过自新，完善自己，虽不时有懒惰之意，但每天用楷书写日记、每天读十页史书、记茶余偶谈一则，这三件事倒是一直坚持，从未有丝毫的间断。自从十月二十一日发誓永戒水烟算起，已两个月有余，一直远离水烟，渐渐地就成了自然之事，无须刻意强制了。我这一生所立之志甚多，只有记茶余偶谈、读史十页、用楷书写日记这三件事，发誓终身坚持，绝不让其有一日的间断。弟弟们也应该自定几件事情并坚持不懈地去做，每天不间断地努力，即使行船走路，也时刻随身携带，不能有一刻的懈怠。除上述我所说的那三件事之外，其他事情即使坚持长久也未必能取得多大的成就；但若此三事能够坚持下去，定将终身受益匪浅。

前不久我曾立下志愿，打算编写一部曾氏家训，而且与九弟就此事作过详谈。后来翻阅了各部经史才发现，若不能把经史烂熟于胸，反而会显得支离破碎，找不到一个鲜明的主线；若要采集摘选诸子各家之言，则显得更为浩繁，即使费力地抄上几百卷书，也无法将材料尽数收齐，这时方才懂得古人编著《大学衍义》《衍义补》等书，实乃胸有成竹、水到渠成之作，都是自有一套体例、一组观点的，然后在创作的过程中随意引书为证，而不是逐个翻书拼凑而来的。从这之后我才懂得了著书之难，所以暂时不准备创作曾氏家训。待日后胸中积累的道理够丰富了、议论够贯通了再写也为时不晚。

自到了京城之后，所交的朋友越来越多。其中身体力行者，有镜海先生、艮峰前辈、吴竹如、窦兰泉、冯树堂；研究经书探求道理者，有吴子序、邵蕙西；讲诗、文、字而技艺用于表现古人的“道”者，有何子贞；才气奔放，则有汤海秋；英气逼人、志向大、神态安详，则有黄子寿；另外还有王少鹤（名锡振，任广西主事，年 27 岁，是张筱浦的妹夫）、朱廉甫（名琦，广西乙未年翰林）、吴莘畬（名尚志，广东人，吴抚台之世兄）、庞作人（名文寿，浙江人），这四位先生，都是慕名而来拜访我的。虽然这些人的学问深浅各有不同，但都是胸怀壮志的有识之士，不甘平庸之人。

京师乃人才集中之地，学问渊博之人济济一堂，不去追求则无从发现，但若有心，越去追求朋友就会越多。近来听说可交朋友的人很多，但我并不打算主动去拜访别人，只怕那样对做学问无益，反而只会落得个自我标榜的虚名。访求好友的目的是匡正自己的过失，这才是交友的最大益处；而借此标榜谋图虚名，则是最大的害处。天下间凡是有益的事中，便有足以造成致害的因素掺杂其中，一定要审慎，不可不细心分辨。

黄子寿最近作了一篇《选将论》，此文共有六千余字，他真可称得上是奇才。此人从戊戌年起才开始学作文之道，六年之中就做出如此大学问，实属罕见，不过这也与他的天资有关，并不是常人轻易企及的。弟弟们不必为此震惊，我并不是强求弟弟们都具备如他一样的成就，只愿你们以吴世兄、何世兄为榜样。吴竹如的世兄现也效仿艮峰先生，每日写日记，谈论有规矩，行为有法则，其安详自得的风采实在让人心生爱意。何子贞的世兄，每日从早到晚不停地温习各家之书，一年三百六十天，除了作诗写文章的时间之外，无时无刻不在温习书本。真可称得上是有恒心的人。所以我从前教导弟弟们的学业时，总是会给你们限定功课，而近日来的信中，却从不另外开列课程，只是警示你们读书做学问要有恒心而已。

士人读书做学问，第一要有志向，第二要有见识，第三要有恒心。有了远大的志向，则必然不会甘心屈居人下；有了超然的见识，则明白学海无边的道理，就不敢因某一方面的成功而自足自满，如河伯观海，井蛙窥天，都是目光短浅之人的做法；有持久的恒心，则绝对没有克服不了的困难。这三者缺一不可。诸位兄弟现在想有见识的目标不是一下能达到的，至于有志向有恒心，就是你们自己努力的事了。

我最近身体愈加虚弱，无力思考，苦思则头晕目眩；不耐久坐，久坐则倦乏，只能把一切希望寄托在诸位兄弟身上。

明年正月，乃祖父大人七十大寿，按照京城的惯例，是以进十岁为正式庆典。我本打算在戏园摆宴庆贺，而窦兰泉及艮峰先生劝阻我，申述其中利弊，所以我便取消了这个念头，不打算再摆宴庆祝。因为在京城大张旗鼓地设筵唱戏，名义上是为庆寿，实际上就是玩把戏，所以兰泉竭力劝阻。现在我打算只做两架寿屏，一架是四大幅淳化笺，乃何子贞亲笔书写的文章，每个字都有茶碗口大；一架是八小幅冷金笺，是由吴子序撰写的文章，我书写上去的。淳化笺用的是内府用纸，此纸如铜钱般厚实粗重，光彩耀目，这样的纸质在琉璃厂一般是难以见到的，碰巧昨天瞧见，一下买了四张，以供需时之用。子贞的字古雅有致，但是字体太大，是万不能寄回的。真是苦无良策！

你们的侄儿甲三，身体稍胖，显得蠢笨可爱，夜里小便自己已经知道说了，不会再尿床。侄女身体无恙，听话乖巧，大人不用操心。

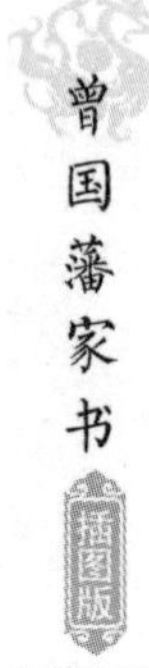

今年冬天，贺耦庚先生寄来三十两银子，李双圃先生又寄来二十两，再加上其他的一些小进项，汤海秋先生还答应可以暂借百金给我用，如此算来，除了可以还清兰溪、寄云的欠债外，还可宽裕过年。统计今年除借会馆房钱外，其他只借了一百五十两银子。岱云借得稍微多一些，他说在京已欠账九百余两，家里也欠了这个数，数额如此巨大，将来确实很难还清。贫穷寒士出身的人，这借借还还的日子还不知何日能到尽头！虽然我在京所欠的债务合起来不过四百两银子，不过如果还是谋不到一官半职的话，这日子也同样会一日比一日吃紧，越来越难度了。

书中诸事不能尽言，希望诸位兄弟细细鉴察。

兄国藩手草

道光二十二年十二月二十日

六　致诸弟：勉在孝悌上用功

【原文】

澄侯、叔淳、季洪三弟左右：

五月底连接三月一日、四月十八两次所发家信。四弟之信，具见真性情，有困心横虑、郁积思通之象。此事断不可求速效。求速效必助长，非徒无益，而又害之。只要日积月累，如愚公之移山，终久必有豁然贯通之候；愈欲速则愈锢蔽矣。来书往往词不达意，我能深谅其苦。

今人都将学字看错了。若细读“贤贤易色”一章，则绝大学问即在家庭日用之间。于孝弟两字上尽一分便是一分学，尽十分便是十分学。今人读书皆为科名起见，于孝弟伦纪之大，反似与书不相关。殊不知书上所载的，作文时所代圣贤说的，无非要明白这个道理。若果事事做得，即笔下说不出何妨！若事事不能做，并有亏于伦纪之大，即文章说得好，亦只算个名教中之罪人。贤弟性情真挚，而短于诗文，何不日日在孝弟两字上用功？《曲礼》《内则》所说的，句句依他做出，务使祖父母、父母、叔父母无一时不安乐，无一时不顺适；下而兄弟妻子皆蔼然有恩，秩然有序，此真大学问也。若诗文不好，此小事，不足计；即好极，亦不值一钱。不知贤弟肯听此语否？

科名之所以可贵者，谓其足以承堂上之欢也，谓禄仕可以养亲也。今吾已得之矣，即使诸弟不得，亦可以承欢，可以养亲，何必兄弟尽得哉？贤弟若细思此理，但于孝弟上用功，不于诗文上用功，则诗文不期进而自进矣。

凡作字总须得势，务使一笔可以走千里。三弟之字，笔笔无势，是以局促不能远纵。去年曾与九弟说及，想近来已忘之矣。

九弟欲看余白折。余所写折子甚少，故不付。大铜尺已经寻得。付笔回南，目前实无妙便，俟秋间定当付还。

去年所寄牧云信未寄去，但其信前半劝牧云用功，后半劝凌云莫看地，实有道理。九弟可将其信抄一遍仍交与他，但将纺棉花一段删去可也。地仙为人主葬，害人一家，丧良心不少，未有不家败人亡者，不可不力阻凌云也。至于纺棉花之说，如直隶之三河县、灵寿县，无论贫富男妇，人人纺布为生，如我境之耕田为生也。江南之妇人耕田，犹三河之男人纺布也。湖南如浏阳之夏布、祁阳之葛布、宜昌之棉布，皆无论贫富男妇，人人依以为业。此并不足为骇异也。第风俗难以遽变，必至骇人听闻，不如删去一段为妙。书不尽言。

兄国藩手草

道光二十三年六月初六日

【译文】

澄侯、叔淳、季洪三弟左右：

五月底接连收到三月一日、四月十八日家中所发的两封家信。四弟的信，真情实意漫溢于字里行间，大概是苦闷忧虑之心过重，想尽快有一个明朗的前途吧。只是这样的事绝不可以求速效，求速效必如揠苗助长，有百害而无一利。只要日积月累，好似愚公移山，终究会有豁然开朗的时候，急于求成则会永无出头之日。至于你的来信中有多处词不达意，我深深谅解你的苦处。

现在的人对“学”字的理解都有些偏颇。如果细读“贤贤易色”一章，可见绝大部分学问都可以体现在家庭日常生活之中。在“孝悌”两字上尽力一分便是一分学问，尽力十分便是十分学问。现在的人读书都是为了科举功名，对于孝悌伦纪这些大道理，好像觉得与读书做学问没什么关系。殊不知古书的记载的，做文章时代圣贤所说的，无非是要阐明这个道理。如果行动时时符合孝悌，即使笔下说不出又有何妨！如果时时违背孝悌，甚至有愧于伦理纲纪这些大道理，即使文章写得再出色，也只算是个名教中的罪人。贤弟性情真挚，诗文并不见长，何不天天在“孝悌”两字上用功？若按《礼记》中《曲礼》《内则》章所说的句句照做，一定使祖父母、父母、叔父母无一时不安乐，无一时不顺心；对下则兄弟妻儿都蔼然有恩，秩序井然，这真是大学问。像诗文不好的小事，不足以计较；即使写得再好，也不值一文，不知贤弟肯听这话否？

科举功名之所以可贵，是因为得到后足以使长辈高兴，可以供奉双亲。现在我已得了功名，即使各位兄弟得不到功名，也可以让长辈满足，可以供奉双亲，何必大家都要得功名呢？贤弟如果仔细想一下这个道理，就在孝悌上用功，不必在诗文上多费功夫，那么在诗文方面的长进自然会出乎意料的。

每每写字之时，必要有笔势，务必做到一笔下去可走千里。三弟的字，笔笔无势，是因为太拘束不能放开的原因。去年曾和九弟说到这个问题，想来近日已淡忘了吧。九弟在来信中说想看我写的白折，只是最近所写的折子很少，暂时就不寄了。大铜尺现已找到。至于寄笔之事，目前实在没有合适的机会，待秋天一定寄回。

去年写给牧云的信没有寄去，信中的前半部分是对牧云进行劝勉，后半部分劝凌云莫看地，这是有道理在其中的。九弟可将此信重抄一遍，仍交给他，不过要将纺棉花一段删去。地仙为人主持丧葬之事，害人一家，丧良心不少，以致家破人亡的更不在少数，为此不可不尽力劝阻凌云。至于纺棉花一事，像直隶的三河县、灵寿县，无论男女老少，富贵贫穷，人人靠纺布为生，如同我们家乡人人以耕田为生一样。江南妇人种地，如同三河男人纺布一样，湖南如浏阳的夏布、祁阳的葛布、宜昌的棉布，也都是不论贫富男女，人人以此为业，不值得为之惊奇。各地的风俗难以一时就有改变，肯定有的是骇人听闻，不如删去这一段为妙。书不能尽言，容后再续。

兄国藩手草

道光二十三年六月初六日

七 禀父母：劝弟勿夜郎自大，除去骄傲习气

【原文】

男国藩跪禀：

父母亲大人万福金安。六月二十三日男发第七号信交折差，七月初一日发第八号交王仕四手，不知已收到否？六月廿日接六弟五月十二日书，七月十六接四弟、九弟五月廿九日书，皆言忙迫之至，寥寥数语，字迹潦草，即县试案首前列皆不写出。同乡有同日接信者，即考古考老生，皆已详载。同一折差也。各家发信，迟十余日而从容；诸弟发信，早十余日而忙迫，何也？且次次忙迫，无一次稍从容者，又何也？

男等在京大小平安，同乡诸家皆好。惟汤海秋于七月八日得病，初九日未刻即逝。六月二十八考教习，冯树堂、郭筠仙、朱啸山皆取。湖南今年考差，仅何子贞得差，余皆未放，惟陈岱云光景最苦。男因去年之病，反以不放为乐。王仕四已善为遣回，率五大约在粮船回，现尚未定。渠身体平安，二妹不必挂心。叔父之病，男累求详信直告，至今未得，实不放心。

甲三读《尔雅》，每日二十余字，颇肯率教。六弟今年正月信，欲从罗罗山处附课，男甚喜之！后来信绝不提及，不知何故？所付来京之文，殊不甚好。在省读书二年，不见长进，男心实忧之而无如何，只恨男不善教诲而已。大抵第一要除骄傲气习。中无所有而夜郎自大，此最坏事。四弟、九弟虽不长进，亦不自满。求大人教六弟，总期不自满足为要。余俟续呈。

男谨禀

道光二十四年七月廿日

【译文】

儿子国藩跪着禀告：

父母亲大人万福金安！儿于六月二十三日将第二封信交给信差，于七月初一将第八封信交给王仕四，让他顺便带回去，不知是否已经收到？我于六月二十日

收到六弟写于五月十二日的信。七月十六日，又接到四弟、九弟写于五月二十九日的信。这些信中都说自己非常忙，整篇不过寥寥几句话而已，而且字迹也潦草不堪，甚至连县里考试的头名和前几名，都没有在信中告知。同乡中有同一天接到家信的，即使是考古考老生，也都一一详细地叙述。同是一个信差，各家也是同一时间发信，迟十多天也从容不迫，而弟弟们早十多天却如此忙碌无序，这是什么原因？况且每次信中都说很忙，没有一次悠闲从容的时候，这又是为什么？

儿等在京城生活安定，大小都很平安。同乡的各家情况也都不错，唯有汤海秋在七月初八生病，初九日未刻便离世了。六月二十八日考教习，冯树堂、郭筠仙、朱啸山都被录取了。湖南今年的考差，只有何子贞得了，其余的都没有放，只有陈岱云的光景最苦。儿子因去年的病，反而为不外放而高兴。王仕四已经妥善地遣送回去，率五大约乘粮船回，现在还没有定。他们身体平安，二妹不必挂念。叔父的病，儿子多次请求将详细据实告诉我，至今没有收到，实在不放心。

甲三读《尔雅》，每天二十多字，颇肯受教。六弟今年正月的信，想从罗罗山学习，儿子很高兴。后来的信绝不提这件事，不知为什么？所寄来的信，写得不好。他在省读书两年，看不见进步，儿子心里很忧虑，但又无计可施，只恨儿子不善于教诲。要有所进步，首先要去掉骄傲气习。腹中空空，又夜郎自大，这个最坏事。四弟、九弟虽说不长进，但不自满，求双亲大人教导六弟，要以不自满自足为第一紧要。其余下次再呈告。

儿子谨禀

道光二十四年七月二十日

八 致诸弟：切勿恃才自傲

【原文】

四位老弟足下：

前次回信内有四弟诗，想已收到。九月家信有送率五诗五首，想已阅过。吾人为学最要虚心。尝见朋友中有美材者，往往恃才傲物，动谓人不如己，见乡墨

则骂乡墨不通，见会墨则骂会墨不通，既骂房官，又骂主考，未入学者则骂学院。平心而论，己之所为诗文，实亦无胜人之处；不特无胜人之处，而且有不堪对人之处。只为不肯反求诸己，便都见得人家不是，既骂考官，又骂同考而先得者。傲气既长，终不进功，所以潦倒一生而无寸进也。

余平生科名，极为顺遂；惟小考七次始售。然每次不进，未尝敢出一怨言，但深愧自己试场之诗文太丑而已。至今思之，如芒在背。当时之不敢怨言，诸弟问父亲、叔父及朱尧阶便知。盖场屋之中，只有文丑而侥幸者，断无文佳而埋没者，此一定之理也。

三房十四叔非不勤读，只为傲气太胜，自满自足，遂不能有所成。

京城之中，亦多有自满之人。识者见之，发一冷笑而已。又有当名士者，鄙科名为粪土，或好作诗古，或好讲考据，或好谈理学，嚣嚣然自以为压倒一切矣。自识者观之，彼其所造，曾无几何，亦足发一冷笑而已。故吾人用功，力除傲气，力戒自满，毋为人所冷笑，乃有进步也。诸弟平日皆恂恂退让，第累年小试不售，恐因愤激之久，致生骄惰之气，故特作书戒之。务望细思吾言而深省焉。幸甚幸甚。

国藩手草

道光二十四年十月廿一日

【译文】

四位老弟足下：

前次回信，里面有四弟的诗，想必已收到了。九月里给家中的信中有送率五的诗五首，想必也都看过了。我们做学问，最重要的是虚心。我曾看到朋友中一些颇有才华的人，都恃才傲物，动不动就说别人不如自己。不论是乡试还是会试的文章，他都骂人家言语不通，不仅骂房官，也骂主考，考不取就骂学院。平心而论，这种人自己写的诗文也并没有过人之处，而且有些根本就羞于示人，但他们就是不肯反过来要求自己，总说别人不好。既骂考官，也骂同科率先考中之人。人要有了傲气，便不会有进步，结果只能失意潦倒一生，碌碌无为，人生也不会有任何转机。

我这一生在科名上还算顺利，只是在小考时考了七次才取上。不过，每次考不好都没有说过一句不满的话，只惭愧自己在考试时写的诗文太差。现在想起来，还感到难过。当时虽屡遭失败，但不敢出一句怨言，此事确属事实，几位弟弟问问父亲、叔父和朱尧阶就会知道。考场中只有以拙劣的文章而侥幸得中的人，没有以出色的文采而被埋没的人，这是千古不变的真理。

三房的十四叔，读书不是不勤快，只是傲气太重，自满自足，终究一无所成。

京城里有傲气的人也很多，有见识的人见了，只冷冷一笑而已。还有的人自诩名士，把科名看成粪土。他们有的喜欢作古诗，有的喜欢讲考据，有的还喜欢谈理学，招摇过市，喧闹张扬，自以为能压倒一切。在有见识的人看来，这些人其实没有什么造诣，只不过足以让人冷冷一笑罢了。我们应当一心用功，尽力消除傲气，防止自满，不让别人在一边冷笑，才能进步。几个弟弟平日都是恭恭敬敬，几次小考没有如意，我怕你们会因长期不满而养成骄惰的习气，所以特地写这封信给你们，希望注意防止这种情绪。你们定要想想我的这些话，深刻地反省一下，如若能够做到，那正是幸甚幸是。

国藩手草

道光二十四年十月二十一日

九　致诸弟：勉读书行事以有恒为要

【原文】

四位老弟足下：

前月寄信，想已接到。余蒙祖宗遗泽、祖父教训，幸得科名，内顾无所忧，外遇无不如意，一无所觖矣。所望者再得诸弟强立，同心一力，何患令名之不显？何患家运之不兴？欲别立课程，多讲规条，使诸弟遵而行之，又恐诸弟习见而生厌心；欲默默而不言，又非长兄督责之道。是以往年常示诸弟以课程，近来则只教以有恒二字。所望于诸弟者，但将诸弟每月功课写明告我，则我心大慰矣。

乃诸弟每次写信，从不将自己之业写明，乃好言家事及京中诸事。此时家中重庆，外事又有我料理，诸弟一概不管可也。以后写信，但将每月作诗几首，作文几首，看书几卷，详细告我，则我欢喜无量。诸弟或能为科名中人，或能为学问中人，其为父母之令子一也，我之欢喜一也。慎弗以科名稍迟，而遂谓无可自力也。如霞仙今日之身份，则比等闲之秀才高矣。若学问愈进，身份愈高，则等闲之举人、进士又不足论矣。

学问之道无穷，而总以有恒为主。

兄往年极无恒。近年略好，而犹未纯熟，自七月初一起至今，则无一日间断，每日临帖百字，抄书百字，看书少亦须满二十页，多则不论。自七月起至今，已看过《王荆公文集》百卷，《归震川文集》四十卷，《诗经大全》二十卷，《后汉书》百卷，皆朱笔加圈批。虽极忙，亦须了本日功课，不以昨日耽搁而今日补做，不以明日有事而今日预做。诸弟若能有恒如此，则虽四弟中等之资，亦当有所成就，况六弟、九弟上等之资乎？

明年肄业之所，不知已有定否？或在家，或在外，无不可者。谓在家不可用功，此巧于卸责者也，吾今在京，日日事务纷冗，而犹可以不间断，况家中万万不及此间之纷冗乎！树堂、筠仙自十月起，每十日作文一首，每日看书十五页，亦极有恒。诸弟试将朱子《纲目》过笔圈点，定以有恒，不过数月即圈完矣。若看注疏，每经亦不过数月即完。切勿以家中有事而间断看书之课，又弗以考试将近而间断看书之课。虽走路之日，到店亦可看；考试之日，出场亦可看也。兄日夜悬望，独此有恒二字告诸弟，伏愿诸弟刻刻留心。幸甚幸甚。

兄国藩手草

道光二十四年十一月廿一日

【译文】

四位老弟足下：

上个月寄去的信，我想大概已经收到了吧。我有幸承蒙祖宗遗留的恩泽、祖父的教训，考取了科举功名，如今内顾无所忧，外遇无不如意，终此一生也别无所求了。我现在所希望的就是各位兄弟能够自强自立，同心同德，若真能如此，还怕不能声名远播吗？还怕不能家业兴旺吗？我最近计划另外开设些课程，多讲一些规矩，让各位兄弟遵照行事，又怕各位兄弟因为规矩多了而厌烦；想闭口不谈，又唯恐不能尽到兄长督促弟弟的责任。因此往年都要告诉各位兄弟具体该学些什么课程，近来就只教以“有恒”两字。我对各位兄弟的期望，只是把每个月的功课写明告诉我，这样我心里就觉得是莫大的安慰。

可是各位兄弟每次写信，从不将自己的学业情况在信里详细告知，只是喜欢说些家中的事和京城的事。现在家中的大小事情自有父母大人出面操持，外头的事自然由我来打理，各位兄弟完全可以不必过问。所以以后写信，只要将每月所作的几首诗、几篇作文，看几卷书，详细告诉我，就再好不过了。各位弟弟或者可以成为科名中的人，或者可以成为学问中的人，但为父母的对待子女都一样，我心里也都是一样的喜欢诸位弟弟。千万要慎重，不要以为科名迟了，便说自己不行。如霞仙一样，今天的身份，比一般的秀才就高一些。如果学问再进，身份更高，一般的举人、进士便不足道了。

学海无涯，没有穷尽，总要以有恒为主。

为兄往年最缺恒心，近年情况稍好，但仍然没有达到成熟的境界。从七月一日至今，没有一天间断，每天临帖一百个字，抄书一百个字，看书少则二十页，多则不论。从七月起，至今已看《王荆公文集》一百卷，《归震川文集》四十卷，《诗经大全》二十卷，《后汉书》一百卷，都用红笔加以圈点批注。虽然时间紧促，也要保证完成每天的功课，不以昨天耽搁而今天补做，也不以明天有事而今天预先做。各位弟弟如果能像这样有恒心，则即使像四弟这样的中等天资，也会有所成就，何况六弟、九弟这种上等的天资呢？

不知明年学习的地方定下来没有？在家乡或者在外地，都是可以的。说在家读书不能用功，不过是推卸责任的借口而已。我现在在京城，天天事务繁多，而仍然坚持读书，从不间断，何况家中怎么也不会如我这里事务繁杂！树堂、筠仙二人自十月起，每十天作一篇文章，每天看十五页书，可见也很有恒心的。弟弟们请试试将朱子《纲目》用笔圈点，只要有恒心，不过几个月就可以圈点完。如看注疏，每部经书也不过几个月就可以看完。千万不要以家里的琐事为由而间断看书的功课，更不要以考试临近为借口而间断看书的功课。即使是在路途中，或出门在外，到了旅店也可看；即使面临考试，待考试结束后也可以看。为兄我日夜悬望之事，只有将“有恒”两个字忠告弟弟们。衷心希望弟弟们要时时刻刻留心二字，深悟其中的道理。幸甚幸甚。

兄国藩手草

道光二十四年十一月二十一日

一〇　致诸弟：勉事事应勤思善问

【原文】

四位老弟足下：

去年十二月二十二日寄去书函谅已收到。顷接四弟信，谓前信小注中误写二字。其诗比即付还，今亦忘其所误谓何矣。

诸弟写信总云仓忙，六弟去年曾言城南寄信之难，每次至抚院赍奏厅打听云云。是何其蠢也！静坐书院三百六十日，日日皆可写信，何必打听折差行期而后动笔哉？或送至提塘，或送至岱云家，皆万无一失，何必问了无关涉之赍奏厅哉？若弟等仓忙，则兄之仓忙殆过十倍，将终岁无一字寄家矣！

送王五诗第二首，弟不能解，数千里致书来问。此极虚心，余得信甚喜。若事事勤思善问，何患不一日千里？兹另纸写明寄回。

家塾读书，余明知非诸弟所甚愿，然近处实无名师可从，省城如陈尧农、罗罗山皆可谓明师，而六弟、九弟又不善求益；且住省二年，诗文与字皆无大长进。如今我虽欲再言，堂上大人亦必不肯听。不如安分耐烦，寂处里闾，无师无友，挺然特立，作第一等人物。此则我之所期于诸弟者也。

昔婺源汪双池先生一贫如洗，三十以前在窑上为人佣工画碗，三十以后读书，训蒙到老，终身不应科举。卒著书百余卷，为本朝有数名儒。彼何尝有师友哉？又何尝出里闾哉？余所望于诸弟者，如是而已，然总不出乎立志有恒四字外也。

买笔付回，刻下实无妙便，须公车归乃可带回。大约府试院试可得用，县试

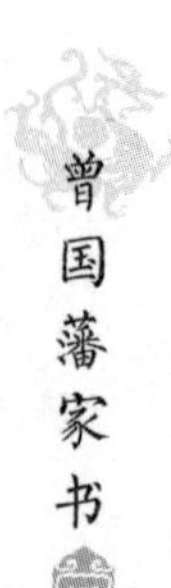

则赶不到也。诸弟在家作文，若能按月付至京，则余请树堂看。随到随改，不过两月，家中又可收到。书不详尽，余俟续具。

兄国藩手草

道光二十五年二月初一日

【译文】

四位老弟足下：

去年十二月二十二日寄去的信估计已经收到了吧。不久就收到四弟的来信，说前一次信中的小注中写错了两个字。那首诗很快就寄给你了，至于错在何处现在我也记不起来了。

诸位弟弟写信，总说仓促忙碌。六弟去年曾说过在城南寄信的难处，每次要到抚院赍奏厅打听，等等，怎么这样蠢呢？三百六十天都静坐在书院，天天都可以写信，何必打听信差出发的日期，然后才动笔呢？要么送给主管寄信的官员，要么送到岱云家，都万无一失，何必去问无关紧要的赍奏厅呢？如果弟弟们都说忙，那么为兄岂不是比你们忙十倍，恐怕一年到头都不能给家中寄去一个字的书信了！

送给王五的第二首诗，弟弟有些看不懂的地方，就不远几千里写信来问，表明弟弟是很虚心的，我收到信后很高兴。如果每件事都能像这样勤思善问，还怕没有一日千里的进步？现在将诗的意思用另外的纸注明得很详细，寄回家供弟弟参阅。

我明知让弟弟们在家塾读书，弟弟们心里很不愿意，但近处实在没有名师可以跟从，像陈尧农、罗罗山这两位先生都可以说是省城里的好老师，但六弟、九弟又不善于向人家求教；况且在省城住了两年，诗文与字都没有大的长进。如今我虽然想再为弟弟们求情，可是堂上大人必定不会再听。既然如此，不如安下心来，培养耐心，长久住在家中，甘于寂寞。既不拜老师，也不乱交朋友，傲然挺立，做个第一等的人物，这就是我现在对弟弟们的期望。

婺源汪双池先生，过去一贫如洗，30岁以前，在窑上为别人打工画碗。30岁以后，才开始读书训蒙，到老终身都没有参加科举考试，却也著书百多卷，最终成为清朝名儒，他何尝有师友，又何尝走出家乡一步？我期待弟弟们做到的，就是如此而已，总不外乎“立志”“有恒”四字。

至于买笔寄回一事，目前实在是没有方便的机会，等到举人们回乡时才可以带回。诸弟在府试院试时大概还来得及用上，县试估计是赶不上了。弟弟们在家里写的文章，如能按月寄到京城，那我就请树堂看。寄到之后就改，不过两月之内，家中就可收到已改过的文章。信中写得不够详尽，其余的以后再具体说吧。

兄国藩手草

道光二十五年二月初一日

一一 致诸弟：劝宜力除牢骚

【原文】

澄侯、温甫、子植、季洪四弟足下：

日来京寓大小平安。癣疾又已微发，幸不为害，听之而已。湖南榜发，吾邑竟不中一人。沅弟书中言温弟之文典丽矞皇，亦尔被抑。不知我诸弟中将来科名究竟何如？以祖宗之积累及父亲、叔父之居心立行，则诸弟应可多食厥报。以诸弟之年华正盛，即稍迟一科，亦未遽为过时。特兄自近年以来事务日多，精神日耗，常常望诸弟有继起者，长住京城，为我助一臂之力。且望诸弟分此重任，余亦欲稍稍息肩。乃不得一售，使我中心无倚！

盖植弟今年一病，百事荒废；场中又患眼疾，自难见长。温弟天分本甲于诸弟，惟牢骚太多，性情太懒。前在京华不好看书，又不作文，余心即甚忧之。近闻还家以后，亦复牢骚如常，或数月不搦管为文。吾家之无人继起，诸弟犹可稍宽其责，温弟则实自弃，不得尽诿其咎于命运。

吾尝见友朋中牢骚太甚者，其后必多抑塞，如吴檀台、凌荻舟之流，指不胜屈。盖无故而怨天，则天必不许；无故而尤人，则人必不服。感应之理，自然随之。温弟所处，乃读书人中最顺之境，乃动则怨尤满腹，百不如意，实我之所不解。以后务宜力除此病，以吴檀台、凌荻舟为眼前之大戒。凡遇牢骚欲发之时，则反躬自思：吾果有何不足而蓄此不平之气？猛然内省，决然去之。不惟平心谦抑，可以早得科名，亦且养此和气，可以消减病患。万望温弟再三细想，勿以吾言为老生常谈，不值一哂也。

王晓林先生（稙）在江西为钦差，昨有旨命其署江西巡抚。余署刑部，恐须至明年乃能交卸。袁漱六昨又生一女，凡四女，已殇其二。又丧其兄，又丧其弟，又一差不得，甚矣！穷翰林之难当也。黄麓西由江苏引见入京，迥非昔日初中进士时气象，居然有经济之才。王衡臣于闰月初九引见，以知县用。后于月底搬寓下洼一庙中，竟于九月初二夜无故遽卒。先夕与同寓文任吾谈至二更，次早饭时，讶其不起，开门视之，则已死矣。死生之理，善人之报，竟不可解。

邑中劝捐弥补亏空之事，余前已有信言之，万不可勉强勒派。我县之亏，亏于官者半，亏于书吏者半，而民则无辜也。向来书吏之中饱，上则吃官，下则吃民，名为包征包解，其实当征之时，则以百姓为鱼肉而吞噬之；当解之时，则以官为雉媒而播弄之。官索钱粮于书吏之手，犹索食于虎狼之口，再四求之，而终不肯吐。所以积成巨亏，并非实欠在民，亦非官之侵蚀入己也。

今年父亲大人议定粮饷之事，一破从前包征包解之陋风，实为官民两利，所不利者仅书吏耳。即见制台留朱公，亦造福一邑不小。诸弟皆宜极力助父大人办成此事。惟捐银弥亏则不宜操之太急，须人人愿捐乃可。若稍有勒派，则好义之事反为厉民之举。将来或翻为书吏所借口，必且串通劣绅，仍还包征包解之故智，万不可不预防也。

梁侍御处银二百，月内必送去。凌宅之二百亦已兑去。公车来兑六七十金，为送亲族之用，亦必不可缓。但京寓近极艰窘，此外不可再兑也。

邑令既与我家商办公事，自不能不往还，然诸弟苟可得已，即不宜常常入署。陶、李二处，容当为书。本邑亦难保无假名请托者，澄弟宜预告之。

书不详尽。余俟续具。

兄国藩手草

咸丰元年九月初五日

【译文】

澄侯、温甫、子植、季洪四弟足下：

近日京城家里大小平安，我的癣疾又已复发，幸亏病情还不是很严重，任凭它去吧。湖南的科考榜单已经发布，但是我们县中竟然一个也没有中榜。沅弟在来信中说，温弟的文章典丽堂皇，才思出众，同样也被压抑。不知道各位弟弟中将来在科考中能取得何种功名？以祖宗的积德，父亲、叔父的居心立行，各位弟弟应该可以多受福报。凭各位弟弟现在风华正茂，即使稍微迟一科及第，也不会过时。只是为兄近年来公务日益繁忙，精神日益耗损，所以心中希望各位弟弟中能有继我而起的人，可长住京城，助我一臂之力。我一心希望各位弟弟能够为我卸去一些重担，以使我能稍为休息一下，得以轻松度日，但这个愿望却一直未能实现，以致我心里孤苦无靠。

植弟今年一病，以致百事俱废，学业耽搁，再加上在考场中又患目疾，学问自然难以见长。温弟的天分，在各位弟弟中首屈一指，只是牢骚太多，性情太懒。前些日子在京城不用心看书，也不作文章，我就开始担心了。近来听说他回家后，性情还是如此，经常空发牢骚，甚至一连几个月不动笔。我家中之所以无人继起，无法对其他各位弟弟苛责，唯独温弟无法推卸责任，实在是自暴自弃，不能把责任全都归于命运。

我常常看见朋友中有整日牢骚的人，结果必定历尽坎坷，一生受挫，如吴檀台、凌荻舟等人便是如此，这样的例子不可计数。无缘无故而怨天，天必定不会答应；无缘无故而尤人，人也不会信服。天人感应之理，只有顺其自然，无须强求。温弟现在所处的境遇，正是对读书人最有利的境遇，但是动不动就满腹怨言，处处不如意，这实在让我无法理解。我希望他以后务必努力改掉这个毛病，以吴檀台、凌荻舟为前车之鉴，时时告诫自己，每遇到想发牢骚之时，就反躬自思，到底我有什么不满足而积蓄了这些不平之气，猛然内省，决然舍弃。若真能如此，不仅可以平心谦抑，可以早得科名，还可以养成和气，稍微减轻病痛。万望温弟再三细想，不要以为这些话又是老生常谈，不放在心里，不值得理会。

王晓林先生（植）在江西担任钦差，昨日有圣旨下达，命他担任江西巡抚，我主管刑部，这份差事恐怕要到明年才能交卸。袁漱六家昨天又生了一个女儿，现在一共四个女儿，不过早已死了两个，再加上丧兄丧弟，而且一个差事也没有谋得，穷翰林真是难当啊。黄麓西近日由江苏引见入京，受到了皇上的召见，他与过去初中进士时的气象迥然不同，现在居然有治理国家的才能。王衡臣在闰月初九引见，用为知县，后来于月底搬到下洼一个庙里住，竟在九月初二日晚无缘无故死了。前一天晚上，还和同住的文任吾谈到二更。第二天早饭时，奇怪他不起床，打开门一看，已经死了。生与死的道理，好人的这种报应，真不可解。

家乡劝捐，弥补亏空的事，我前不久有信说到，万万不可以勉强勒派，我县的亏空，亏于官员的占一半，亏于书吏的占一半，老百姓是无辜的。从来书吏都是中间得利，上面吃官，下面吃民，名义上是包征包解，其实当征的时候，便把百姓当鱼肉而吞吃。解送的时候，又以官为招引的雉媒而从中播弄。官员从书吏手上索取钱粮，好比从虎狼口里讨食，再四要求，还是不肯吐。之所以积累成大亏，并不是民众拖欠，也不是官员自己侵吞了。

今年父亲议定粮饷的事，一破从前包征包解的陋风，实在是官民两利，所不利的只是书吏。就是见制台留朱公，也造福桑梓不小，各位弟弟都应该帮父亲大人办成这件事。只是捐钱补亏空，不要操之太急，一定要人人自愿捐才行。如果稍微有勒派，那么一件好义的事，反而成了厉民之举，将来或者反而为书吏找到借口，并且他们必然串通劣绅，闹着要恢复包征收包解送，千万不可不早为防备。

梁侍御处银二百两，月内一定要送去。凌宅的二百两，也已经兑去。官车来，兑六七十两，为送亲族之用，也一定不能延缓了。但京城家里近来艰难窘迫，除上述几处不可再兑。

县令既然与我家商办公事，自然不能不往来应酬，然而诸弟如果可能，就不应常常入县衙。陶、李两处，容我稍后回信。本县难保没有假借他人名字请托的，澄弟应预先告诉我。信写得不详细，其余容以后再写。

兄国藩手草

咸丰元年九月初五日

一二　致诸弟：读名人文集足以养病

【原文】

澄、温、沅、季四位老弟足下：

廿五日春二、维五到营，接奉父亲大人手谕并澄沅来信、纪泽儿禀函，具悉一切。

此间自四月十九小挫之后，五月十三各营在青山与该逆大战一次，幸获全胜。该逆水战之法尽仿我军之所为，船之大小长短，桨之疏密，炮之远近，皆与我军相等。其不如我军处，在群子不能及远，故我军仅伤数人，而该逆伤亡三百余人。其更胜于我处，在每桨以两人摧送，故船行更快。

罗山克复广信后，本可即由饶州、都昌来湖口会剿，因浙江抚台札令赴徽州会剿，故停驻景德镇，未能来湖口。顷又因义宁州失守，江西抚台调之回保省城，更不能来南康、湖口等处。事机未顺，处处牵掣，非尽由人力做主也。

永丰十六里练团新集之众，以之壮声威则可，以之打仗则恐不可，澄弟宜认真审察一番。

小划子营，如有营官、哨官之才，望即告知荫亭，招之以出。沅弟荐曾和六，其人本有才，但兵凶战危，渠身家丰厚，未必愿冒险从戎。若慷慨投笔则可，余以札调则不宜也。朱楚成之才，不过能带一舢板。闻父亲所办单眼铳甚为合用，但引眼宜略大，用引线两三根更为可靠。

沅弟买得方、姚集，近已阅否？体气多病，得名人文集静心读之，亦自足以养病。凡读书有难解者，不必遽求甚解。有一字不能记者，不必苦求强记，只须从容涵泳。今日看几篇，明日看几篇，久久自然有益。但于已阅过者，自作暗号，略批几字，否则历久忘其为已阅未阅矣。筠仙来江西时，余作会合诗一首，一时和者数十人，兹命书办抄一本寄家一阅。

癣疾近已大愈，惟今年酷暑异常，将士甚苦，余不一一，即问近好。

父亲大人前，即此跪禀万福金安。叔父大人前，诸弟送阅禀安。

兄国藩手草

咸丰五年五月廿六日

【译文】

澄、温、沅、季四位老弟足下：

二十五日，春二、维五抵达军营，儿子接到了父亲大人亲笔信，另外还有澄、沅两弟的来信以及纪泽儿的禀函，信中大小事情我全都知道了。

自从四月十九日的一次小的失败之后，五月十三日，各营在青山与逆贼再次大战，有幸得以全胜。逆贼水战的方法尽数仿效我军，无论船的大小长短、船桨的疏密还是炮的远近，都和我军相差无几。逆贼不及我军之处，只是在于他们的炮弹射程太近，因此只伤我军数人而已，而逆匪则伤亡三百多人。不过他们的装备也有优于我军之处，就是每支船桨由两人划，所以船的速度比我军的更快。

罗山的部队收复广信后，本来可以立即由饶州、都昌前来湖口参加会剿，但是浙江抚台来信命令他前往徽州会剿，所以就把军队停驻在景德镇，未能到达湖口。不久义宁州失守，江西抚台据此下达命令，调他回省城镇守，更不能来南康、湖口等处。近来事情不顺利，处处受牵制，这些都不是人力所能主宰的。

永丰十六里团练新招募的兵士，技艺未精，只可用他们壮壮军威，至于用他们打仗恐怕远远不够，澄弟应认真审查一番。

小划子营中如有营官、哨官这种才能的人，希望马上告诉荫亭，可破格将他们提拔出来任职。沅弟曾经推荐过曾和六这个人，此人确有才能，但战争之中生死难断，而他家家资丰厚，未必愿意冒险从军。如果他能自愿为国效力，投笔从戎，那自然最好。若要我用书信强行将他调来，恐怕是不适宜的。朱楚成的才干，不过只能带领一只舢板而已。听说父亲制造的单眼铳火力很猛，很适合作战之用，不过我觉得引眼应稍大些，用两三根的引火线就更加可靠了。

听说沅弟最近购得方、姚文集，不知近来是否研读？既然身体一直多病，若能得到名人的文集就应该静心阅读，这样确实有养病之利。研读时若有难以理解的地方，不必一定当时就要求得透彻深刻的理解；若有一个字不能记住，也不必苦求强记，只须能够自然地加以理解和领会。今日看几篇，明日看几篇，日日积累，自然会有收获。不过阅读之时，最好对已读过的部分作出记号，哪怕只稍微批几个字，否则时间久了就会忘记哪些是已经读过的，哪些是没有读过的。筠仙来江西时，我作了一首会合诗，一时间唱和的有几十人，现在叫书办抄录一本寄回家中供大家传阅。

我的癣病近来已经逐渐有痊愈之势，不过今年夏天酷热难当，将士们生活条件异常辛苦。其余的就不一一叙述，顺问近好。

父亲大人面前，就此跪禀万福金安。叔父大人面前，请弟弟们把信送给他看，并代为禀安。

兄国藩手草

咸丰五年五月二十六日

一三　谕纪泽：读古文之要义

【原文】

字谕纪泽儿：

接尔安禀，字画略长进，近日看《汉书》。余生平好读《史记》《汉书》《庄子》、韩文四书，尔能看《汉书》，是余所欣慰之一端也。

看《汉书》有两种难处，必先通于小学、训诂之书，而后能识其假借奇字；必先习于古文辞章之学，而后能读其奇篇奥句。尔于小学、古文两者皆未曾入门，则《汉书》中不能识之字、不能解之句多矣。欲通小学，须略看段氏《说文》《经籍纂诂》二书。王怀祖（名念孙，高邮州人）先生有《读书杂志》，中于《汉书》之训诂极为精博，为魏晋以来释《汉书》者所不能及。

欲明古文，须略看《文选》及姚姬传之《古文辞类纂》二书。班孟坚最好文章，故于贾谊、董仲舒、司马相如、东方朔、司马迁、扬雄、刘向、匡衡、谷永诸传皆录其著作；即不以文章名家者，如贾山、邹阳等四人传、严助、朱买臣等九人传、赵充国屯田之奏、韦元成议礼之疏以及贡禹之章、陈汤之奏狱，皆以好文之故，悉载巨篇。如贾生之文，既著于本传，复载于《陈涉传》《食货志》等篇；子云之文，既著于本传，复载于《匈奴传》《王贡传》等篇，极之充国《赞酒箴》，亦皆录入各传。盖孟坚于典雅瑰玮之文，无一字不甄采，尔将十二帝纪阅毕后，且先读列传。凡文之为昭明暨姚氏所选者，则细心读之；即不为二家所选，则另行标识之。若小学、古文二端略得途径，其于读《汉书》之道思过半矣。

世家子弟最易犯一奢字、傲字。不必锦衣玉食而后谓之奢也，但使皮袍呢褂俯拾即是，舆马仆从习惯为常，此即日趋于奢矣。见乡人则嗤其朴陋，见雇工则颐指气使，此即日习于傲矣。《书》称“世禄之家，鲜克由礼”，《传》称“骄奢淫佚，宠禄过也”。京师子弟之坏，未有不由于骄、奢二字者，尔与诸弟其戒之。至嘱至嘱。

咸丰六年十一月初五日

【译文】

字谕纪泽儿：

我已经接到你的禀帖，见你的字体略微有些长进，也了解到你近日在研读《汉书》。《史记》《汉书》《庄子》、韩文是我生平最钟爱的四部书籍，你愿意研读《汉书》，这件事让我感到十分欣慰。

读《汉书》有两个难处，首先一定要先弄通小学、训诂类书籍，以后才能认识它的假借奇字；再者要先学习古文辞章的学问，然后能读懂其中深奥难懂的篇章。你对小学、古文两样都还没有入门，那么《汉书》中不认识的字、不能解释的文句就一定不少。若要弄通小学，必须大略看段氏《说文》《经籍纂诂》两本书。王怀祖（名念孙，高邮州人）先生有《读书杂志》，其中对《汉书》的训诂最精深渊博，是魏晋以来解释《汉书》的人所无法企及的。

若要懂得古文，必须大略看《文选》和姚姬传的《古文辞类纂》两本书。班孟坚最喜欢文章，所以贾谊、董仲舒、司马相如、东方朔、司马迁、扬雄、刘向、匡衡、谷永等人的传记都全文抄录其著作；即使有些人不以文章而著称于世，如贾山、邹阳等四个人的传记，严助、朱买臣等九个人的传记，赵充国屯田的奏疏，韦元成议礼的奏疏以及贡禹之章，陈汤的奏狱，都因为喜欢文章，而被全部载入。像贾生的文章，既著录本传，又记于《陈涉传》《食货志》等篇；扬雄的文章，既著录本传，又记于《匈奴传》《王贡传》等篇。甚至赵充国的《赞酒箴》，也都抄录在各本传记中。大概班孟坚对于典雅瑰玮的文章，是没有一个字不抄录的。你把十二帝纪读完后，暂时先读列传。凡是被昭明太子和姚姬传所选用的书，都要细细研读，即使是两家没有选用的文章，也要另外做好标记。如果从小学、古文两种学问里略微得到途径，那就等于获得了一半研读《汉书》的诀窍了。

世家子弟，最容易犯奢、傲的毛病，并不是锦衣玉食才算是奢侈，只要皮袍呢褂多得俯拾即是、车马仆人习以为常，这样就一天天接近奢侈了；见到乡下人就嗤笑他们朴陋，见到雇工就颐指气使，不可一世，这样就一天天习惯于傲了。《尚书》

称："世禄之家，鲜克有礼"。《左传》称："骄奢淫逸，宠禄过也。"京城子弟道德败坏，皆由骄、奢二字所起，你和各位兄弟们务必要引以为戒。至嘱至嘱。

咸丰六年十一月初五日

一四　致九弟：勿长傲多言，不可强充老手

【原文】

沅甫九弟左右：

初三日刘福一等归，接来信，借悉一切。

城贼围困已久，计不久亦可攻克。惟严断文报是第一要义，弟当以身先之。

家中四宅平安。季弟尚在湘潭，澄弟初二日自县城归矣。余身体不适。初二日住白玉堂，夜不成寐。温弟何日至吉安？在县城、长沙等处尚顺遂否？

古来言凶德致败者约有二端：曰长傲，曰多言。丹朱之不肖，曰傲曰嚣讼，即多言也。历观名公巨卿，多以此二端败家丧生。余生平颇病执拗，德之傲也；不甚多言，而笔下亦略近乎嚣讼。静中默省愆尤，我之处处获戾，其源不外此二者。

温弟性格略与我相似，而发言尤为尖刻。凡傲之凌物，不必定以言语加人，有以神气凌之者矣，有以面色凌之者矣。温弟之神气稍有英发之姿，面色间有蛮很之象，最易凌人。凡中心不可有所恃，心有所恃则达于面貌。以门地言，我之物望大减，方且恐为子弟之累；以才识言，近今军中炼出人才颇多，弟等亦无过人之处，皆不可恃。只宜抑然自下，一味言忠信行笃敬，庶几可以遮护旧失、整顿新气。否则，人皆厌薄之矣。沅弟持躬涉世，差为妥叶。温弟则谈笑讥讽，要强充老手，犹不免有旧习。不可不猛省！不可不痛改！闻在县有随意嘲讽之事，有怪人差帖之意，急宜惩之。余在军多年，岂无一切可取？只因傲之一字，百无一成，故谆谆教诸弟以为戒也。九弟妇近已全好，无劳挂念。沅在营宜整刷精神，不可懈怠。至嘱。

兄国藩手草

咸丰八年三月初六日

【译文】

沅甫九弟左右：

初三这天，刘福一等人自军中回来，我也接到了你的来信，由此信中知晓一切。

既然城内敌人已被围困多日，估计不日便可攻克。这时候，断绝敌军情报是最重要的事，弟弟应当亲自出马，以免出现差错。

家中四宅皆平安无事。季弟仍在湘潭，初二澄弟从县城回来了。我身体有些不舒服，初二住在白玉堂，晚上辗转无法入睡。温弟哪天能到达吉安？在县城、长沙等地的行程还算顺利吗？

自古以来，凶德导致失败的原因不过两条：一是骄傲，二是多言。丹朱不成材，就是因为他“傲”，因为他“嚣讼”，也就是多言的意思。历数各个朝代的名声显赫的公卿大臣，大多因为这两条而身败名裂。固执一直是我的毛病，而且很是高傲；虽然从不多说闲话，但是笔下近乎“嚣讼”。有时静心默默反省自己，发现我之处处过失，其根源不外乎这两个原因。

温弟的性情与我有很多相似之处，只是言谈更为尖刻。有些人显出傲气凌人之势，并非单单通过言语来表现，也有以神气凌人的，也有以脸色凌人的。温弟的神态英姿勃发，脸色却有蛮横之相，最易给人盛气凌人之感。以你的性情，心中决不可有所依恃，心中有所依恃就会自然显现于表面。以门第而论，我的声望大减，恐怕子弟们要因此而受连累；以才识而论，近来军队里锻炼出来的人才很多，弟弟等也没有明显的过人之处，都没有可倚仗的。只能抑制自己，坚守忠信礼仪，行事诚笃敬谨，或许可以遮盖自己的过失，显出新气象；否则，外人都会讨厌看轻你，甚至鄙视你。沅弟为人处世谨慎小心，很是稳妥，让人放心。而温弟却时常与人谈笑讥讽，强充老手，不免沾有一些旧的坏习气，所以必须好好反省！即刻痛改前非！我还听说温弟在县城时，经常随意嘲讽他人，此做法应迅速改正。想我在军中辛苦多年，怎么会没有一点儿可取之处呢？正因为“傲”字而百无一成。所以谆谆教导诸弟引以为戒。近日，九弟妻之病已经痊愈，无须担心。沅弟在营中应进行整顿，以振奋精神，不可有丝毫懈怠。至嘱。

兄国藩手草

咸丰八年三月初六日

一五　致九弟：愿共戒骄傲、多言二弊

【原文】

沅甫九弟左右：

二十日胡二等归，接弟十三夜书，具悉一切。所论兄之善处，虽未克当，然亦足以自怡，兄之郁郁不自得者，以生平行事有初鲜终；此次又草草去职，致失物望，不无内疚。

朱尧阶于初九日来家。刘霞仙侍其叔父镜湖于十三日来家，悉心诊视。先用开痰之剂，旋服解郁之方，日有效验。镜叟于十九日归去，以二十五日为季子完娶也，霞仙亦于二十三日归去。

长傲、多言二弊，历观前世卿大夫兴衰及近日官场所以致祸福之由，未尝不视此二者为枢机，故愿与诸弟共相鉴诫。第能惩此二者，而不能勤奋以图自立，则仍无以兴家而立业。故又在乎振刷精神，力求有恒，以改我之旧辙而振家之丕基。弟在外数月，声望颇隆，总须始终如一，毋怠毋荒，庶几于弟为初旭之升，而于兄亦代为桑榆之补。至嘱至嘱。

次青奏赴浙江，以次青之坚忍，固宜有出头之一日，而咏公亦可谓天下之快人快事矣。

弟劝我与左季高通书问。此次暂未暇作，准于下次寄弟处转递。此亦兄长傲之一端。弟既有言，不敢遂非也。

家中四宅大小平安。纪泽尚未归，闻二十一日在省起行。韩升二十二日来家，渠二人当酌派一人前赴弟营。余不一一，顺问近好，统惟心照。

兄国藩手草

咸丰八年三月廿四日

【译文】

沅甫九弟左右：

二十日胡二等人回来之后，便接到弟弟十三日夜里所写的来信，一切情况我都已经知道。你在信中所说的为兄的优点，虽然我未必敢全部接受，但也足以使我高兴了。为兄近来之所以内心郁闷不平，是自忖自己平生做事有始无终。再加上这次又草草离职，致使很多人失望，内疚之意积郁于胸。

初九这天，朱尧阶来家。刘霞仙因服侍其叔父镜湖先生，于十三日来家，之后细心诊断治疗。先用化痰的药，再服解忧的药，效果日渐明显。镜老十九日回去，准备二十五日为小儿子完婚。霞仙也于二十三日回去。

骄傲、多言是很难克服的两大弊病，历代卿大夫的兴衰和近代官场祸福起伏，无不与这两大弊病有关，因此我提出与弟弟们一起相互督促，以戒除这两个毛病。不过若只以此二者为戒，而不勤奋以图自立，仍然不能兴家立业。所以除了戒除两大弊病之外，还要振奋精神，持之以恒，以改变我家旧貌，重振我家基业。弟弟出门在外的这几个月，声望很高，应该始终如一，不懈怠、不荒废，也许弟弟的前途可以像太阳初升那样蒸蒸日上，这也是对为兄暮年不足的弥补。至嘱至嘱。

近日，次青上奏主动奔赴浙江，我相信以次青的坚韧之意志，总会有出头之日，而咏公所为也可以说是天下的大快人心之事。

弟弟提醒我写信问候左季高（左宗棠），我也正有此意，只是这次暂时没有闲暇写，下次一定写好寄到弟弟处，由弟弟转递给左公。恐怕这也是我“傲”的一种表现吧。不过弟弟既然已经提出警示，我也不敢再继续错下去了。

家中四宅大小仍平安无事，无须挂念。只是纪泽还没有回来，听说二十一日从省城出发。韩升二十二日来家中拜访，我打算在他们两人中，选派一人到弟弟的营中供职。其他我不再一一说了，顺问近好，统唯心照。

兄国藩手草

咸丰八年三月二十四日

一六　致九弟：毋存郁损之怀

【原文】

沅甫九弟左右：

在湖口专丁送去一缄，至南昌由驿递发去一缄，均接到否？不接我弟家信已四十日，焦灼之至，未审弟病已痊愈否？余于二十四日出省城舟登，二十五日开船，二十六午刻至瑞洪。闻吴国佐二十七八可至南昌，故在此稍等。兹因谢兴六赴吉安之便，再寄一缄，询问近状。如吉安尚无克复之势，千万不必焦急。达生编六字诀，有时可施之行军者，戏书以佐吾弟之莞尔。

余向来虽处顺境，寸心每多沉闷郁抑，在军中尤甚。此次专求怡悦，不复稍存郁损之怀。晋初爻所谓"裕无咎"者也，望吾弟亦从裕字上打叠此心，安安稳稳。顺问近好。

兄国藩手具（于瑞洪舟次）

咸丰八年七月廿八日

【译文】

沅甫九弟左右：

我曾经在湖口派专人送去一封信，待抵达南昌后又由驿站寄出一封，不知是否都已经收到？从上封信以来，已经有四十多天没有接到弟弟的家信了，心中焦灼不安，不知弟弟的病是否痊愈？二十四日我登船离开省城，二十五日开船，二十六日午时到达瑞洪。听说吴国佐可于二十七八日抵达南昌，所以在此稍作等候。现因谢兴六欲赴吉安，我便趁机再寄一信，询问弟弟的近况。如果吉安近日还是无法攻克，弟弟也无须焦急。达生所编的六字诀，有时也可施行于军队，现戏写下来，望弟弟见之一笑。

我虽常处于顺境，但仍经常有抑郁沉闷积压于心中，在军中尤是如此。为兄此次所为专门为寻求快乐，不想再稍存忧郁之心。晋卦初爻所说"裕无咎"，望弟弟从"裕"字上下功夫，安安稳稳地为人处世。顺问近好。

兄国藩手书（于瑞洪舟次）

咸丰八年七月二十八日

一七　谕纪泽：读书须能涵泳体察

【原文】

字谕纪泽：

八月一日，刘曾撰来营，接尔第二号信并薛晓帆信，得悉家中四宅平安，至以为慰。

汝读四书无甚心得，由不能虚心涵泳，切己体察。朱子教人读书之法，此二语最为精当。尔现读《离娄》，即如《离娄》首章"上无道揆，下无法守"，吾往年读之，亦无甚警惕。近岁在外办事，乃知上之人必揆诸道，下之人必守乎法。若人人以道揆自许，从心而不从法，则下凌上矣。"爱人不亲"章，往年读之，不甚亲切。近岁阅历日久，乃知治人不治者，智不足也。此切己体察之一端也。

涵泳二字，最不易识，余尝以意测之。曰：涵者，如春雨之润花，如清渠之溉稻。雨之润花，过小则难透，过大则离披，适中则涵濡而滋液；清渠之溉稻，过小则枯槁，过多则伤涝，适中则涵养而浡兴。泳者，如鱼之游水，如人之濯足。程子谓鱼跃于渊，活泼泼地；庄子言濠梁观鱼，安知非乐？此鱼水之快也。左太冲有"濯足万里流"之句，苏子瞻有夜卧濯足诗，有浴罢诗，亦人性乐水者之一快也。善读书者，须视书如水，而视此心如花如稻如鱼如濯足，则涵泳二字，庶可得之于意言之表。尔读书易于解说文义，却不甚能深入，可就朱子涵泳体察二语悉心求之。

邹叔明新刊地图甚好。余寄书左季翁，托购致十副。尔收得后，可好藏之。薛晓帆银百两宜璧还。余有复信，可并交季翁也。此嘱。

父涤生字

咸丰八年八月初三日

【译文】

字谕纪泽：

刘曾撰于八月初一抵达军营，带来了你的第二封信和薛晓帆的一封信，从信中得知家中四宅无事，心中甚感欣慰。

你虽然在读四书，但却没有什么心得体会，原因是你不能做到虚心涵泳，切己体察。这两句话是朱子教人读书的方法，而且说得最为精辟。现在你在读《离娄》，就应当用心体会，就像《离娄》第一章的“上无道揆，下无法守”，我当初读到此处，也没有多加注意。这些年来一直在外办事，才知道处于高位的人必须遵守道德，处于低位的人应当遵守法规。如果人人都以遵守道德自居，只从心愿而不讲法律，就会以下凌上。“爱人不亲”一章，以前我读时，也不觉得多么亲切。近些年来阅历渐长，才明白治人者而不能治人，乃是智力不够的原因，这一点是我的亲身体验。

涵泳二字的内涵，理解起来十分困难。我曾经解释说：涵者，如同春雨滋润鲜花，又像清澈的渠水灌溉稻田。雨水滋润鲜花，太少了则无法浇透，太多了又会引起倒伏，不多不少才能使花儿得到水分的滋养；渠水灌溉稻秧，太少了稻秧就会因缺水而干枯，太多了又会造成涝灾，不多不少才能使稻秧茁壮成长。泳者，就像鱼儿嬉戏于水中，像人在水中洗足。程子说鱼跃进水潭，非常活跃；庄子说，在濠梁上看鱼，怎知鱼儿不快乐？这是鱼在水中的快乐。左太冲有“濯足万里流”的语句，苏子瞻有夜卧洗足诗，还有浴罢诗，这些诗句都是人天性喜水的一种快乐。善于读书的人，必须把书看作水，而把这种视书如水的心情看作如鲜花、如稻秧、如鱼儿、如洗足，这样对涵泳二字也许就能有更深的体会了。读书时，单纯理解文章的意义是很容易的事，但往往不能深入体会。希望你能从朱子的涵泳、体察二语，体会出读书的要旨，用心追求更高的境界。

邹叔明新刊刻的地图很好。我寄了信给左季翁，拜托他购买十幅，你收到后，一定好好收藏。薛晓帆的百两银子应当按时送还。我有回信要交给季翁，代我转交。此嘱。

父涤生字

咸丰八年八月初三日

一八　谕纪泽：望雪父平生三耻

【原文】

字谕纪泽儿：

十九日曾六来营，接尔初七日第五号家信并诗一首，具悉。次日入闱，考具皆齐矣。此时计已出闱还家。

余于初八日至河口。本拟由铅山入闽，进捣崇安，已拜疏矣。光泽之贼窜扰江西，连陷泸溪、金溪、安仁三县，即在安仁屯踞。十四日派张凯章往剿。十五日余亦回驻弋阳。待安仁破灭后，余乃由泸溪云际关入闽也。

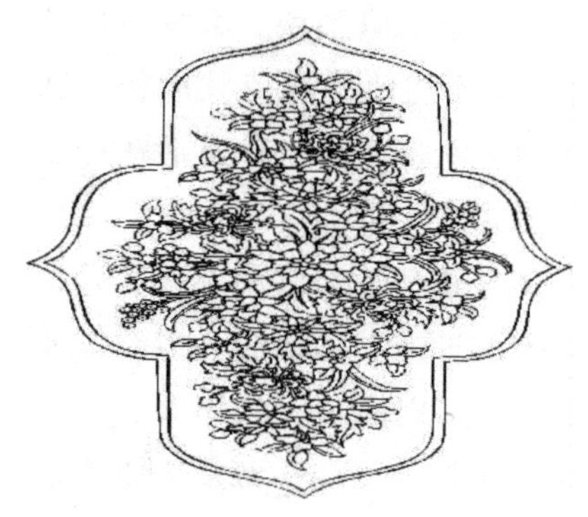

尔七古诗，气清而词亦稳，余阅之忻慰。凡作诗，最宜讲究声调。余所选抄五古九家、七古六家，声调皆极铿锵，耐人百读不厌。余所未抄者，如左太冲、江文通、陈子昂、柳子厚之五古，鲍明远、高达夫、王摩诘、陆放翁之七古，声调亦清越异常。尔欲作五古七古，须熟读五古七古各数十篇。先之以高声朗诵，以昌其气；继之以密咏恬吟，以玩其味。二者并进，使古人之声调，拂拂然若与我之喉舌相习，则下笔为诗时，必有句调凑赴腕下。诗成自读之，亦自觉琅琅可诵，引出一种兴会来。古人云“新诗改罢自长吟”，又云“煅诗未就且长吟”，可见古人惨淡经营之时，亦纯在声调上下工夫。盖有字句之诗，人籁也；无字句之诗，天籁也。解此者，能使天籁人籁凑泊而成，则于诗之道思过半矣。

尔好写字，是一好气习。近日墨色不甚光润，较去年春夏已稍退矣。以后作字，须讲究墨色。古来书家，无不善使墨者，能令一种神光活色浮于纸上，固由临池之勤染翰之多所致，亦缘于墨之新旧浓淡，用墨之轻重疾徐，皆有精意运乎其间，故能使光气常新也。

余生平有三耻：学问各途，皆略涉其涯涘，独天文算学，毫无所知，虽恒星五纬亦不识认，一耻也；每作一事，治一业，辄有始无终，二耻也；少时作字，不能临摹一家之体，遂致屡变而无所成，迟钝而不适于用，近岁在军，因作字太钝，废搁殊多，三耻也。尔若为克家之子，当思雪此三耻。推步算学，纵难通晓，恒星五纬，观认尚易。家中言天文之书，有十七史中各天文志，及《五礼通考》中所辑观象授时一种。每夜认明恒星二三座，不过数月，可毕识矣。凡作一事，无论大小难易，皆宜有始有终。作字时，先求圆匀，次求敏捷，若一日能作楷书一万，少或七八千，愈多愈熟，则手腕毫不费力。将来以之为学，则手抄群书；以之从政，则案无留牍。无穷受用，皆自写字之匀而且捷生出。三者皆足弥吾之缺憾矣。

今年初次下场，或中或不中，无甚关系，榜后即当看《诗经》注疏。以后穷经读史，二者迭进。国朝大儒，如顾、阎、江、戴、段、王数先生之书，亦不可不熟读而深思之。光阴难得，一刻千金。以后写安禀来营，不妨将胸中所见，简编所得，驰骋议论。俾余得以考察尔之进步，不宜太寥寥。此谕（书于弋阳军中）。

咸丰八年八月廿日

【译文】

字谕纪泽儿：

曾六于十九日抵达军营，接到你初七寄来的第五封家信和一首诗，信中的一切都已经知道。信中说你第二天就要参加考试了，考试用具也已经准备齐全。估计这时候应该已经考完回家了吧。

初八那天我到达河口，本来打算由铅山进入福建，进攻崇安，此事我已经请奏。光泽的敌军窜往江西，扰乱当地的战局，并先后攻陷了泸溪、金溪、安仁三个县，之后又在安仁据守。我于十四日派张凯章军进剿，十五日我也回驻弋阳，等攻下安仁之后，我再从泸溪、云际关进入福建境内。

你现在所写的七言古诗，不仅气势清新，用词也已经显得十分稳妥，读后让我感到十分欣慰。凡是作诗，对声调要十分讲究。我所选抄的九家五言古诗、六家七言古诗，声调都是铿锵有力的，让人百读不厌。而那些我没有选抄的，像左太冲、江文通、陈子昂、柳子厚等人的五言古诗，鲍明远、高达夫、王摩诘、陆放翁等人的七言古诗，声调也显得十分清新。你若打算作五言古诗和七言古诗，必须要熟读数十篇五言古诗和七言古诗。熟读的时候，首先要大声放开朗读，感

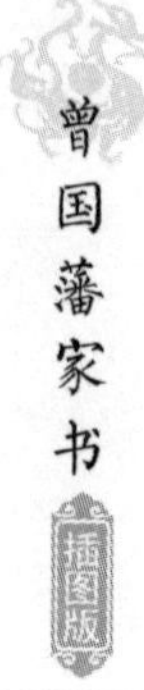

知诗中蕴含的气势；之后再不断地在口中吟咏，以掌握诗的韵味。若能协调地运用两种阅读方法，便可使古人的声调几乎和自己的喉舌相通，这样再下笔作诗的时候，笔下定会不断有好的诗句迭出。自己所作的诗，也会有朗朗上口的感觉，引出属于自己的独特诗味来。古人说“新诗改罢自长吟”，又说“煅诗未就且长吟”，从这些句子中可见，古人在费心作诗的时候，是注意在声调上下功夫的。因为有字句的诗是人的声音，而无字句的诗则是天的声音。若能够理解这些道理，天声人声便能协调地凑在一起。若能做到这一点，作诗的道理也就明白了多半。

你平常爱好习字，这是个很好的习惯。只是你近来写的字墨色稀淡，缺乏光泽，与去年春夏的水平相比，反而有些退步了。日后习字之时，必须讲究墨色的浓淡。古时的书法家，无一不擅长用墨，字写成之后，就有一种神光活色跃然纸上，之所以有这样的效果，固然缘于勤奋的练习，但与墨的新旧浓淡也有着很大的关系。用墨的轻重缓急，都有精要之意在其中，所以才会使书写的字光泽毕现、神气常新。

在我这一生中，有三件事让我惭愧甚至羞耻：各种学问都稍稍涉猎，略懂一二，唯有天文算学，一点儿也没有学习过，就连恒星和五纬也不会辨认，这是耻辱之一。无论是处事还是治业，总是有始无终，这是耻辱之二。小时候我也经常习字，但是没有始终临摹一家的字体，结果因屡次改变，最终一无所成，如今写字速度缓慢，很不适用。特别是近年来，在军营里处理公务，常因字写得太慢而耽误很多事情，这是耻辱之三。你若承认是我家子孙，就该常思洗掉这三件耻辱。纵然推步算学很难弄明白，恒星五纬还是比较容易认识的。家中讲天文的书，有十七史中各史的天文志以及《五礼通考》中所辑录的观天象授时一种。每天晚上认明恒星两三颗，不到几个月，就能全部认识。凡是做事，不管大小难易，都应该有始有终。练习写字时要先求圆匀，再要求敏捷。如果能一天练习一万楷书，少则也要写七八千字，越多越熟练，那么手腕就毫不费力。将来为学，便可手抄群书，若从事政治，公文也不会积压。数不尽的好处，都会因写字的好和快而衍生出来。你若能做到以上三方面，就足以弥补我今生的缺憾了。

你今年是初次下场参加考试，无论中不中举，都不要紧。放榜以后，就应当继续研读《诗经》注疏。今后研习经书和读史书两者应同时进行。国朝的大儒，如顾、阎、江、戴、段、王几位先生的书，也务必熟读深思，以求领悟其中的妙处。光阴易逝，一刻千金。在以后的来信中，不妨将自己的见解、读书的心得体会，放开议论，以便我能从中体察你学业的进步和变化，不要写得寥寥数语，过于简单。此谕（书于弋阳军中）。

咸丰八年八月二十日

一九　谕纪泽：谈读书作文之要义

【原文】

字谕纪泽：

日来接尔两禀，知尔《左传》注疏将次看完。“三礼”注疏，非将江慎修《礼书纲目》认得大段，则注疏亦殊难领会，尔可暂缓，即《公》《穀》亦可缓看。尔明春将胡刻《文选》细看一遍，一则含英咀华，可医尔笔下枯涩之弊；一则吾熟读此书，可常常教尔也。

沅叔及寅皆先生望尔作四书文，极为勤恳。余念尔庚申、辛酉两下科场，文章亦不可太丑，惹人笑话，尔自明年正月起，每月作四书文三篇，俱由家信内封寄营中。此外或作得诗赋策论，亦即寄呈。写字之中锋者，用笔尖着纸，古人谓之蹲锋，如狮蹲虎蹲犬蹲之象。偏锋者，用笔毫之腹着纸，不倒于左，则倒于右，当将倒未倒之际，一提笔则为蹲锋，是用偏锋者，亦有中锋时也。此谕。

涤生字

咸丰八年十二月廿三日

【译文】

字谕纪泽：

近日一连收到你的两封来信，得知你将要看完《左传》注疏。“三礼”（注疏）如果不能把江慎修《礼书纲目》认得大段，那么注疏也很难领会，你可以暂缓，就是《公羊传》《穀梁传》也可以暂时搁置不看。你明年春把胡刻的《文选》仔细看一遍，一方面你可以仔细体会其中的精华，改正作文章枯涩无味的缺点；一方面我熟读此书，可常常给你指导。

沅叔和寅皆先生希望你仿照四书写文章，这个建议很是中肯，你要诚恳接受。我考虑到你庚申、辛酉两次参加科举考试，文章也不能太差，惹人笑话，所以我让你从明年正月开始，每月照四书作三篇文章，都附在寄来的家信中寄到军营来。另外如果方便的话，可将你平时所作的诗赋、策论，也一并寄来。写字的中锋，用笔尖着纸，古人把它称为蹲锋，像狮蹲、虎蹲、狗蹲的样子。偏锋，用笔腹着纸，不向左边倒，就向右边倒，当将要倒还没倒的时候，一提笔就是蹲锋。该用偏锋的时候，有时也有用中锋的。此谕。

涤生字

咸丰八年十二月二十三日

二〇　谕纪泽：教导用笔、作文之法

【原文】

字谕纪泽：

三月初二日接尔二月二十日安禀，得知一切。内有贺丹麓先生墓志，字势流美，天骨开张，览之忻慰。惟间架间有太松之处，尚当加功。

大抵写字只有用笔、结体两端。学用笔，须多看古人墨迹；学结体，须用油纸摹古帖。此二者，皆决不可易之理。小儿写影本，肯用心者，不过数月，必与其摹本字相肖。吾自三十时，已解古人用笔之意，只为欠却间架工夫，便尔作字不成体段。生平欲将柳诚悬、赵子昂两家合为一炉，亦为间架欠工夫，有志莫遂。尔以后当从间架用一番苦功，每日用油纸摹帖，或百字，或二百字，不过数月，间架与古人逼肖而不自觉。能合柳、赵为一，此吾之素愿也。不能，则随尔自择一家，但不可见异思迁耳。

不特写字宜摹仿古人间架，即作文亦宜摹仿古人间架。《诗经》造句之法，无一句无所本。《左传》之文，多现成句调。扬子云为汉代文宗，而其《太玄》摹《易》，《法言》摹《论语》，《方言》摹《尔雅》，《十二箴》摹《虞箴》，《长杨赋》摹《难蜀父老》，《解嘲》摹《客难》，《甘泉赋》摹《大人赋》，《剧秦美新》摹《封禅文》，《谏不许单于朝书》摹《国策》“信陵君谏伐韩”，几于无篇不摹。即韩、欧、曾、苏诸巨公之文，亦皆有所摹拟，以成体段。尔以后作文作诗赋，均宜心有摹仿，而后间架可立，其收效较速，其取径较便。

前信教尔暂不必看《经义述闻》，今尔此信言业看三本，如看得有些滋味，即一直看下去；不为或作或辍，亦是好事。惟《周礼》《仪礼》《大戴礼》《公》《谷》《尔雅》《国语》《太岁考》等卷，尔向来未读过正文者，则王氏述闻，亦暂可不观也。

尔思来营省觐，甚好，余亦思尔来一见。婚期既定五月二十六，三四月间自不能来，或七月晋省乡试。八月底来营省觐亦可。身体虽弱，处多难之世，若能风霜磨炼、苦心劳神，亦自足坚筋骨而长识见，沅甫叔向最羸弱，近日从军，反得壮健，亦其证也。

赠伍嵩生之君臣画像乃俗本，不可为典要，奏折稿当抄一目录付归。余详诸叔信中。

咸丰九年三月初三日

【译文】

字谕纪泽：

你二月二十日的来信，我已于昨日收到，信中的内容都已经知道了。信中附上为贺丹麓先生所作的墓志铭，见你的字体流畅美观，天骨开张，心中很是欣慰。只是间架结构之间有些地方显得有些松散，还应该多多练习。

练习写字，大体上有用笔和结构两个方面需要特别注意：学习用笔，要多看古人的墨迹；学习间架结构，要用油纸临摹古人的字帖。这两个重要的方面，都绝不能轻易有所改变。小孩子学写影本，若用功专心，不过几个月，就会和摹本的字体相似。我自三十岁时起，就理解了古人用笔的方法，只是在间架结构上还欠缺火候，写起字来不能自成体统。在习字上，我此生的愿望就是想把柳诚悬（柳公权）、赵子昂两家熔于一炉，只因为间架结构欠缺功夫，这个志向一直未能实现。你以后应当在间架结构上多下苦功，每天用油纸临摹字帖，要么一百字，要么二百字，不到几个月，间架结构就会在不经意间与古人很相似了。若你能把柳、赵字的优长合二为一，就了却我一生的心愿了。若不能做到，可随便你自选一家，切记不可见异思迁。

不仅习字时要摹仿古人的间架，作文章也要摹仿古人的间架。《诗经》造句的方法，没有一句话是无原本的，而《左传》里的文句，多数是现成的句调。扬子云被称为汉代的文宗，而他的《太玄》摹仿《易》、《法言》摹仿《论语》，《方言》摹仿《尔雅》，《十二箴》摹仿《虞箴》，《长杨赋》摹仿《难蜀父老》，《解嘲》摹仿《客难》，《甘泉赋》摹仿《大人赋》，《剧秦美新》摹仿《封禅文》，《谏不许单于朝书》摹仿《国策》“信陵君谏伐韩”，几乎每篇文章都是摹仿前人而来的。即使是韩、欧、曾、苏各位文坛巨星的文章，也都有所摹拟，以成体裁。你以后作文章作诗赋，都应该用心摹仿，而后间架可自成一体，这样收到的效果比较快，入门也更显容易。

我在上封信中，告诉你暂时可以不看《经义述闻》，你在信中说已经看了三本了。如果你觉得很有兴趣，可以继续下去，不为或作或不作，也是一件好事。只是《周礼》《仪礼》《大戴礼》《公羊传》《穀梁传》《尔雅》《国语》《太岁考》等书，你从来没有读过正文，所以我才说王氏的《述闻》可以暂时不看。

你信中说打算到军营中探亲，这是好事啊，我也希望你能来这里长些见识。既然你的婚期已经定在五月二十六日，看来三四月份是不能成行了。可能你七月底要到省城参加乡试，那八月底来营中探亲也可。你平日身体虽然很弱，但如今正是国家多灾多难之际，若能趁此机会经受些风霜的考验，多费些心思，也可以锻炼锻炼筋骨，长些见识。沅甫叔向来身体都是羸弱不堪的，近日前来营中，锻炼之后反倒更加强健了，这就是个很好的例子啊。

我赠送给伍嵩生的君臣画像是俗本，不可作为典要。奏折稿准备抄一个目录带回来。其他的详细情况在各位叔叔的信中已讲过了，就不再赘述。

咸丰九年三月初三日

二一　谕纪泽：看书要有所择，了解治学之道

【原文】

字谕纪泽：

前次于诸叔父信中，复示尔所问各书帖之目。乡间苦于无书，然尔生今日，吾家之书，业已百倍于道光中年矣。买书不可不多，而看书不可不知所择。以韩退之为千古大儒，而自述其所服膺之书，不过数种：曰《易》、曰《书》、曰《诗》、曰《春秋左传》、曰《庄子》、曰《离骚》、曰《史记》、曰相如、子云。柳子厚自述其所得，正者：曰《易》、曰《书》、曰《诗》、曰《礼》、曰《春秋》；旁者：曰《穀梁》、曰《孟》《荀》、曰《庄》《老》、曰《国语》、曰《离骚》、曰《史记》，二公所读之书，皆不甚多。

本朝善读古书者，余最好高邮王氏父子，曾为尔屡言之矣。今观怀祖先生《读书杂志》中所考订之书：曰《逸周书》、曰《战国策》、曰《史记》、曰《汉书》、曰《管子》、曰《晏子》、曰《墨子》、曰《荀子》、曰《淮南子》、曰《后汉书》、曰《老》《庄》、曰《吕氏春秋》、曰《韩非子》、曰《杨子》、曰《楚辞》、曰《文选》，凡十六种。又别著《广雅疏证》一种。伯申先生《经义述闻》中所考订之书：曰《易》、曰《书》、曰《诗》、曰《周官》、曰《仪礼》、曰《大戴礼》、曰《礼记》、曰《左传》、曰《国语》、曰《公羊》、曰《穀梁》、曰《尔雅》，凡十二种。王氏父子之博，古今所罕，然亦不满三十种也。

余于四书、五经之外，最好《史记》《汉书》《庄子》、韩文四种，好之十余年，惜不能熟读精考。又好《通鉴》《文选》及姚惜抱所选《古文辞类纂》、余所选《十八家诗抄》四种，共不过十余种，早岁笃志为学，恒思将此十余书贯串精通，略作札记，仿顾亭林、王怀祖之法。今年齿衰老，时事日艰，所志不克成就，中夜思之，每用愧悔。泽儿若能成吾之志，将四书、五经及余所好之八种一一熟读而深思之，略作札记，以志所得，以著所疑，则余欢欣快慰，夜得甘寝，此外别无所求矣。至王氏父子所考订之书二十八种，凡家中所无者，尔可开

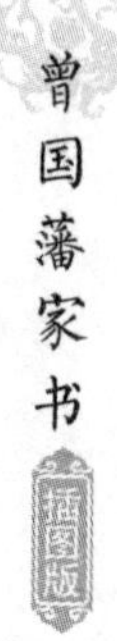

一单来，余当一一购得寄回。

学问之途，自汉至唐，风气略同；自宋至明，风气略同；国朝又自成一种风气，其尤著者，不过顾、阎（百诗）、戴（东原）、江（慎修）、钱（辛楣）、秦（味经）、段（懋堂）、王（怀祖）数人，而风会所扇，群彦云兴。尔有志读书，不必别标汉学之名目，而不可不窥数君子之门径。

凡有所见所闻，随时禀知，余随时谕答，较之当面问答，更易长进也。

咸丰九年四月廿一日

【译文】

字谕纪泽：

上次你所问的各种书帖目录，我已经在给各位叔父的信中给你答复。乡下乃偏僻之地，苦于闭塞，无法接触很多书，但你生活在当世，我们家所珍藏的书比起道光年间已经多出百倍。买书力求以多为好，但看书也不能没有选择。韩退之被尊为千古大儒，据他自己所言，他所钦佩的书也不过几种而已：《易》《书》《诗》《春秋左传》《庄子》《离骚》《史记》和司马相如、扬雄等人的文章。柳子厚也是博学之人，但他自称所看得的书中，正者仅有《易》《书》《诗》《礼》《春秋》；旁者也不过是《穀梁》《孟》《荀》《庄》《老》《国语》《离骚》《史记》等书。由此可见，两个人读的书都不能算多，只是所选很精。

我最欣赏本朝会读古书的高邮王氏父子，也曾经多次跟你提起过。怀祖先生在《读书杂志》上所考订的书有：《逸周书》《战国策》《史记》《汉书》《管子》《晏子》《墨子》《荀子》《淮南子》《后汉书》《老》《庄》《吕氏春秋》《韩非子》《杨子》《楚辞》《文选》等共十六种，另外有《广雅疏证》一种。伯申先生《经义述闻》中所考订的书有《易》《书》《诗》《周官》《仪礼》《大戴礼》《礼记》《左传》《国语》《公羊》《穀梁》《尔雅》共十二种。王氏父子渊博的学识，古今罕见，但其中涉及的书总共也不到三十种而已。

我除了四书、五经之外，这十多年来最喜欢看的四种书是《史记》《汉书》《庄子》、韩文，遗憾的是未能将这几本书熟读，细细钻研。另外我还很欣赏《通鉴》《文选》和姚惜抱（姚鼐）所选的《古文辞类纂》，以及我自己选抄的

《十八家诗抄》四种书，最多也不过十几种书。早年我专心研究学问，潜心阅读，时常想把这十几种书贯串精通，略作札记，仿效顾亭林、王怀祖。如今年事已高，时事日艰，已经有心无力，看来立下的志向已经无法实现了。半夜想起来，常会独自悔恨。若泽儿能完成我年轻时的志向，把四书、五经和我爱好的八种书一一熟读并深入研究，略作札记，记下读后的心得体会和疑难问题，那我会感到无比的欢欣快慰。了此心愿，我也就可以夜得安寝了，除此之外也没有其他奢望。王氏父子考订的二十八种书，若家中没有收藏，你可以开一个清单来，我可以一本一本地给你买了寄回家。

古今治学之道，由汉至唐，风气大致相同；从宋朝到明朝，也没有什么太大的变化；至本朝之后，又自成一种风气。其中最负盛名的便是顾、阎（百诗）、戴（东原）、江（慎修）、钱（辛楣）、秦（味经）、段（懋堂）、王（怀祖）等数人。由于已经自成风格，所以人才济济，大家颇多。你若有专心读书的志向，可以不必标榜汉学的名目，但对于以上提到的几位先生的治学之道却不能不了解。

凡是有新鲜的所见所闻，要随时向我禀告，我也会尽量及时地给你解答，这样的方式比起当面的问答，更容易进步。

咸丰九年四月二十一日

二二　谕纪泽：读经要胸怀博大，不可无恒

【原文】

字谕纪泽儿：

初四夜接尔二十六号禀。所刻《心经》微有《西安圣教》笔意，总要养得胸次博大活泼，此后当更有长进也。

尔去年看《诗经》注疏已毕否？若未毕，自当补看，不可无恒耳。讲《通鉴》，即以我过笔者讲之。亦可将来另购一部，尔照我之样过笔一次可也。

冯树堂师诗草曾寄营矣。尔复信言十二年进京，程资不敢领。新写阂深肃穆

四扁字，拓一分付回。余不多及。

父涤生字

再，同县拔贡生傅泽鸿寄朱卷数十本来营，兹付去程仪三十两，尔可觅便寄傅家，或专人送去。又示。

咸丰九年五月初四日

【译文】

字谕纪泽儿：

本月初四晚接到你上个月二十六日寄来的信。所刻写的《心经》已略得《西安圣教序》的笔意了，总之一定要养成博大活泼的胸怀，才能有更长足的进步。

你去年看的《诗经》注疏是否已经看完？如果还没有看完，一定要抽时间补看，不可没有恒心，中途放弃。若已经开始研读《通鉴》，就用我批注过的那部书，亦可将来另外买一部，你可以先按照我的方法批注一次。

冯树堂老师的诗稿曾经寄来军营。你回信说十二日进京城路费没有领。我新写了“闳、深、肃、穆”四个匾字，拓写一份带回。其他的就不多说了。

父涤生字

还有，同县拔贡生傅泽鸿寄来朱卷几十本，现带回三十两程仪银，你找时间寄给傅家，也可以派专人送去。又示。

咸丰九年五月初四日

二三　谕纪泽：读书要求个明白

【原文】

字谕纪泽儿：

接尔二十九、三十号两禀，得悉《书经》注疏看《商书》已毕。《书经》注疏颇庸陋，不如《诗经》之该博。我朝儒者，如阎百诗、姚姬传诸公皆辨别古文《尚书》之伪。孔安国之传，亦伪作也。

盖秦燔书后，汉代伏生所传，欧阳及大小夏侯所习，皆仅二十八篇，所谓今文《尚书》者也。厥后孔安国家有古文《尚书》，多十余篇，遭巫蛊之事，未得立于学官，不传于世。厥后张霸有《尚书》百两篇，亦不传于世。后汉贾逵、马、郑作古文《尚书》注解，亦不传于世。至东晋梅赜始献古文《尚书》并孔安国传，自六朝唐宋以来承之，即今通行之本也。自吴才老及朱子、梅鼎祚、归震川，皆疑其为伪。至阎百诗遂专著一书以痛辨之，名曰"疏证"。自是辨之者数十家，人人皆称伪古文、伪孔氏也。《日知录》中略著其原委。王西庄、孙渊如、江艮庭三家皆详言之（《皇清经解》中皆有江书，不足观）。此亦六经中一大案，不可不知也。

尔读书记性平常，此不足虑。所虑者第一怕无恒。第二怕随笔点过一遍，并未看得明白。此却是大病。若实看明白了，久之必得些滋味，寸心若有怡悦之境，则自略记得矣。尔不必求记，却宜求个明白。

邓先生讲书，仍请讲《周易折中》。余圈过之《通鉴》，暂不必讲，恐污坏耳。尔每日起得早否？并问。此谕。

涤生手示

咸丰九年六月十四日辰刻

【译文】

字谕纪泽儿：

我刚收到你二十九、三十日两封来信，得知你已经看完了《书经》注疏中的《商书》。《书经》注疏得很浅陋，不如《诗经》的博大精深。我朝大儒，如阎百诗、姚姬传等人都辨明古文《尚书》是伪书，孔安国所传，也是伪作。

自秦代焚书坑儒的灾难以后，汉代伏生所传，欧阳和大小夏侯所学习的都只有二十八篇，就是所谓的今文《尚书》。以后孔安国家有古文《尚书》十几篇，但因遭受巫蛊之祸而未能立于学官，所以不能流传后世。后来张霸又有《尚书》一百零二篇，同样未能传世。后汉人贾逵、马、郑作的古文《尚书》注释，也未能传于后世。到了东晋梅颐始献古文《尚书》，并声称此书乃是孔安国所传，所以这个版本从六朝唐宋就一直传承至今，也就是现在的通行本。吴才老和朱子、梅鼎祚、归震川，都怀疑它是伪作。到了阎百诗才专门写了一本书痛加辩驳，书名为“疏证”。这以后辨别真伪的有几十家，人人都说这些是伪古文、伪孔氏。《日知录》一书中对其中的这些原委做了阐述，王西庄、孙渊如、江艮庭三家都讲得很详细（《皇请经解》中有江书，没有必要看）。这也是六经中的一宗大案件，不可不知。

你自小记忆力平常，这于读书无大碍，不用担心。你应该担心的第一是“无恒”，第二是怕随意粗览一篇，不作详细的研读和理解，因而并未看明白，这可是个大毛病。若真的看明白了，时间长了便一定能体会到其中的深意，如果心中有一种心旷神怡的境界，则可用笔记录下来。不过也不必强求一定要笔录，但一定要将文意弄清楚，有深刻的理解。

目前还是请邓先生讲《周易折中》。我圈阅过的《通鉴》暂时可不必讲解，以免把书弄脏弄坏，有所破损。你每天是否早起？顺便问一下。此谕。

涤生手示

咸丰九年六月十四日辰刻

二四　致两弟：早起乃健身的千金妙方

【原文】

澄侯、沅甫两弟左右：

廿二日接初七日所发家信，内澄弟一件、沅弟一件、纪泽一件。知叔父大人已于三月二日安厝马公塘，两弟于家中两代各位老人养病送死之事，皆备极诚敬，将来必食报于子孙。闻马公塘山势平衍，可决其无水蚁凶灾，尤以为慰。

澄弟服补剂而大愈，甚幸甚幸！丽参、鹿茸虽享福稍早，而体气本弱，亦属无可如何。吾生平颇讲求惜福二字之义，近来亦补药不断，且菜蔬亦比往年较奢。自愧享用太过，然亦体气太弱，不得不尔。胡润帅、李希庵常服辽参，则其享受更有过于余者。澄弟平日太劳伤精，喷呐伤气，多酒伤脾。以后戒此三事，而常服补剂，自可日就痊可。丽参、鹿茸服毕后，余可再寄，不可间断，亦不可过多，每早服二钱可也。家中后辈子弟个个体弱，喷呐、吃酒二事须早早戒之，不可开此风气。学射最足保养，起早尤千金妙方、长寿金丹也。

纪泽今年耽搁太多，此次宜静坐两个月。《汉魏六朝百三名家》，京中带回一部，江西带回一部，可付一部来营。纪鸿《通鉴》讲至何处？并问。即候日好。兄国藩手草。

再，抚州绅士刻余所书《拟岘台记》，共刷来八分，兹寄五分回家。澄弟一分，沅弟一分，纪泽一分，外二分送家中各位先生。暂不能遍送也。

咸丰十年三月廿四日

【译文】

澄侯、沅甫两弟左右：

二十二日收到家中于七日发出的信，内有三封，澄弟、沅弟、纪泽各一封。我从信中得知叔父大人已于三月二日安葬在马公塘，对于家中上两代各位老人养病送葬的事，两位弟弟办得尽心尽力，满怀诚敬，将来必然得到后代子孙的崇敬和厚报。听说马公塘山势平缓无碍，不会出现洪水泛滥之势，也无须担心白蚁之患，我心中很是欣慰。

澄弟近来服用了很多的补药，身体状况大为好转，实在是幸运之事。高丽参、鹿茸这些补药，虽然很早就开始服用，但体质本来虚弱，也是无可奈何。我平生很讲求“惜福”二字的意义。近来补药不断，食用蔬菜也比往常奢侈，自己感觉太过了，吃了很惭愧。然而体质中气也确是太弱，不得不吃得稍好一点儿。胡润帅、李希庵常常服用辽参，他们的享受更是超过了我。澄弟平时劳神伤精，唢呐伤气，多饮酒伤脾。以后戒除这三件事，常服补药，自然可以逐渐好转。高丽参、鹿茸服完之后，我可以再寄，不可以间断，也不可以过多，每早上服用二钱就可以了。家中后辈子弟个个身体都不是很健壮，唢呐、吃酒二事必须尽早戒除，不可开此风气。学习射箭最能锻炼身体，早起更是长寿的千金妙方。

今年以来，纪泽的功课耽误得太多，目前最应该做的就是静下心来坐上两个月。《汉魏六朝百三名家》这部书，我从京城带回一部，从江西带回一部，可以送一部来营中。随便问一下，纪鸿的《通鉴》已经讲到何处了？即候日好。兄国藩手草。

另外，近日抚州士绅命人刻下了我所书写的《拟岘台记》，一共给我拓来八份，现将其中五份寄回家中，澄弟、沅弟、纪泽各一份，还有两份送给家中的各位先生。暂时不能人人都送。

咸丰十年三月二十四日

二五　谕纪泽：作文写字，应以珠圆玉润为主

【原文】

字谕纪泽儿：

十六日接尔初二日禀并赋二篇，近日大有长进，慰甚。无论古今何等文人，其下笔造句，总以珠圆玉润四字为主。无论古今何等书家，其落笔结体，亦以珠圆玉润四字为主。故吾前示尔书，专以一重字救尔之短，一圆字望尔之成也。

世人论文家之语圆而藻丽者，莫如徐（陵）、庾（信），而不知江淹、鲍（照）则更圆，进之沈（约）、任（昉）则亦圆，进之潘（岳）、陆（机）则亦圆，又进而溯之东汉之班（固）、张（衡）、崔（骃）、蔡（邕）则亦圆，又进而溯之西汉之贾（谊）、晁（错）、匡（衡）、刘（向）则亦圆。至于司马迁、相如、子云三人，可谓力趋险奥，不求圆适矣；而细读之，亦未始不圆。至于昌黎，其志意真欲陵驾子长、卿、云三人，戛戛独造，力避圆熟矣，而久读之，实无一字不圆，无一句不圆。尔于古人之文，若能从江、鲍、徐、庾四人之圆步步上溯，直窥卿、云、马、韩四人之圆，则无不可读之古文矣，即无不可通之经史矣。尔其勉之。余于古人之文，用功甚深，惜未能一一达之腕下，每歉然不怡耳。

江浙贼势大乱，江西不久亦当震动，两湖亦难安枕。余寸心坦坦荡荡，毫无疑怖。尔禀告尔母，尽可放心。人谁不死，只求临终心无愧悔耳。

家中暂不必添起杂屋，总以安静不动为妙。寄回银五十两，为邓先生束脩。

四叔四婶四十生日，余先寄燕窝一匣、秋罗一匹，容日续寄寿屏。甲五婚礼，余寄银五十两、袍褂料一付，尔即妥交。赋立为发还。

涤生手示

咸丰十年四月廿四日

【译文】

字谕纪泽儿：

我于十六日接到你初二那天写来的信，另外还有赋两篇，从赋中可见近日来你在作赋方面又取得了长足的进步，我非常高兴。从古至今，无论什么样的文人，其下笔造句，都是以“珠圆玉润”四个字为主。无论什么样的书法家，其着手落笔，也以“珠圆玉润”四个字为主。所以我以前给你的信，专门用一个“重”字来纠正你的缺点，用一个“圆”字来希望你能学有所成。

当代的人评论以前的文学家，都认为若论文章的圆润、辞藻华丽，都比不上徐陵、庾信，却不知道江淹、鲍照更圆润，进而有沈约、任昉；再有潘岳、陆机；再追溯到东汉的班固、张衡、崔骃、蔡邕；进而追溯到西汉的贾谊、晁错、匡衡、刘向，这些人在文章的圆润方面也是很有造诣的。至于说司马迁、司马相如、扬雄三人力求文章险僻深奥，而不求圆润；但是如果细细读来，也并非如此。至于昌黎，他立志要超过司马迁、司马相如、扬雄三人，文章别具一格，尽量避免圆润，但深深体味之后，却感觉到每一字、每一句都是圆润的。你学习古文，如果能从江、鲍、徐、庾的圆润学起，一步步向上学，一直到卿、云、马、韩，那么就不会有读不懂的古文，也就没有不可通的经史了。你要努力研习古文，虽然我在古文方面花费了很大的功夫，但最终也未能达到通达的境界，所以想来就感到歉然，心中自然闷闷不乐。

目前江浙地区敌军大乱，要不了几天江西地区定会大受影响，湖南、湖北不能再继续高枕无忧了。但是我心中却很坦然，没有丝毫的不安和恐惧。你禀告你母亲，让她在家中尽管放心，不要整日担心忧虑。世人谁无一死，只求临终前问心无愧即可。

家里暂时不必添造杂屋，一切以安静不动为妙。现寄回家五十两银子，作为邓先生的酬金。四叔四婶四十岁生日，我先寄回来一匣燕窝、一匹秋罗，稍后再将寿屏寄回去。甲五的婚礼，我寄回五十两银子，袍褂料子一付，你要及时送给他们。回信时将你作的赋也一同寄回。

涤生手示

咸丰十年四月二十四日

二六　致季弟：望讲求将略品行学术

【原文】

季弟左右：

顷接沅弟信，知弟接行知，以训导加国子监学正衔，不胜欣慰。官阶初晋，虽不足为吾季荣，惟弟此次出山，行事则不激不随，处位则可高可卑，上下大小，无人不翕然悦服。因而凡事皆不拂意，而官阶亦由之而晋。或者前数年抑塞之气，至是将畅然大舒乎？《易》曰："天之所助者顺也，人之所助者信也。"我弟若常常履信思顺，如此名位岂可限量？

吾湖南近日风气蒸蒸日上。凡在行间，人人讲求将略，讲求品行，并讲求学术。弟与沅弟既在行间，望以讲求将略为第一义，点名看操等粗浅之事必躬亲之，练胆料敌等精微之事必苦思之。品、学二者，亦宜以余力自励。目前能做到湖南出色之人，后世即推为天下罕见之人矣。大哥岂不欣然哉！哥做几件衣道贺。

沅弟以陈米发民夫挑壕，极好极好！此等事，弟等尽可作主，兄不吝也。

咸丰十年六月廿七日

【译文】

季弟左右：

我刚刚接到沅弟寄来的信，知道弟弟已接到训导加国子监学正衔的任命，心中不胜欣慰。刚刚晋升官阶，虽然不足以作为我们的荣耀，但弟弟此次出仕为官，做事毫不偏激，也不随波逐流；所处地位可高可低，可上可下，朝中大大小小的文武官员，没有一个人不钦佩赞叹的。因此凡事都称心如意，官阶也由此得以晋升。或许前些年抑郁不畅的怨气，现在都得以畅然舒展了吧？《易经》中说："天之所助者顺也，人之所助者信也。"若弟弟能够常常想到"顺信"二字，难道今后的功名是可以限量的吗？

近些年来，我们湖南的风气蒸蒸日上。凡是在军中的，人人讲求将略，讲求品行，而且讲求学术。你与沅弟既然在军中，希望你们能将讲求将略列为第一要务，甚至连点名看操之类的粗浅之事，也务必亲自处理，至于磨炼胆略、预料敌情等精微事情更要亲身经历，用心思索。品、学二者，必须时时自勉自励。只要现在能成为湖南出色的人物，日后定可成为后世推崇的天下罕见之人。大哥我怎能不高兴万分呢！哥哥特地为你做了几件衣服以示庆贺。

沅弟用陈米作为挖壕（的工钱），发放给劳作的民夫，这件事做得非常好！以后类似这样的事情，你们尽可以自己拿定主意，我不会在意，更不会限制你们的。

咸丰十年六月二十七日

二七　致诸弟：习字须先摹欧字

【原文】

沅、季弟左右：

二十二日申刻接专丁二十日发缄，二十三日辰刻接马递十八、九两日发缄，得悉一切。应复各件，条列如左：

一、骆去文继，湖南局势不能不变。裕公赴粤，似难留。南公之局，且待文公莅任后，认准题目再行具奏。吾非怕硬也，恐难为南老耳。

一、建德二马业已到祁，尚有要证未到，难遽结案，一月后再说。

一、武明良改扎南岸甚好。添人之详，已照准矣。吾方欲另招一营以防南岸，添一哨岂不便益？

一、沈霍鸣已未令其当巡捕矣。渠好体面，保和县后即不愿当巡捕，例也情也。咨回江西一切尚可略缓。

一、彭山屺因濠墙草率而摘顶，并革营务处，所以儆河溪兵也。现患疟未

愈，迟当以中军位置之。

一、辛秉衡、李熙瑞均可留弟处当差。辛、李，卫、霍（西汉之名将）也，弟好待之。

一、细阅来图，办理真为妥善。战守既有把握，则皖城早迟终可成功。特守濠之法尚未详言及之，不知已定章程否？

一、纪泽以油纸摹欧字非其所愿，然古今书家实从欧公别开一大门径，厥后李北海及颜、柳诸家皆不能出其范围。学书者不可不一窥此宫墙也。弟作字大有心得，惜未窥此一重门户。如得有好帖，弟亦另用一番工夫，开一番眼界。纪泽笔乏刚劲之气，故令其勉强习之。

一、公牍之繁，深以为苦。节后少荃赴淮，仅余一手为之，则更苦矣。今日飞函去请意诚，不知其肯来否。

一、季弟错诸枉之道，极为当今要务。爱禾者必去稗，爱贤者必去邪，爱民必去害民之吏，治军必去蠹军之将，一定之理也。第所谓诸枉者何人？弟如有所闻，飞速告我。

日内闻广德收复，此心略为舒畅，然宁国尚未解围，焦灼仍深。字之忙乱，与九弟之忙相似。

咸丰十年七月廿三日

【译文】

沅弟、季弟左右：

我于本月二十二日申时接到了专丁二十日送来的信，二十三日辰时又接到驿马传来的十八、十九两日发来的信，现在信的内容我都已经知道了。信中提到的各项事情，现在都给予一一答复，排列如下：

一、骆已离职，现由官文接任，如此一来，湖南的局势必然会发生变化。裕公打算前往广东，看来也很难挽留。关于南公的事情，暂且等到文公上任后，见机行事，再行奏明。这不是我欺软怕硬，而是不想南公为难而已。

二、建德二马已经到达祁门，不过重要的证人尚未抵达，所以了结此案尚需时日，看来要等到一个月以后再说。

三、武明良改往南岸驻兵，这是件好事。增招兵勇的详细报告已被批准，所以我正准备另外招募一营兵勇，用以防守南岸，现在又增加了一哨兵勇不是更方便吗？

四、我没有再让沈霍鸣当巡捕。这个人很爱面子，自从被保举做知县后就不愿再担任巡捕之职，不过这样的想法也是人之常情。我觉得回江西的一些相关事宜还可以再缓一缓，等等再说。

五、因草率修筑壕墙一事，彭山屺不仅被摘去顶戴花翎，而且革出营务处，原本的打算是儆戒河溪兵。如今他正患疟疾，尚未治愈，待痊愈之后，可以将他安置在中军的位置上。

六、辛秉衡、李熙瑞都可以留在你那儿效力。这两人非一般的莽夫，都是如同西汉名将卫青、霍去病一样的俊才，你要好好提拔他们。

七、你寄来的军事形势图，我已经仔细审阅了，可见你将此事处理得非常稳妥。既然战与守都已经有把握，那么皖城之战迟早能取得胜利。只是关于防守壕沟的办法还没有阐明具体详细说明，不知道是否已经定下了章程？

八、纪泽在来信中说不乐意用油纸临摹欧体字帖，但是纵观古今书法家的成就，可知他们其实都是在欧公的书法艺术的基础上另辟门径的，像后来的李北海与颜、柳等大家都没有脱离欧体的影响。但凡学习书法的人，一定要从欧体开始入门。你在书法习字方面很有心得，遗憾的是并没有真正领略到欧公书法中的神韵。如果有幸能找到好字帖，你也应该再下一番功夫练习一下，以开阔书法方面的眼界。纪泽下笔时，缺阳刚强劲之气，所以一定要督促他多多练习。

九、最近公文公务繁多，整日缠身，使我非常苦恼。过节后少荃赶赴淮地，只剩下我一个人处理那么多事，负担一定更为繁重。今天我已经发出急信，请意诚前来相助，只是不知他是否愿意。

十、季弟现在要做的紧要之事，是学会如何处置各种小人。爱惜禾苗的人必然会尽量除去稗草，爱惜贤才的人必然会远离奸邪之徒，爱护百姓的人必然要惩治残害百姓的贪官污吏，要治理好军队就必须清除败坏军纪的将士，这些道理都是显而易见的。不过我还不知道你说的那些小人究竟是何人，你如果听到传闻，了解到实情后，请迅速来信告知。

近日听说广德已经收复，心中稍稍有些安慰，但是宁国的围困依然没有解除，这是我常常忧虑的事。因时间仓促，字写得匆忙杂乱，跟九弟的忙乱有些相似。

咸丰十年七月二十三日

二八　致沅弟：切忌骄矜之气、悖谬之语

【原文】

沅弟左右：

初九夜接初五日一缄，初十早又接初八日巳、午刻二缄，具悉一切。

初九夜所接弟信，满纸骄矜之气，且多悖谬之语。天下之事变多矣，义理亦深矣，人情难知，天道亦难测，而吾弟为此一手遮天之辞、狂妄无稽之语，不知果何所本？恭亲王之贤，吾亦屡见之而熟闻之，然其举止轻浮，聪明太露，多谋多改。若驻京太久，圣驾远离，恐日久亦难尽惬人心。僧王所带蒙古诸部在天津、通州各仗，盖已挟全力与逆夷死战，岂尚留其有余而不肯尽力耶？皇上又岂禁制之而故令其不尽力耶？力已尽而不胜，皇上与僧邸皆浩叹而莫可奈何。而弟屡次信来，皆言宜重用僧邸，不知弟接何处消息，谓僧邸见疏见轻，敝处并未闻此耗也。

分兵北援以应诏，此乃臣子必尽之分。吾辈所以忝窃虚名，为众所附者，全凭忠义二字。不忘君，谓之忠；不失信于友，谓之义。令銮舆播迁，而臣子付之不闻不问，可谓忠乎？万一京城或有疏失，热河本无银米，从驾之兵难保其不哗溃。根本倘拔，则南服如江西、两湖三省又岂能支持不败？庶民岂肯完粮？商旅岂肯抽厘？州县将士岂肯听号令？与其不入援而同归于尽，先后不过数月之间，孰若入援而以正纲常以笃忠义？纵使百无一成，而死后不自悔于九泉，不诒讥于百世。弟谓切不可听书生议论，兄所见即书生迂腐之见也。

至安庆之围不可撤，兄与希庵之意皆是如此。弟只管安庆战守事宜，外间之事不可放言高论毫无忌惮。孔子曰："多闻阙疑，慎言其余。"弟之闻本不多，而疑则全不阙，言则尤不慎。捕风捉影，扣槃扪烛，遂欲硬断天下之事。天下事果如是之易了乎？大抵欲言兵事者，须默揣本军之人才，能坚守者几人，能陷阵者几人；欲言经济，须默揣天下之人才，可保为督抚者几人，可保为将帅者几人。试令弟开一保单，未必不窘也。弟如此骄矜，深恐援贼来扑或有疏失。此次复信，责弟甚切。嗣后弟若再有荒唐之信如初五者，兄即不复信耳。

咸丰十年九月初十日

【译文】

沅弟左右：

本月九日晚上收到沅弟于五日寄来的一封信，十日早上又接到八日巳时、午时的两封信，从信中得悉一切。

九日晚接到的信中，字里行间满是骄矜之气，还有诸多悖谬之言。世间万事变幻莫测，义理玄奥，人情难以通晓，天道也非人力所能为，而你写出这样一手遮天、狂妄无稽的言辞，不知究竟是凭借什么？

恭亲王的贤明，我曾多次亲眼目睹，并经常听旁人夸赞，心中很是佩服。但他平常的行为举止太过轻浮、聪明太露，虽然多谋，但却多变。如果让他在京城过久，而圣驾又远离京城，恐怕时间长了也难以让人满意。自开战以来，僧王所带领的蒙古诸军在天津、通州各地的战斗中，竭尽全力与洋夷拼死作战，又怎么会留有余力而不肯尽力呢？皇上又怎么会下令禁止他们死拼而有意命令他们不尽全力作战呢？只要将士们不遗余力地奋勇杀敌，即使不能取得胜利，皇上与僧王都只能无可奈何，仰天长叹。以前你多次来信中都说应该重用僧王，现在不知你从哪里听到的消息，说僧王被皇上疏远，可我这里并没听说关于这方面的消息。

做臣子应该积极地响应皇上的诏令，分兵北上救援，这是我们应尽的义务，现在我们之所以虚名在握，为众人推崇，都要归因于我们对皇上和朝廷的忠义。不忘朝廷和皇上叫作忠，不失信于朋友叫作义。任凭圣驾远离京城，身为臣子，若不闻不问，难道还能称之为忠吗？万一京城重地有什么闪失，热河本来就没有充足的银两和粮食，一旦情势危急，护驾军兵难保不会出现哗变溃散的动乱。如果大清的京师重地丧失，那么即使收复了南方的江西、两湖三省，又岂能保大清不败呢？若果真如此，百姓怎么会主动完粮纳税？商旅怎么会情愿缴纳厘金？各州县的将士又怎么肯甘心听从命令呢？与其不北援京师，而在数月之内同归于尽，还不如挥军北上救援京师，以匡正纲常、弘扬忠义，成就忠臣之举。即使最终百无一成，死后也不至于悔恨于九泉之下，不至于被后世非议。弟弟曾说千万不可听从书生的议论，我的见解恐怕就是书生的迂腐之见吧。

安庆城的围兵绝不可撤，关于此事，我与希庵的意见是一致的。你只要负责处理好安庆的战守事务，其余的事无须你肆无忌惮地乱发议论。孔圣人说过：“多闻阙疑，慎言其余”。你阅历尚浅，平生的听闻本来就不够丰富，心中的疑问却是一个接着一个，以至于言谈疏漏狂妄，不够谨慎。仅靠捕风捉影，扣槃扪烛，便主观武断地议论天下之事。你以为天下之事当真如此容易了解，能够轻易地作出论断吗？大体上讲，若要领兵打仗，对本军的人才必须心中有数，擅长坚守的是哪些人，善于冲锋陷阵的是哪些人；若要治国安邦，必须对天下的人才做到心中有数，可以保举做督抚的是哪些人，可以保举做将帅的是哪些人。现在若让你立即列出一个保举的奏单，恐怕你会感到很为难吧。像你现在这样恃才骄狂，我担心援敌前来进攻，你会低估敌军，必然会有所疏失。这次的回信，对你的批评和指责都很恳切。今后你若再有像类似初五那天所寄的荒唐的信来，我便不会再给你回信了。

咸丰十年九月初十日

二九　致沅弟：古今庸人皆以惰败、才人皆以傲败

【原文】

沅弟左右：

接廿日午刻信并伪文二件，知安庆之贼望援孔切，只要桐城、青草塥少能坚定，自有可破之理。此间诸事如常。有寄希庵一书未封口，交弟阅后封寄。次青十六日回祁，仅与余相见一次。闻其精神尚好，志气尚壮，将来或可有为，然实非带勇之才。

弟军中诸将有骄气否？弟日内默省，傲气少平得几分否？天下古今之庸人，皆以一惰字致败，天下古今之才人，皆以一傲字致败。吾因军事而推之，凡事皆然，愿与诸弟交勉之。此次徽贼窜浙，若浙中失守，则不能免于吴越之痛骂，然吾但从傲惰二字痛下工夫，不问人之骂与否也。

咸丰十年九月廿三日

【译文】

沅弟左右：

接到二十日午时信和太平军的文件两件，知道安庆城内敌军迫切希望援军来救。只要桐城、青草塥再能稍稍坚持一下，安庆不久后自然便可攻克。我这里一切事情跟往常一样。现有一封寄给希庵的还没封口的信，派人交给弟，待阅读后再封口寄给他。次青十六日回祁门，只与我见了一次面，听说目前他的精力充沛，志气高昂，或许将来会大有作为，然而他确实不是带兵的将才。

弟弟军中的将领们是否有骄气渐长的迹象？你近日内默默反省自己，想必傲气也减少了几分吧？纵观天下，古往今来，庸人之失败皆因一个“惰”字；而才人之不得志又皆因一个“傲”字。从军事出发推及其他方面，都是这个道理，我愿与诸弟交相勉励，以求进步。这次安徽的敌军流窜到浙江，假如浙中失守，免不了要受吴越人民的痛骂，但我只努力在“傲、惰”二字上痛下功夫，不过问别人是否骂我，那些都无足轻重了。

咸丰十年九月二十三日

三〇　致两弟：满招损，谦受益

【原文】

沅、季弟左右：

恒营专人来，接弟各一信并季所寄干鱼，喜慰之至。久不见此物，两弟各寄一次，从此山人足鱼矣。

沅弟以我切责之缄，痛自引咎，惧蹈危机而思自进于谨言慎行之路，能如是，是弟终身载福之道，而吾家之幸也。季弟信亦平和温雅，远胜往年傲岸气象。

吾于道光十九年十一月初二日进京散馆，十月二十八早侍祖父星冈公于阶前，请曰："此次进京，求公教训。"星冈公曰："尔的官是做不尽的，尔的才是好的，但不可傲。满招损，谦受益，尔若不傲，更好全了。"遗训不远，至今尚如耳提面命。今吾谨述此语告诫两弟，总以除傲字为第一义。唐虞之恶人曰丹朱，傲；曰象，傲；桀纣之无道，曰"强足以拒谏，辩足以饰非"，曰"谓已有天命，谓敬不足行"，皆傲也。吾自八年六月再出，即力戒惰字以儆无恒之弊。近来又力戒傲字。昨日徽州未败之前，次青心中不免有自是之见，既败之后，余益加猛省。大约军事之败，非傲即惰，二者必居其一；巨室之败，非傲即惰，二者必居其一。

余于初六日所发之折，十月初可奉谕旨。余若奉旨派出，十日即须成行。兄弟远别，未知相见何日。惟愿两弟戒此二字，并戒各后辈常守家规，则余心大慰耳。

咸丰十年九月廿四日

【译文】

沅弟、季弟左右：

近日恒营派专人送来两弟各一封信，还有季弟寄来的干鱼，心中喜慰之至。很久没有见过这样的东西了，现在两位弟弟各寄一次，从此山人也有足够的鱼可以吃了。

沅弟接到我寄去的劝勉之信，便自我反省，引咎自责，害怕陷入危机，进而走向谨言慎行之路，沅弟能这样做，乃是终身受益之道，也是家门之幸事。季弟的信也是平和温雅，往年傲慢之气大减，看来也比从前要好得多了。

道光十九年十一月初二日，我进京散馆，十月二十八日早上，在台阶前侍陪祖父星冈公，垂首请示说："此次进京，恳求您给予教导训示。"星冈公说："你的官途无尽，才能也是好的，但不可骄傲自满。要记住满招损、谦受益的道理。你如果能做到不骄傲，那就更好了。"祖父虽已去世，但遗训至今仍如耳提面命，回响不断。今天我谨以此语来告诫两位弟弟，无论何时要以戒除傲字为第一要务。唐虞时有个叫丹朱的恶人，傲慢；有个叫象的，也是傲慢。桀纣无道，自以为是，说强足以拒谏、辩足以饰非，说自己有天命，以为敬不足行，这些都是傲的体现。自从咸丰八年六月复出以来，我一直在尽力戒惰字，以戒除自己没有恒心的毛病。近来又力戒傲字。徽州战役没有战败以前，次青心中不免有点儿居功自傲，自以为是；失败之后，我更加深入地反省。军事上的失败，有很多不可避免的原因，但也有主观因素，傲或惰二者必居其一；大家族的衰败，其原因也不过如此，非傲即惰，二者必居其一。

初六启奏的奏折，估计十月初可接到圣旨的批复，我如果奉圣旨调往外地，至多十天之内就要出发远行。此次兄弟远别，不知何日可以相见。只愿二弟戒除这两个字，并训诫各后辈子孙常守家规，那对我来说，就是最大的安慰了。

咸丰十年九月二十四日

三一　致四弟：教子弟去骄气惰习

【原文】

澄侯四弟左右：

腊底由九弟处寄到弟信并纪泽十一月十五、七日等语，具悉一切。弟于世事阅历渐深，而信中不免有一种骄气。天地间惟谦谨是载福之道，骄则满，满则倾矣。凡动口动笔，厌人之俗，嫌人之鄙，议人之短，发人之覆，皆骄也。无论所指未必果当，即使一一切当，已为天道所不许。

吾家子弟满腔骄傲之气，开口便道人短长，笑人鄙陋，均非好气象。贤弟欲戒子侄之骄，先须将自己好议人短，好发人覆之习气痛改一番，然后令后辈事事警改。

欲去骄字，总以不轻非笑人为第一义；欲去惰字，总以不晏起为第一义。弟若能谨守星冈公之八字（考、宝、早、扫、书、蔬、鱼、猪），三不信（不信僧巫、不信医药、不信地仙），又谨记愚兄之去骄去惰，则家中子弟日趋于恭谨而不自觉矣。

此间军事如常。左、鲍二军在鄱阳、建德交界之区尚未开仗，贼数太多，未知能否得手？祁门、黟县、渔亭等处尚属平安。余身体无恙，惟齿痛耳。顺问近好。

兄国藩手草

咸丰十一年正月初四日

【译文】

澄侯四弟左右：

十二月底收到从九弟处寄来的你的信，还有纪泽十一月十五、十七日等话语，知道了一切。看来弟弟对于世事的认识逐渐深刻了，但信里不免有一种骄气。天地之间，只有谦虚谨慎才是得到幸福的方法，骄就满，满就倒了。凡属动口动笔的事，讨厌人家太俗气，嫌弃人家太鄙恶，议论人家的短处，指斥人家的失败，都是骄。不管说的是不是真实的，即使都是真实的，也是天道所不许可的。

我家的子弟，满腔的骄傲习气，开口便说人家短长，讥笑别人这个鄙俗那个粗陋，这不是好现象。你要防止子弟有骄气，一定要把自己喜欢议论人家的短处，揭发人家的失败的习气，彻底改正过来，这样才可叫子弟们事事处处警惕改正。

想去掉“骄”字，总以随时随地不轻易非难讥笑别人为第一要义。想要去掉“惰”字，总是要把起早作为第一要义。你要是能够谨慎遵守星冈公的“八字诀”（考、宝、早、扫、书、蔬、鱼、猪）和“三不信”（不信僧巫、不信医药、不信地仙），又注意记住我说的去骄去惰，那么，家中的子弟便会不知不觉一天比一天近于恭敬、谨慎了。

这段时间的军事状况一如往常，左、鲍二军在鄱阳和建德的交界处还没有发动战事，因为敌军的数量过多，所以没有得手的把握。祁门、黟县、渔亭这些地方依然平静无事。我的身体没有问题，只是间或牙齿痛而已。顺问近好。

兄国藩手草

咸丰十一年正月初四日

三二　谕纪泽：全靠尔自己扎挣发愤，扬长避短

【原文】

字谕纪泽儿：

正月初十日接尔腊月十九日一禀，十二日又由安庆寄到尔腊月初四日之禀，具知一切。

长夫走路太慢，而托辞于为营中他信绕道长沙耽搁之故。此不足信。譬如家中遣人送信至白玉堂，不能按期往返，有责之者，则曰被杉木坝、周家老屋各佃户强我送担耽搁了。为家主者但当严责送信之迟，不管送担之真与否也；况并无佃户强令送担乎？营中送信至家与黄金堂送信至白玉堂，远近虽殊，其情一也。

尔求抄古文目录，下次即行寄归。尔写字笔力太弱，以后即常摹柳帖亦好。家中有柳书《玄秘塔》《琅琊碑》《西平碑》各种，尔可取《琅琊碑》日临百字、摹百字。临以求其神气，摹以仿其间架。每次家信内，各附数纸送阅。

《左传》注疏阅毕，即阅看《通鉴》。将京中带回之《通鉴》，仿我手校本，将目录写于面上。其去秋在营带去之手校本，便中仍当寄送祁门。余常思翻阅也。

尔言鸿儿为邓师所赏，余甚欣慰。鸿儿现阅《通鉴》。尔亦可时时教之。尔看书天分甚高，作字天分甚高，作诗文天分略低，若在十五六岁时教导得法，亦当不止于此。今年已廿三岁，全靠尔自己扎挣发愤，父兄师长不能为力。作诗文是尔之所短，即宜从短处痛下工夫。看书写字尔之所长，即宜拓而充之。走路宜重，说话宜迟，常常记忆否？

余身体平安，告尔母放心。

涤生手示

咸丰十一年正月十四日

【译文】

字谕纪泽儿：

正月初十我收到了你腊月十九日的来信，十二日又收到你腊月四日由安庆寄到的信，从信中得知了具体的情况。

长夫行进的速度太慢了，还以军营中其他的信件从长沙绕道耽误了时间为由，这样的借口根本就不足为信。如果家中派人送信到白玉堂，不能按规定时间返回，若责怪的话，就说被杉木坝、周家老屋各位佃户强迫我送担而耽误了，这种借口能成立吗？作为一家之主，应该严肃家纪，惩罚送信人的迟到的罪责，无须考证送担是否属实；更何况哪有佃户强迫送信人送担的呀？从军营中送信到家和从黄金堂送信到白玉堂，远近虽然不同，但道理却是一样的。

你要我帮你抄写的古文目录，下次回信就顺带寄回去。你写字时所用的笔力劲道不够，今后可以常常临摹柳帖。家里有柳书《玄秘塔》《琅琊碑》《西平碑》各种，你可以用《琅琊碑》每天临帖一百字、仿摹一百字。临帖以学其神气，摹写以仿其间架结构。每次都要在信里分别附上几张纸，让我仔细地看一看。

《左传》注疏看完之后，就要开始仔细地阅读《通鉴》。你可以将京城带回来的《通鉴》，仿照我的手校本，将目录写在上面。去年秋天在军营中带去的手校本，我想带在身边，可以顺手翻阅，方便的时候应当寄到祁门来。

信中说鸿儿常被邓老师夸赞，我听了很高兴。鸿儿现在也正在研读《通鉴》，你可以时常指导他一下。你读书的天资过人，写字的天分也高常人一等，只是作诗写文章方面要稍微逊色些。如果在十五六岁的时候，有好的教导方法指导，或许就不止是如今这个水平了。你今年已经二十三岁了，一切都应该全靠自己发愤努力，尽力争取，父母兄长师父都帮不上忙，不能代你努力。作诗文是你的弱点，你更要在这个弱点上多下功夫。看书写字虽然是你所擅长的，但也不可懈怠，最好继续精益求精，有所拓宽和发扬。走路应当稳重，说话应当慎重，这些你是否常记于心？

我身体平安，告诉你母亲不用太牵挂。

涤生手示

咸丰十一年正月十四日

三三　谕纪泽：尔须读唐宋诗，作五言诗

【原文】

字谕纪泽：

正月十三四连接尔十二月十六、二十四两禀，又得澄叔十二月二十二一缄、尔母十六日一缄，备悉一切。

尔诗一首阅过发回。尔诗笔远胜于文笔，以后宜常常为之。余久不作诗，而好读诗。每夜分辄取古人名篇高声朗诵，用以自娱。今年亦当间作二三首，与尔曹相和答，仿苏氏父子之例。尔之才思，能古雅而不能雄骏，大约宜作五言，而不宜作七言。余所选十八家诗，凡十厚册，在家中，此次可交来丁带至营中。尔要读古诗，汉魏六朝，取余所选曹、阮、陶、谢、鲍、谢六家，专心读之，必与尔性质相近。至于开拓心胸，扩充气魄，穷极变态，则非唐之李杜韩白、宋金之苏黄陆元八家不足以尽天下古今之奇观。尔之质性，虽与八家者不相近，而要不可不将此八人之集悉心研究一番，实六经外之巨制，文字中之尤物也。

尔于小学粗有所得，深用为慰。欲读周汉古书，非明于小学无可问津。

余于道光末年，始好高邮王氏父子之说，从事戎行未能卒业，冀尔竟其绪耳。

余身体尚可支持，惟公事太多，每易积压。癣痒迄未甚愈。家中索用银钱甚多，其最要紧者，余必付回。

京报在家，不知系报何喜？若节制四省，则余已两次疏辞矣。此等空空体面，岂亦有喜报耶？

葛家信一封，扁字四个付回。澄叔处此次未写信，尔将此呈阅。

涤生手示

同治元年正月十四日

【译文】

字谕纪泽：

正月十三、十四两天连续接到你十二月十六、二十四日寄出的两封信，又得到你澄叔十二月二十二日的一封信，还有你母亲十六日寄来的一封信，信中的一切都已尽知。

你写的一首诗我已经读过了，现在给你发回去。你的诗笔远远超过文笔，所以我建议你应当经常作诗。我已经很久没有写诗了，但经常读诗。我几乎每天夜里都要高声朗读古人的名篇以自乐。我想我今年也须在空闲时作上两三首诗，仿照苏氏父子的先例，和你们以诗相互唱和。你的才思有古朴典雅之美，但不够雄骏，所以适宜作五言诗，而不适宜作七言诗。我选的十八家诗，共十厚册，现在放在家中，这次可以交由来人顺便送至营中。你若有心研读古诗，汉魏六朝的古诗，只取我选的曹、阮、陶、谢、鲍、谢六家的诗专门去读，这些诗作和你的性情相近。若要开拓心胸，增强气魄，改换自己的风格，则非唐代的李杜韩白、宋金的苏黄陆元这八家，不足以尽天下古今的奇观。你的性情，虽不与这八家相近，但也须将这八个人的文集悉心研读一番。这八个人的诗文，实在堪称是六经之外的巨作，文字中的极品，其中有很多可学之处。

你在小学上所得到的一些收获，我感到很欣慰。若要读周汉古书，不弄明白小学就无法参透其中的奥妙。

道光末年，我开始对高邮王氏父子的学说感兴趣，从军之后事务繁忙，所以未能继续自己研习此类的学问，现在希望你继承我研究此类的学问，以完成我的心愿。

我的身体尚无大碍，只是近来公事太多，精力有限，所以常积压在案。癣痒至今仍未见好。近来家中向我要钱甚多，其中确实急需用钱的，我一定尽快寄回。

家中有来自京城的喜报，不知是报什么喜？如果是祝贺我节制四省的喜报，我已经两次上疏请辞了。这样没有实际意义的虚名，难道还有报喜的必要吗？

我已经将葛家的一封信和四个匾字寄回去。这次没有给你澄叔写信，你将此信给他看看。

涤生手示

同治元年正月十四日

三四　谕纪泽纪鸿：唯读书可变化气质

【原文】

字谕纪泽儿、纪鸿儿：

今日专人送家信，甫经成行，又接王辉四等带来四月初十之信，尔与澄叔各一件，借悉一切。

尔近来写字，总失之薄弱，骨力不坚劲，墨气不丰腴，与尔身体向来轻字之弊正是一路毛病。尔当用油纸摹颜字之《郭家庙》、柳字之《琅琊碑》《玄秘塔》，以药其病。日日留心，专从厚重二字上用工。否则字质太薄，即体质亦因之更轻矣。

人之气质，由于天生，本难改变，惟读书则可变化气质。古之精相法者，并言读书可以变换骨相。欲求变之之法，总须先立坚卓之志。即以余生平言之，三十岁前最好吃烟，片刻不离，至道光壬寅十一月二十一日立志戒烟，至今不再吃。四十六岁以前作事无恒，近五年深以为戒，现在大小事均尚有恒。即此二端，可见无事不可变也。

尔于厚重二字，须立志变改。古称金丹换骨，余谓立志即丹也。满叔四信偶忘送，故特由驲补发。此嘱。

涤生示

同治元年四月廿四日

【译文】

字谕儿纪泽、纪鸿：

今天派专人送信回家，刚要起程，恰好又接到王辉四带来的四月初十寄来的信。其中有你和澄叔的各一封，由信中得悉一切。

你近来习字的力道总是太薄弱，骨力不强劲，墨气也不够丰腴，正如你的身体一样，一直都存在轻弱无力的毛病。你应该用油纸临摹颜体的《郭家庙》，柳体的《琅琊碑》《玄秘塔》，用来锻炼笔力，弥补不足。你要天天留心，专心在“厚重”二字上下功夫。否则字质过于薄弱，体质便会因此显得更虚弱了。

人的气质本由天生，早有定数，是难以轻易改变的，只有读书才能重新塑造

气质。古代擅长相面的人，都认为读书可以改变骨相。要求得改变骨相的方法，必须先立下坚定不移的志向。以我的生平为例，三十岁前嗜好吸烟，整日抽水烟，没有一时的间断，到道光壬寅年十一月二十一日立志戒烟，至今没再抽烟。四十六岁以前做事没有恒心，近五年深以为戒，现在大小事情都能持之以恒了。就这两点看，可见没有什么事不能改变的。你在"厚重"二字上，必须立志苦下功夫。古人说服金丹可以换骨，我认为人立的志向就是那颗金丹！满叔的四封信偶然忘了送去，所以特由驿站补送回去。此嘱。

涤生示

同治元年四月二十四日

三五　谕纪泽：手抄与摹仿宜并进

【原文】

字谕纪泽儿：

接尔四月十九日一禀，得知五宅平安。

尔《说文》将看毕，拟先看各经注疏，再从事于词章之学。余观汉人词章，未有不精于小学训诂者，如相如、子云、孟坚于小学皆专著一书，《文选》于此三人之文著录最多。余于古文，志在效法此三人，并司马迁、韩愈五家。以此五家之文，精于小学训诂，不妄下一字也。

尔于小学，既粗有所见，正好从词章上用功。《说文》看毕之后，可将《文选》细读一过。一面细读，一面抄记，一面作文，以仿效之。凡奇僻之字，雅故之训，不手抄则不能记，不摹仿则不惯用。自宋以后能文章者不通小学，国朝诸儒通小学者又不能文章，余早岁窥此门径，因人事太繁，又久历戎行，不克卒业，至今用为疚憾。尔之天分，长于看书，短于作文。此道太短，则于古书之用意行气，必不能看得谛当。目下宜从短处下工夫，专肆力于《文选》，手抄及摹仿二者皆不可少。待文笔稍有长进，则以后诂经读史，事事易于着手矣。

此间军事平顺。沅、季两叔皆直逼金陵城下。兹将沅信二件寄家一阅。惟沅、季两军进兵太锐，后路芜湖等处空虚，颇为可虑。余现筹兵补此瑕隙，不知果无疏失否？

余身体平安。惟公事日繁，应复之信积搁甚多，余件尚能料理，家中可以放心。此信送澄叔一阅。余思家乡茶叶甚切，迅速付来为要。

涤生手示

同治元年五月十四日

【译文】

字谕儿纪泽：

我已经收到了你四月十九日写来的信，信中说家中五宅平安，我已经知道了。

你说《说文》这本书基本上已经读完了，现在开始准备看各经的注疏，再着手研究辞章之学。我看汉代人的各类辞章，对小学训诂没有不精通的，如司马相如、扬子云、班孟坚，他们都各有一部小学训诂的专著。《文选》中选录这三个人的文章最多。在古文方面，我一直立志向这三个人及司马迁、韩愈等五家学习。因为这五家的文章，都精于小学训诂，从不会妄写一个字。

对于小学方面的学问，现在你已经略有见解，可以开始从辞章上下功夫了。读完《说文》之后，可以再将《文选》细细研读一遍。一面细读，一面做笔记，一面写文章，这样就可以达到模仿的目的。凡是怪僻的字，古雅又深奥难懂的解释，若不用手抄就很难记住，不模仿就无法应用到自己的文章中。自宋朝以来，能写文章的人大多不懂得小学，而本朝各位儒者，虽懂得小学，又不擅长写文章。我早年就洞悉其中的门径，只是因为公事繁忙，再加上长期的戎马生涯，未能完成自己未竟的学问，至今仍感内疚和遗憾。你天生擅长读书，而不善于写文章。若不精于作文之道，那么对于古文的用意、行气，根本无法领会其中的真谛。眼下你应该从弱点上多用功，具体应该专门研读《文选》，手抄及模仿要同时进行，不可省略其中任何一个方面。待文笔稍有长进之后，再研究经史书籍，难度就会大大降低了。

最近的战况平稳，进展得很顺利。你沅、季两叔都率军直逼金陵城下。现将

沅弟的两封信寄回家中。只是沅、季两军进军太快，后路芜湖等地空虚，让人不禁为之忧虑。目前我正筹措兵力来填补这个军力的空虚，不知最终会不会出现差池？

我身体平安，只是公事繁重，应该回复的信件耽搁了很多。其他的事还能料理，家中可以放心。这封信送给你澄叔看看。我很想要点儿家乡的茶叶，希望能尽快寄来为好。

涤生手示

同治元年五月十四日

三六　致两弟：做人需谨记劳、谦、廉三字

【原文】

沅、季弟左右：

帐棚即日赶办，大约五月可解六营，六月再解六营，使新勇略得却暑也。抬小枪之药，与大炮之药，此间并无分别，亦未制造两种药。以后定每月解药三万斤至弟处，当不致更有缺乏。王可陞十四日回省，其老营十六可到。到即派往芜湖，免致南岸中段空虚。

雪琴与沅弟嫌隙已深，难遽期其水乳。沅弟所批雪信稿，有是处，亦有未当处。弟谓雪声色俱厉。凡目能见千里，而不能自见其睫，声音笑貌之拒人，每苦于不自见，苦于不自知。雪之厉，雪不自知；沅之声色，恐亦未始不厉，特不自知耳。

曾记咸丰七年冬，余咎骆文者待我之薄，温甫则曰：“兄之面色，每予人以难堪。”又记

十一年春，树堂深咎张伴山简傲不敬，余则谓树堂面色亦拒人于千里之外。观此二者，则沅弟面色之厉，得毋似余与树尝之不自觉乎？

余家目下鼎盛之际，余忝窃将相，沅所统近二万人，季所统四五千人，近世似此者曾有几家？沅弟半年以来，七拜君恩，近世似弟者曾有几人？日中则昃，月盈则亏，吾家亦盈时矣。管子云：斗斛满则人概之，人满则天概之。余谓天之概无形，仍假手于人以概之。霍氏盈满，魏相概之，宣帝概之；诸葛恪盈满，孙峻概之，吴主概之。待他人之来概而后悔之，则已晚矣。

吾家方丰盈之际，不待天之来概、人之来概，吾与诸弟当设法先自概之。

自概之道云何，亦不外清、慎、勤三字而已。吾近将清字改为廉字，慎字改为谦字，勤字改为劳字，尤为明浅，确有可下手之处。

沅弟昔年于银钱取与之际不甚斟酌，朋辈之讥议菲薄，其根实在于此。去冬之买犁头嘴、栗子山，余亦大不谓然。以后宜不妄取分毫，不寄银回家，不多赠亲族，此廉字工夫也。

谦之存诸中者不可知，其着于外者，约有四端：曰面色，曰言语，曰书函，曰仆从属员。

沅弟一次添招六千人，季弟并未禀明，径招三千人，此在他统领所断做不到者，在弟尚能集事，亦算顺手。而弟等每次来信，索取帐棚子药等件，常多讥讽之词，不平之语，在兄处书函如此，则与别处书函更可知矣。沅弟之仆从随员颇有气焰，面色言语，与人酬接时，吾未及见，而申夫曾述及往年对渠之词气，至今饮憾。以后宜于此四端痛加克治，此谦字工夫也。

每日临睡之时，默数本日劳心者几件，劳力者几件，则知宣勤王事之处无多，更竭诚以图之，此劳字工夫也。

余以名位太隆，常恐祖宗留诒之福自我一人享尽，故将劳、谦、廉三字时时自惕，亦愿两贤弟之用以自惕，且即以自概耳。

湖州于初三日失守，可悯可敬。

同治元年五月十五日

【译文】

沅弟、季弟左右：

帐篷即日开始赶办，大约五月可以解送六个营，六月再解送六个营，到时新兵就可以靠此稍微避暑了。小抬枪的火药和大炮的火药，这边并没有区别，也没有生产两种火药。以后决定每月解送火药三万斤到弟弟的军营，不致再发生缺火

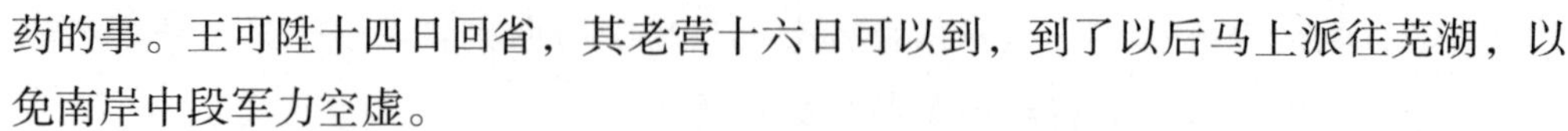

药的事。王可陞十四日回省，其老营十六日可以到，到了以后马上派往芜湖，以免南岸中段军力空虚。

雪琴和沅弟之间嫌隙已很深，一时难以使他们的关系达到水乳交融的地步。沅弟所批雪琴的文稿，有对的，也有不当的地方。弟弟说雪琴声色俱厉。凡是眼睛，都可以看千里，却不能看见自己的睫毛。声音面貌方面表现拒人千里之外，往往糟就糟在自己却看不见。雪琴的严厉，雪琴自己并没有意识到。沅弟的声色，恐怕也未尝不严厉，只是并不自知而已。

记得咸丰七年的冬天，我埋怨骆秉章待我太薄，温甫说：“哥哥的脸色，常常给人难堪。”还记得咸丰十一年春，树堂深怨张伴山简慢骄傲，不够恭敬。我则说树堂的脸色过于严肃，显得拒人于千里之外。看这两个例证，那沅弟严厉的脸色，不是如同我与树堂一样，自己意识不到吗？

我家正处在鼎盛时候，我又窃居将相之位。沅弟统领的军队近两万人，季弟统领的有四五千人。近世有如此盛景的，曾经有过几家？沅弟在半年之内，七次拜受君恩，近世像老弟你的又有几个？太阳到了正午就要西斜，月亮圆时也就意味着会缺。我家正是盈满的时候。管子说：“斗斛满了，由人去刮平，人自满了，由天去刮平。”我说天刮平是无形的，还是借手于别人来刮平。霍氏盈满了，由魏相刮平，由宣帝刮平；诸葛恪盈满了，由孙峻刮平，由吴主刮平。等到他人来刮平时才后悔，那么后悔已晚了！我家正处丰盈的时际，不等天来刮平，也不等别人来刮平，我与诸弟应当设法自己刮平。

自我刮平的方法是什么呢？也不外乎清、慎、勤三个字而已。我最近将清字改成了廉字，将慎字改成了谦字，勤字改为劳字，更加浅显易懂，也便于有下手操作之处。

沅弟过去对于银钱的收与支，往往不够慎重。朋友们讥笑看轻你，根源实际上就在这里。去年冬天买犁山嘴、栗子山，我也很不以为然。以后应不妄取分毫，不寄钱回家，不多送亲族，这是“廉”字功夫。

谦字存于内心，他人并不可知，但谦也可表现在外表，大约有四方面：一是脸色；一是言事；一是书信；一是仆从属员。沅弟一次添招六千人，季弟并不请示，直接招了三千人，这是其他统领绝对做不到的，对弟弟而言却能做到，还算顺利。而弟弟每次来信，索取帐篷、火药等东西，经常有讥讽的字句，不平的话语，给我写信还这样，给别人的书信就可以想见了。沅弟的仆从属员，很有气焰，脸色言语，与人应酬接触之时，我没有看见，而申夫说起往年对他的语气态度，至今仍感到遗憾！以后应在这四个方面痛加改正，这就是“谦”字功夫。

每天临睡之时，要默默地数一下当日有几件事操心、几件事费力，就知道为国家办的事不多，而更要努力地去做，这是“劳”字的功夫。

我因为名声太重，地位太高，经常怕祖宗留下来的福泽被我一个人独享，所以时常以“劳、谦、廉”三个字自我约束，也希望两位贤弟以此三字自警，并且以此自勉，约束自己。

初三那天，湖州失守，实在让人怜悯又痛心，守城将士的勇气令人敬仰。

同治元年五月十五日

三七　致两弟：刚柔并用、不可偏废

【原文】

沅、季弟左右：

沅于人概天概之说，不甚厝意，而言及势利之天下，强凌弱之天下。此岂自今日始哉？盖从古以然矣。

从古帝王将相，无人不由自立自强做出，即为圣贤者，亦各有自立自强之道，故能独立不惧，确乎不拔。昔余往年在京，好与诸有大名大位者为仇，亦未始无挺然特立不畏强御之意。近来见得天地之道，刚柔互用，不可偏废，太柔则靡，太刚则折。刚非暴虐之谓也，强矫而已；柔非卑弱之谓也，谦退而已。趋事赴公，则当强矫，争名逐利，则当谦退；开创家业，则当强矫，守成安乐，则当谦退；出与人物应接；则当强矫，入与妻孥享受，则当谦退。若一面建功立业，外享大名，一面求田问舍，内图厚实，二者皆有盈满之象，全无谦退之意，则断不能久。此余所深信，而弟宜默默体验者也。

同治元年五月廿八日

【译文】

沅、季二位贤弟左右：

沅弟对于人平、天平的说法，不甚认同。谈到“势利的天下，强欺弱的天下”，这已不是今天才有的事，自古以来就是这样。古时的帝王将相，无一不是从自强自立中成长起来的，就是圣贤也各有自立自强的方法。所以他们能够独立、不惊慌、不害怕，坚强得不可动摇。我过去在京城时，喜欢与有声名有地位的人对立，颇有点儿特立独行、不怕强暴、不受支配的气概。

近来看到天地的规律是刚柔互用的，两个都不能偏废，太柔了会顺风倒下，太刚了又会铿然折断。刚不是暴虐，是坚强，柔不是低下软弱，是谦逊退让。为大家做事要坚强，争名逐利的事，要谦逊退让；开创家业时要坚强，守成享乐时要谦逊退让；出去和别人办理交涉要坚强，回到家里和妻儿享受时要谦逊退让。若一边建功立业，声名远扬；一边置田建屋，贪图舒适，这两种情况都有盈满的迹象，没有一点儿谦退的意思，那么肯定不会长久，这是我深信不疑的。两位弟弟最好能默默地去体验。

同治元年五月二十八日

三八　谕纪泽：洁身自持，应效法王、陶

【原文】

字谕纪泽儿：

曾代四、王飞四先后来营，接尔二十日、二十六日两禀，具悉五宅平安。

和张邑侯诗，音节近古，可慰可慰。五言诗，若能学到陶潜、谢朓一种冲淡之味和谐之音，亦天下之至乐，人间之奇福也。

尔既无志于科名禄位，但能多读古书，时时吟诗作字，以陶写性情，则一生受用不尽。第宜束身圭璧，法王羲之、陶渊明之襟韵潇洒则可，法嵇、阮之放荡名教则不可耳。

希庵丁艰，余即在安庆送礼，写四兄弟之名，家中似可不另送礼。或鼎三侄另送礼物亦无不可，然只可送祭席挽幛之类，银钱则断不必送。尔与四叔父、六婶母商之。希庵到家之后，我家须有人往吊，或四叔，或尔去皆可，或目下先去亦可。

近年以来，尔兄弟读书，所以不甚耽搁者，全赖四叔照料大事，朱金权照料小事。兹寄回鹿茸一架、袍褂料一付，寄谢四叔。丽参三两、银十二两，寄谢金权。又袍褂料一付，补谢寅皆先生。尔一一妥送。家中贺喜之客，请金权恭敬款接，不可简慢。至要至要。

贤五先生请余作传，稍迟寄回。此次未写复信，尔先告之。

家中有殿板《职官表》一书，余欲一看，便中寄来。抄本国史文苑、儒林传尚在否？查出禀知。此嘱。

涤生手草

同治元年七月十四日

【译文】

字谕纪泽儿：

曾代四、王飞四已先后抵达营中，我也收到了你二十日、二十六日捎来的两封信，从信中得知家中一切平安。

看了你作的和张邑侯的诗，音节已经与古诗近似，我感到很欣慰。作五言诗，若能领悟到陶潜、谢朓的诗中那种恬淡闲适的味道、和谐自然的音律，就是天下最快乐的事，人间难得的福分了。你既然无意于科举功名，若能多读古书，常常吟诗写字，陶冶性情，也是一生都受用不尽的财富。只是你应洁身自好，可以学习王羲之、陶渊明潇洒的胸襟，但不应效法嵇康、阮籍放荡的作风。

希庵亲人亡故，我在安庆给他们送去了丧礼，署名写的是四兄弟的名字，所以家中可以不用再送了。如果要送，可以再由鼎三侄送一份礼物去，不过只能送祭席挽幛之类的祭品，不可以再送银钱，你要与四叔父、六婶母商量一下这件事。希庵到家之后，必须专门有人前去吊唁，可以让四叔去，或者由你去也可以，最好是尽快去，收到信之后就去都可以。

近年以来，你们兄弟几个之所以没有耽误多少读书的时间，全靠四叔主管大事，朱金权照料小事。现在寄回鹿茸一架、袍褂料子一副，以答谢四叔的辛劳。另外还有高丽参三两、银二十两，送给金权作为感谢的礼物。又有袍褂料子一副，用来补谢寅皆先生。这些东西你都要一一妥善送去。前来家中贺喜的客人，要叮嘱金权恭敬地接待，不可怠慢。这很重要。

贤五先生请我作传记，稍迟一段时间寄回去。这次没有给他写回信，你先告诉他一下。

我记得家中有殿版《职官表》一书，我想翻阅一下，下次寄信的时候如果方便的话，就随信寄来。《国史文苑》《儒林传》的抄本还能找得到吗？如果找到了就告诉我。此嘱。

同治元年七月十四日

三九　致两弟：治身应以“不药”为药

【原文】

沅、季弟左右：

季弟病似疟疾，近已痊愈否？吾不以季病之易发为虑，而以季好轻下药为虑。

吾在外日久，阅事日多，每劝人以不服药为上策。吴彤云近病极重，水米不进已十四日矣。十六夜四更，已将后事料理，手函托我，余一概应允，而始终劝其不服药。自初十日起，至今不服药十一天，昨夜竟大有转机，疟疾减去十之四，呃逆各症减去十之七八，大约保无他变。希庵五月之季病势极重，余缄告之，云治心以广大二字为药，治身以不药二字为药，并言作梅医道不可恃。

希庵乃断药月余，近日病已痊愈，咳嗽亦止。是二人者，皆不服药之明效大验。季弟信药太过，自信亦太深，故余所虑不在于病，而在于服药。兹谆谆以不服药为戒，望季曲从之，沅力劝之。至要至嘱。

季弟信中所商六条皆可允行。回家之期，不如待金陵克后乃去，庶几一劳永逸。如营中难耐久劳，或来安庆闲散十日八日，待火轮船之便，复还金陵本营，亦无不可。若能耐劳耐烦，则在营久熬更好，与弟之名曰贞、号曰恒者，尤相符合。其余各条皆办得到，弟可放心。

上海四万尚未到，到时当全解沅处。东征局于七月三万之外，又有专解金陵五万，到时亦当全解沅处。东局保案，自可照准，弟保案亦日内赶办。雪琴今日来省，筱泉亦到。

同治元年七月廿日

【译文】

沅弟、季弟左右：

季弟的病颇似疟疾，最近的病情是否已经有所改观？我倒不担心季弟容易患病，而是为季弟喜欢轻率用药而忧虑。

我在外面日子久了，阅历也多了，每每劝别人以不吃药为上策。吴彤云近日病得极重，水米都不沾，已经十四天。十六日晚上四更，已把后事料理好，亲笔写信托我，我一概答应，而开始劝他不吃药。自初十日起，到今天，十一天不吃药，昨天竟大有转机，疟疾减轻了十分之四，呕逆等症，减去十之七八，大约可保没有大的变故。希庵五月末病情也很严重，我写信告诉他："治心以广大二字为药，治身以不药二字为药。"并说作梅的医术不可依靠。希庵于是停药一个多月，近日病已好了，咳嗽也止住了。这两个人，都是不吃药收到了明显效果。季弟太迷信药物，自信也太深，所以我忧虑他不在于病，而在于吃药。现在谆谆嘱咐以不吃药为诫，希望季弟能够听从我的意见，沅弟也要力劝。至要至嘱！

季弟信中提出来商量的六条，都可以同意。回家的日期，不如等金陵攻克之后，也许可以一劳永逸。如果在军营难以过久忍耐劳累，或者回安庆闲散十天八天，等轮船方便，再回金陵本营，也无不可。如果能耐劳耐烦，那么在军营久熬更好，与弟弟的名叫贞，字叫恒，意义尤相符合。其余各条，都办得到，弟弟放心。

上海四万两军饷还没解送到，到时就全部解送到沅弟处。东征局在七月三万

两之外，又专门解送金陵五万两，到时也解送到沅弟处。东局保举有功人员的文案，自可照准，弟保案也将在日内赶办。雪琴今日来省，筱泉也该到了。

同治元年七月二十日

四〇　谕纪泽：诗文立意，须超群脱俗

【原文】

字谕纪泽儿：

廿九接尔十月十八在长沙所发之信，十一月初一又接尔初九日一禀，并与左镜和唱酬诗及澄叔之信，具悉一切。

尔诗胎息近古，用字亦皆的当。惟四言诗最难有声响、有光芒，虽《文选》韦孟以后诸作，亦复尔雅有余，精光不足。扬子云之《州箴》《百官箴》诸四言，刻意摹古，亦乏作作之光，渊渊之声。

余生平于古人四言，最好韩公之作，如《祭柳子厚文》《祭张署文》《进学解》《送穷文》诸四言，固皆光如皎日，响如春霆。即其他凡墓志之铭词及集中如《淮西碑》《元和圣德》各四言诗，亦皆于奇崛之中迸出声光。其要不外意义层出、笔仗雄拔而已。自韩公而外，则班孟坚《汉书·叙传》一篇，亦四言中之最隽雅者。尔将此数篇熟读成诵，则于四言之道自有悟境。

镜和诗雅洁清润，实为吾乡罕见之才，但亦少奇矫之致。凡诗文欲求雄奇矫变，总须用意有超群离俗之想，乃能脱去恒蹊。

尔前信读《马汧督诔》，谓其沈郁似《史记》，极是极是。余往年亦笃好斯篇。尔若于斯篇及《芜城赋》《哀江南赋》《九辩》《祭张署文》等吟玩不已，则声情自茂，文思汩汩矣。

此间军事危迫异常。九洑洲之贼纷窜江北，巢县、和州、含山俱有失守之信。余日夜忧灼，智尽能索，一息尚存，忧劳不懈，它非所知耳！尔行路渐重厚否？纪鸿读书有恒否？至为廑念。余详日记中。此次澄叔处无信，尔详禀告。

涤生手示

同治元年十一月初四日

【译文】

字谕纪泽儿：

你十月十八日在长沙发出的信我已经于二十九日收到，十一月一日这天又收到你十月九日的一封信，另外还有与左镜和唱和的诗、澄叔的信等等，一切情况都已经知道了。

从你的诗中可见你的诗风脱胎于古人的诗，用字也十分确切恰当，这些已经很难得了。古诗之中，要数四言诗最难写得出色、光芒四溢。虽然《文选》中有韦、孟以后的各种作品，但也是雅气有余，精气光芒不足。扬子云的《州箴》《百官箴》等四言诗，刻意仿古，也缺之作作之光、渊渊之声。

对于古人的四言诗，我平生最喜欢的就是韩愈的作品，如《祭柳子厚文》《祭张署文》《进学解》《送穷文》等各篇四言佳作，都如皎皎红日般光芒四射，如隆隆春雷般响亮贯耳。即使是其他所有墓志之铭、词及集中如《淮西碑》《元和圣德》各文四言诗，也都是在奇崛之中迸发出独有的音律和光芒。之所以能达到这样的境界，关键在于意义层出、笔势雄劲挺拔。除了韩愈的作品，就是班孟坚的《汉书·叙传》一篇了，这也是四言中俊雅脱俗的作品。你把这几篇熟读、背诵，就能深深体会到四言的境界了。

镜和的诗雅洁清润，堪称是家乡罕见的作诗奇才，不过也缺少奇崛的意境。凡是写诗作文，都要求有雄奇变化的风格，还要有超群脱俗的构想，只有这样才能脱离僵化世俗的模式。

你在上一封信中说读了《马汧督诔》，此篇的沉郁有如《史记》一般，我很认同你的看法。我早年也喜欢这篇文章。你如果对这篇诔文及《芜城赋》《哀江南赋》《九辩》《祭张署文》等篇细细体味，深加琢磨，写文章自然能够声情并茂，文思泉涌了。

最近的军事状况异常危急。九洑洲的敌人纷纷窜往江北，巢县、和州、含山都纷纷失守。我日夜忧虑焦灼，力求竭尽所能，只要一息尚存，必定奋斗到底，其他的就不是我所能知道的了！你走路的步伐是否渐趋稳重？纪鸿读书有恒心

吗？家中的这些事很让我挂念。其余的详写在日记中。这次没有给澄叔的信，你把详情向他禀告就可以了。

涤生手示

同治元年十一月初四日

四一　致沅弟：去忿欲以养体、存倔强以励志

【原文】

沅弟左右：

十九日接弟十四日缄，交林哨官带回者，具悉一切。

肝气发时，不惟不和平，并不恐惧，确有此境。不特弟之盛年为然，即余渐衰老，亦常有勃不可遏之候。但强自禁制，降伏此心，释氏所谓降龙伏虎。龙即相火也，虎即肝气也。多少英雄豪杰打此两关不过，亦不仅余与弟为然。要在稍稍遏抑，不令过炽。降龙以养水，伏虎以养火。古圣所谓窒欲，即降龙也；所谓惩忿，即伏虎也。释儒之道不同，而其节制血气，未尝不同，总不使吾之嗜欲戕害吾之躯命而已。

至于倔强二字，却不可少。功业文章，皆须有此二字贯注其中，否则柔靡不能成一事。孟子所谓至刚，孔子所谓贞固，皆从倔强二字做出。吾兄弟皆禀母德居多，其好处亦正在倔强。若能去忿欲以养体，存倔强以励志，则日进无疆矣。

新编五营，想已成军。郴桂勇究竟何如？殊深悬系。吾牙疼渐愈，可以告慰。刘馨室一信抄阅，顺问近好。

同治二年正月廿日

【译文】

沅弟左右：

我于十九日接到弟弟十四日捎来的信，就是交给林哨官带回来的那封，一切均已知晓。

肝气上升时，身体不但不平和，心中也不恐惧，每到此时确实会有这种现象。不但弟弟年轻气盛时如此，我现在已渐渐衰老了，也常有肝气勃发不能遏制的症候。不过只要自己强加禁制，便可降伏心火。正如佛家所说的降龙伏虎：龙即是相火，虎就是肝气。多少英雄豪杰都过不了这两道关，不仅我们兄弟是这样的。重要的是要稍加遏抑，不要让肝火过分炽烈。降龙用来养水，伏虎用来养火。古代圣人所说的窒欲，就是降龙；所说的惩忿，就是伏虎。佛教儒教的道术虽然不同，但在节制血气这一点上，还是相通的，没什么太大的区别，其宗旨不外乎是克制自己的嗜好欲望，以免戕害自己的身体性命。

至于“倔强”这两个字，却是不可缺少的气质。功业文章，都须要有这两个字的精神贯穿其中，否则一生都会萎靡不振，一事无成。孟子所说的至刚，孔子所说的贞固，都从“倔强”二字引申而来。我们兄弟继承了母亲所具的诸多品德，其精髓正在于“倔强”二字。如能消除体内忿欲，保养自己的身体，而多些倔强之气来激励心志，那么就可以有无限的长进。

新编的五个营，想必已经成长成一个军旅了。郴、桂的士兵究竟操练得如何？我心中很是挂念。最近我的牙疼已稍微减轻，可以稍稍欣慰，不必过于挂念了。现将刘馨室的一封信抄寄给你看。顺问近好。

同治二年正月二十日

四二　谕纪泽：宽闲岁月，切莫错过好光阴

【原文】

字谕纪泽儿：

二月廿一日在运漕行次，接尔正月二十二日、二月初三日两禀，并澄叔两

信，具悉家中五宅平安。大姑母及季叔葬事，此时均当完毕。

尔在团山嘴桥上跌而不伤，极幸极幸。闻尔母与澄叔之意欲修石桥，尔写禀来，由营付归可也。《礼》云："道而不径，舟而不游。"古之言孝者，专以保身为重。乡间路窄桥孤，嗣后吾家子侄凡遇过桥，无论轿马，均须下而步行。

吾本意欲尔来营见面，因远道风波之险，不复望尔前来，且待九月霜降水落，风涛性定，再行寄谕定夺。目下尔在家饱看群书，兼持门户。处乱世而得宽闲之岁月，千难万难，尔切莫错过此等好光阴也。

余以十六日自金陵开船而上，沿途阅看金柱关、东西梁山、裕溪口、运漕、无为州等处，军心均属稳固，布置亦尚妥当。惟兵力处处单薄，不知足以御贼否？余再至青阳一行，月杪即可还省。南岸近亦吃紧。广匪两股窜扑徽州，古、赖等股窜扰青阳。其志皆在直犯江西以营一饱，殊为可虑。

澄叔不愿受沅之貤封。余当寄信至京，停止此举，以成澄志。

尔读书有恒，余欢慰之至。第所阅日博，亦须札记一二条，以自考证。脚步近稍稳重否？常常留心。此嘱。

涤生手示（泥汊舟次）

澄叔此次未另写信，将此禀告。

同治二年二月廿四日

【译文】

字谕纪泽儿：

二月二十一日，我在运漕行船的途中收到了你正月二十二日、二月三日两封信和澄叔的两封信，得知家中五宅平安。大姑母和季叔的葬礼，想来都应该处理完毕了吧。

信中说，你在团山嘴桥上不小心跌倒，幸而没有受伤，真是万幸啊。听说你母亲和澄叔打算重新修座石桥，你写信来也是这个意思，我看（所需资金）由我从营中寄回就行了。《礼记》中这样说："道而不径，舟而不游。"古人所说的孝，尤其以保身为要。乡间的道路和桥梁都窄小危险，以后我们家的后代，凡是过桥的时候，无论是坐轿还是骑马，都要下来步行。

我本想你来营中见面，因路途遥远，而且又有危险，所以你就不要来了。暂且等到九月霜降雨停之后，气候稳定了，我再给你寄信，告知你来营的日期。现在你在家得以博览群书，还可兼管家庭事务。身处乱世，得以享受宽闲的岁月，实在是很难得的机会，万万不要错过这样的好时光啊。

十六日我从金陵坐船，迎流而上，沿途察看了金柱关、东西梁山、裕溪口、运漕、无为州等处，据我观察，目前军心尚稳，军事布置也还妥当。只是各处的兵力都显得势单力薄，不知是否能够抵挡得住来势汹汹的敌人。我还要赶去青阳一趟，月底就可以回省城。南岸的情况近来比较紧张。敌军派出两股人马进攻徽州，古、赖等股（捻军）敌军又不时地骚扰青阳，其最终目的显然是要进攻江西，为此我深为忧虑。

澄叔不愿意接受朝廷给沅叔的贻封。我应当马上给京城写信，请朝廷取消这项举措，以遂了澄叔的心愿。

得知你读书能持之以恒，我心里特别欣慰。不过随着自己读书涉及的知识日见广博，有必要做一两条札记，以方便自己日后的查考。最近脚步是否日益稳重些了？要常常注意这些。此嘱。

涤生手示（泥汉舟次）

这次没有另外写信给澄叔，你把这封信转给他看。

同治二年二月二十四日

四三　谕纪泽：好文章须熟读成诵

【原文】

字谕纪泽儿：

接尔二月十三日禀并《闻人赋》一首，具悉家中各宅平安。

尔于小学训诂颇识古人源流，而文章又窥见汉魏六朝之门径，欣慰无已。余尝怪国朝大儒如戴东原、钱辛楣、段懋堂、王怀祖诸老，其小学训诂实能超越近古，直逼汉唐，而文章不能追寻古人深处，达于本而阂于末，知其一而昧其二，颇所不解。私窃有志，欲以戴、钱、段、王之训诂，发为班、张、左、郭之文章（晋人左思、郭璞小学最深，文章亦逼两汉，潘、陆不及也）。久事戎行，斯愿莫遂，若尔曹能成我未竟之志，则至乐莫大乎是。即日当批改付归。

尔既得此津筏，以后便当专心壹志，以精确之训诂，作古茂之文章。由班、

张、左、郭上而扬、马而《庄》《骚》而六经，靡不息息相通，下而潘、陆而任、沈而江、鲍、徐、庾，则词愈杂，气愈薄，而训诂之道衰矣。至韩昌黎出，乃由班、张、扬、马而上跻六经，其训诂亦甚精当。尔试观《南海神庙碑》《送郑尚书序》诸篇，则知韩文实与汉赋相近。又观《祭张署文》《平淮西碑》诸篇，则知韩文实与《诗经》相近。近世学韩文者，皆不知其与扬、马、班、张一鼻孔出气。尔能参透此中消息，则几矣。

尔阅看书籍颇多，然成诵者太少，亦是一短。嗣后宜将《文选》最惬意者熟读，以能背诵为断，如《两都赋》《西征赋》《芜城赋》及《九辩》《解嘲》之类皆宜熟读。《选》后之文，如《与杨遵彦书》（徐）、《哀江南赋》（庾）亦宜熟读。又经世之文如马贵与《文献通考》序二十四首，天文如丹元子之《步天歌》（《文献通考》载之，《五礼通考》载之），地理如顾祖禹之州域形势叙（见《方舆纪要》首数卷，低一格者不必读，高一格者可读，其排列某州某郡无文气者亦不必读）。以上所选文七篇三种，尔与纪鸿儿皆当手抄熟读，互相背诵，将来父子相见，余亦课尔等背诵也。

尔拟以四月来皖，余亦甚望尔来，教尔以文。惟长江风波，颇不放心，又恐往返途中抛荒学业，尔禀请尔母及澄叔酌示。

如四月起程，则只带袁婿及金二甥同来，如八九月起程，则奉母及弟妹妻女合家同来，到皖住数月，孰归孰留，再行商酌。

目下皖北贼犯湖北，皖南贼犯江西，今年上半年必不安静，下半年或当稍胜。尔若于四月来谒，舟中宜十分稳慎，如八月来，则余派大船至湘潭迎接可也。余详日记中，尔送澄叔一阅，不另函矣。

涤生手示

同治二年三月初四日

【译文】

字谕纪泽儿：

近日收到了你二月十三日写来的信，另外还有《闻人赋》一首附在其中，知道家中各宅平安。

在小学训诂方面，你对古人的本源的认识还是很有见地的，从你所作的文章也可以看出来你已经寻得了汉魏六朝的门径，我实在是很高兴。我曾经对本朝的大儒如戴东原、钱辛楣、段懋堂、王怀祖等老一辈人提出过不同的意见，认为尽管他们的小学训诂能超越近古之人，甚至接近了汉唐的水平，但作文章却不能追求古人文章中所表达的深刻内涵，能够抵达本源，却被阻于末端，只知其一不知其二，对此我很是疑惑。我曾经暗自立志，要吸收戴、钱、段、王他们那样的训诂的经验，作出班、张、左、郭那样的文章（晋人左思、郭璞小学方面的学问最深，文章也更接近于两汉时的水平，潘、陆不如他们）。但是长期的戎马生涯，奔走南北，以致这个愿望一直未能实现。如果你能完成我未竟的志向，那可真是让人高兴啊。我把你的文章批改之后，今天就给你寄回去。

你既然找到了入门的方法，以后应当更加专心，用精确的训诂之法，作古朴有内涵的文章。从班、张、左、郭上溯到扬、马，再上溯到《庄子》《离骚》、六经，无不息息相通，下到潘、陆、任、沈，再到江、鲍、徐、庾，他们用词越来越繁杂无序，而且气势越来越虚弱，训诂的水平自然也越来越低了。直至韩愈出世，才从班、张、扬、马上跻六经，训诂也十分精确恰当。你应当着手研读《南海神庙碑》《送郑尚书序》等文章，就会了解韩愈的文章与汉赋的水平、风格实在很相似。之后再看《祭张署文》《平淮西碑》等文章，就会了解到韩愈的文章与《诗经》的风格也很是相近的。近代人读韩愈的文章，都看不出他和扬、马、班、张其实是一个鼻孔出气，你能看透其中的奥秘，说明你所用的功夫差不多了。

你读过的书籍不少，但却很少能够背诵，这也是一个很大的弱点。今后你应选出《文选》中最好的文章，经常朗读，直至能背诵为止，例如《两都赋》《西征赋》《芜城赋》及《九辩》《解嘲》之类的都应熟读。

《文选》后半部分的文章如《与杨遵彦书》（徐）、《哀江南赋》（庾）也应该熟读。还有传世之作如马贵与的《文献通考》序二十四首，天文学方面的例如丹元子的《步天歌》（《文献通考》录有它，《五礼通考》录有它），地理学方面的如顾祖禹的州域形势叙（见《方舆纪要》头几卷，低一格

的内容可以忽略过去，但高一格的也是可读的内容，其中排列某州某郡无文采的也不必读）。以上我选的文章共三种、七篇，你和纪鸿儿都要抄写并熟读，互相检查背诵情况，将来我们父子相见之时，我也要考考你们是否已经达到背诵的程度。

四月份我打算前往安徽，我希望你也能来，可以趁此机会教你作文章。只是到时长江风浪太大，我又担心你的安全，而且怕你在往返途中耽误了时间而荒废学业。这件事你可以先请示你母亲和澄叔，待他们斟酌之后再作决定。如果打算四月份前来，就只带袁婿和金二外甥同来即可；如果八九月份起程，就陪同母亲和弟妹等全家一起前来。你们可以在安徽多住几个月，之后再决定谁回去谁留下。

如今皖北的敌军大举进犯湖北，皖南的敌军又出兵进犯江西，今年上半年局势定不平静，或许下半年会好一些。如果你四月份来看我，坐船过江的时候要倍加谨慎小心，如果八月份来，那我就派大船到湘潭去接你们。其余的事都详记在日记中，你送给澄叔看看，不再另写信了。

涤生手示

同治二年三月初四日

四四　致沅弟：处事修身全在明强二字

【原文】

沅弟左右：

二十七日接二十一日来信，具悉一切。

弟辞抚之意如此坚切，余二十二日代弟所作之折想必中意矣。

来信“乱世功名之际尤为难处”十字实获我心。本日余有一片，亦请将钦篆、督篆二者分出一席，另简大员。兹将片稿抄寄弟阅。吾兄弟常存此兢兢业业之心，将来遇有机缘，即便抽身引退，庶几善始善终，免蹈大戾乎！

至于担当大事，全在明强二字。《中庸》学、问、思、辨、行五者，其要归于愚必明，柔必强。弟向来倔强之气，却不可因位高而顿改。凡事非气不举，非刚不济，即修身齐家，亦须以明强为本。

巢县既克，和、含必可得手。以后进攻二浦，望弟主持一切，函告鲍、萧、彭、刘四公。余相隔太远，不遥制也。顺问近好。

国藩手草

弟公文不宜用“咨呈”，用“咨”以符通例。

同治二年四月廿七日

【译文】

沅弟左右：

二十七日接到贤弟二十一日的来信，得悉一切情况。

既然贤弟辞去巡抚之职的决心如此坚定迫切，那我二十二日代贤弟所写的奏折一定会很合你的心意。

来信中所说的“乱世功名之际尤为难处”，这十个字真是道出了我的心声。今天我有一个片子，也请求把钦篆、督篆分出一席，另派大员来掌一席。现把奏折抄给你看。你我兄弟要常存一颗兢兢业业的心，将来遇有机缘，就抽身引退，这样也许可以善始善终，免蹈大祸！

至于担当大事之要，全在“明强”二字。《中庸》说的学习、问疑、思考、明辨、笃行，要点就是要使愚蠢的一定要贤明，柔弱的必定要坚强。弟向来的倔强气质，不可因处在高位就马上改掉。但凡做事没有倔强的志气是做不成的，没有刚毅不能成事，即使是修身齐家，也必须用“明强”二字为根本。

巢县既已克复，和、含一定可以到手。以后进攻二浦，希望弟弟主持一切，并写信给鲍、萧、彭、刘四人。我相隔太远，难以遥控。顺问近好。

国藩手草

贤弟的公文不应该用“咨呈”，用“咨”以符合通例。

同治二年四月二十七日

四五　致九弟：恼怒如蝮蛇，去之不可不勇

【原文】

沅弟左右：

适闻初六常州克复，初八丹阳克复之信，正深欣慰！而弟之信中有云“肝病已深，痼疾已成，逢人辄怒，遇事辄忧”等语。读之不胜焦虑！

今年以来，苏浙克城甚多，独金陵迟迟尚无把握，又饷项奇绌，不如意之事机、不入耳之言语纷至迭乘。余尚温郁成疾，况弟之劳苦过甚百倍阿兄，心血久亏数倍于阿兄乎？余自春来，常恐弟发肝病，而弟信每含糊言之，此四句乃露实情，此病非药饵所能为力，必须将万事看空，毋恼毋怒，乃可渐渐减轻。蝮蛇螫手，则壮士断其手，所以全生也。吾兄弟欲全其生，亦当视恼怒如蝮蛇，去之不可不勇，至嘱至嘱！

余年来愧对老弟之事，惟拨去程学启一名将，有损于阿弟。然有损于家，有益于国，弟不必过郁，兄亦不必过悔。顷见少荃为程学启请恤一疏，立言公允，兹特寄弟一阅，请弟且抄后寄还。

李世忠事，十二日奏结。又饷绌情形一片抄阅，即为将来兄弟引退之张本。余病假于四月廿五日满期，余意再请续假，幕友皆劝销假，弟意以为何如？

淮北票盐、课厘两项，每岁共得八十万串，拟概供弟一军。此亦巨款，而弟尚嫌其无几，余于咸丰四、五、六、七、八、九等年，从无一年收过八十万者，再筹此等巨款，万不可得矣。

同治三年四月十三日

【译文】

沅弟左右：

刚刚得到常州克复、丹阳克复的捷报，正在为此事高兴之际，却看到弟弟在信中说：“肝病已经愈加严重，痛苦的疾病已经缠身，挥之不去。现在逢人便发怒，遇事便忧愁。”读了之后，兴奋之意顿消，心中不胜焦急。

今年以来，苏、浙克城很多，独金陵迟迟没有攻下，再加上军饷奇缺等等，这些不如意的事情、不堪入耳的议论，纷至沓来，连我都要积郁成疾了，更何况弟弟在军中整日辛苦，比我要胜过十倍！心血久亏之状，自然要数倍于为兄的。自从入春以来，我经常害怕弟弟的肝病复发，而弟弟每次来信均含糊其辞，这次信中的四句话终于暴露了实情，这病却非药物所能治愈的，为人处世必须胸怀广阔，遇事不恼不怒，疾病才可渐渐痊愈。蝮蛇咬手，则壮士断然斩断其手，这才能得以保全生命。我们兄弟若要保全生命，应把恼怒当作蝮蛇看待，下决心戒恼怒，不可犹豫不决，没有勇气，至嘱至嘱！

这一年来，我做了愧对老弟的事，只调走程学启一名勇将，这显然有损阿弟。然而，有损于家，却有益于国，弟弟不必过于抑郁，为兄也不必后悔。刚看到少荃为程学启请恤的疏折，立言公允，现特寄给你看看，请弟弟抄后再寄还给我。

李世忠的事，已经于十二日奏结。至于严重的缺饷一事，就是将来我们兄弟引退的张本。我的病假于四月二十五日满期，我想再续假，幕友都劝我销假，不知你的意见如何？

淮北票盐、厘课两项，每年共得八十万串，准备一概供给弟弟这一军。这也是巨款，而弟弟还嫌少了。我在咸丰四、五、六、七、八、九等几年，从来没有一年收过八十万串的。今后若再想筹集这么大的巨款，恐怕是难上加难了。

同治三年四月十三日

四六　谕纪鸿：谨记修身三戒，力除傲、惰二弊

【原文】

字谕纪鸿：

自尔起行后，南风甚多，此五日内却是东北风，不知尔已至岳州否？

余以二十五日至金陵，沅叔病已痊愈。二十八日戮洪秀全之尸，初六日将伪忠王正法。初八日接富将军咨，余蒙恩封侯，沅叔封伯。余所发之折，批旨尚未接到，不知同事诸公得何懋赏，然得五等者甚少。余借人之力以窃上赏，寸心不安之至。

尔在外以谦谨二字为主，世家子弟，门第过盛，万目所属。临行时，教以三戒之首，末二条及力去傲惰二弊，当已牢记之矣。场前不可与州县来往，不可送条子，进身之始，务知自重，酷热尤须保养身体。此嘱。

涤生手示

同治三年七月初九日

【译文】

字谕纪鸿儿：

自从你起程之日起，整日都是刮南风，数日未止。而最近的五天里都是东北风，不知你是否已经抵达岳州？

二十五日我才抵达金陵，沅叔的病现在已痊愈了。二十八日戮洪秀全的尸体，初六日斩了伪忠王李秀成。初八日接到富明阿将军的咨文，我蒙受皇恩封侯，沅叔封伯。我发出的奏折，批旨还没接到，不知道同事各位都得到什么奖赏，但得五等爵的人很少。我是凭借别人的力量才得到上等奖赏的，心中极为不安。

你出门在外，要谨记以谦、谨二字为准则。凡是世家子弟，若门第过于兴盛，自然便成为众人瞩目的焦点。所以应当格外注意。你临行前，我曾用三个戒条教育过你，其首末两条就是极力去除傲慢、怠惰这两个弊端，你想必已牢记于心。考试之前切不可与州县官员来往，更不能送条子，这是你出仕为官的第一步，一定要自重。天气酷热尤其要注意保养身体。此嘱。

涤生手示

同治三年七月初九日

四七　致澄弟：勤俭自勉以长保盛美

【原文】

澄弟左右：

前接弟信，知已由李家送葬归来，具悉一切。

此间近状平安。沅弟之肝疾未平，湿毒更炽，克城封爵之后而郁抑之气并未稍减。余在金陵住二十余日，自六月二十五至七月初八、九，沅弟心神不怡，初十日至二十日，察沅心怀似稍开豁，病亦日减。近与余相隔二十余日，情复郁结，疾亦略增。余定于初一日起程，再赴金陵，家眷亦于初间同去，并于二十一日具折，为沅弟告病开缺回籍调理。沅见归期已近，或可速痊。然起行总在十月，但能归家过年，不能赶十一月初三也。

纪鸿想已抵家，在署一年，已沾染贵公子气习否？吾家子侄，人人须以勤俭二字自勉，庶几长保盛美。观《汉书·霍光传》，而知大家所以速败之故。观金日磾、张安世二传，解示后辈可也。即问近好。

涤生手示

同治三年八月廿四日

【译文】

沅弟左右：

前日接到弟的来信，得知弟已从李家送葬归来，具体细节已从信中得知。

沅弟的肝病仍未痊愈，湿毒又日益严重了。攻克金陵封爵之后，九弟的抑郁有增无减。我在金陵住了二十多日，自六月二十五至七月初八九，沅弟一直情绪低落，显然并不快乐。初十到二十日，我才察觉沅弟心怀似乎稍稍开朗一些，病情也逐日减轻了些。只是近来他与我相隔二十多天不见，他的情绪又重新忧闷郁结，病情又重新恢复旧样。我原定于初一日起程，之后前去金陵，家眷也在月初同去，并于二十一日呈递了奏折，向朝廷请示为沅弟告病开缺，回籍调理。沅弟若知道归期临近，或许可能有利于他的病情。不过起行最早也只能在十月，只能赶得上回家过年，至于十一月初三之前是不能抵达的了。

想必纪鸿已回到家了，在官署一年，他是否已沾染上贵公子习气？我家子侄，人人须以“勤俭”二字自勉，也许可长保家门盛美。仔细研读《汉书·霍光传》，就会知道有些名门望族之所以迅速败落的原因。再看金日磾、张安世二人的传记，并为后辈讲解，可以让他们有所警醒。即问近好。

涤生手示

同治三年八月二十四日

四八　谕纪泽纪鸿：所看之书可放言详问

【原文】

字谕纪泽、纪鸿儿：

闰五月三十日由龙克胜等带到尔二十三日一禀，六月一日由驲递到尔十八日一禀，具悉一切。罗家外孙既系漫惊风，则极难医治。

余于二十五六日渡洪泽湖面二百四十里，二十七日入淮。二十八日在五河停泊一日，等候旱队。二十九日抵临淮。闻刘省三于二十四日抵徐州，二十八日由徐州赴援雉河。英西林于二十六日攻克高炉集。雉河之军心益固，大约围可解矣。罗、张、朱等明日可以到此，刘松山初五六可到。余小住半月，当仍赴徐州也。

毛寄云年伯至清江，急欲与余一晤。余因太远，止其来临淮。

尔写信太短。近日所看之书，及领略古人文字意趣，尽可自摅所见，随时质正。前所示有气则有势，有识则有度，有情则有韵，有趣则有味，古人绝好文字，大约于此四者之中必有一长。尔所阅古文，何篇于何者为近？可放论而详问焉。鸿儿亦宜常常具禀，自述近日工夫。此示。

涤生手草

同治四年六月初一日

【译文】

字谕儿纪泽、纪鸿：

闰五月三十日，龙克胜等人捎带来了你二十三日所写的一封禀帖，六月一日驿站又送来你十八日的一封禀帖，从信中得悉一切。罗家外孙若是真得了漫惊风，确实就很难医治了。

二十五、二十六两日，我渡过洪泽湖面二百四十里，二十七日进入淮河流域。二十八日，船在五河停泊一天，以等候陆路人马。于二十九日到达临淮。听说刘省三已于二十四日到达徐州，二十八日又从徐州前去雉河救援。二十六日，英西林攻克了高炉集，从此雉河的军心大振，估计围困很快可以解除了。罗、张、朱等人明天就能够抵达，刘松山初五六就能到达。我小住半个月之后，当仍赴徐州。

毛寄云年伯已经到了清江浦，正急于赶来和我会面。不过清江浦距离此处路程太远，所以我已劝阻他来临淮。

你每次写来的信，篇幅都过于短小。你近日所研究的书，以及你所领略到的古人作品的思想和趣味，完全可以自由地抒发，也可以随时写信向我询问。我以前就曾经谈到过这个道理，有文气则有声势，有见识就有度量，有情感就有神韵，有趣则有味。凡是古人写出的好文章，这四条当中必定占有其中一条长处。你所阅读的古文，哪一篇和我说的哪一条的长处相吻合呢？尽管来信放开议论，详加探讨。鸿儿也要常常寄禀帖来，说说自己近日读书的情况。此示。

涤生手草

同治四年六月初一日

四九　谕纪泽纪鸿：少年文字，总归气象峥嵘

【原文】

字谕纪泽、纪鸿儿：

纪泽于陶诗之识度不能领会，试取《饮酒》二十首、《拟古》九首、《归田园居》五首、《咏贫士》七首等篇反复读之，若能窥其胸襟之广大，寄托之遥深，则知此公于圣贤豪杰皆已升堂入室。尔能寻其用意深处，下次试解说一二首寄来。

又问有一专长，是否须兼三者乃为合作。此则断断不能。韩无阴柔之美，欧无阳刚之美，况于他人而能兼之？凡言兼众长者，皆其一无所长者也。鸿儿言此表范围曲成，横竖相合，足见善于领会。至于纯熟文字，极力揣摩固属切实工夫，然少年文字，总贵气象峥嵘，东坡所谓蓬蓬勃勃如釜上气。古文如贾谊《治安策》、贾山《至言》、太史公《报任安书》、韩退之《原道》、柳子厚《封建论》、苏东坡《上神宗书》，时文如黄陶庵、吕晚村、袁简斋、曹寅谷，墨卷如《墨选观止》《乡墨精锐》中所选两排三迭之文，皆有最盛之气势。尔当兼在气势上用功，无徒在揣摩上用功。大约偶句多，单句少，段落多，分股少，莫拘场屋之格式。短或三五百字，长或八九百字千余字，皆无不可。虽系四书题，或用后世之史事，或论目今之时务，亦无不可。总须将气势展得开，笔仗使得强，乃不至于束缚拘滞，愈紧愈呆。

嗣后尔每月作五课揣摩之文，作一课气势之文。讲揣摩者送师阅改，讲气势者寄余阅改。四象表中，惟气势之属太阳者，最难能而可贵。古来文人虽偏于彼三者，而无不在气势上痛下工夫。两儿均宜勉之。此嘱。

同治四年七月初三日

【译文】

字谕儿纪泽、纪鸿：

从纪泽的诗中可见你对于陶渊明诗的见识气度还没有深层的领会，试取《饮酒》二十首、《拟古》九首、《归田园居》五首、《咏贫士》七首等篇反复地读，如果能从中领会陶渊明胸襟之广阔、寄托之深远，就会知道陶公对于圣贤豪杰之道造诣极深。你若能领悟到陶诗中的用意深远之处，下次试着解说其中的一两首，寄来给我看看。

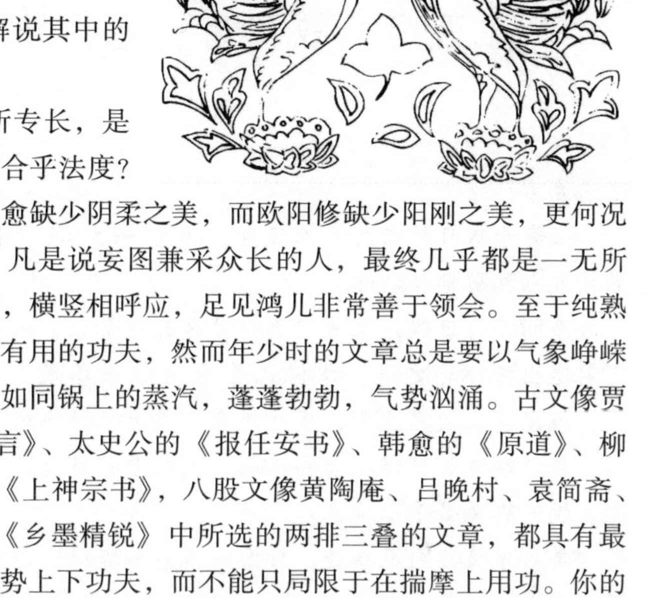

你又问我在某一方面有所专长，是否须兼有其他三个方面才能算合乎法度？这种想法绝对是不成立的。韩愈缺少阴柔之美，而欧阳修缺少阳刚之美，更何况是其他人，怎能兼而有之呢？凡是说妄图兼采众长的人，最终几乎都是一无所长。鸿儿说这一表格规范概括，横竖相呼应，足见鸿儿非常善于领会。至于纯熟的文字，极力揣摩固然是切实有用的功夫，然而年少时的文章总是要以气象峥嵘为贵，就如同苏东坡所说的，如同锅上的蒸汽，蓬蓬勃勃，气势汹涌。古文像贾谊的《治安策》、贯山的《至言》、太史公的《报任安书》、韩愈的《原道》、柳宗元的《封建论》、苏东坡的《上神宗书》，八股文像黄陶庵、吕晚村、袁简斋、曹寅谷，墨卷像《墨选观止》《乡墨精锐》中所选的两排三叠的文章，都具有最强盛的气势。你应该注重在气势上下功夫，而不能只局限于在揣摩上用功。你的习作大致上偶句较多而单句较少，段落较多而分股较少，其实也没必要总是拘泥于八股文的格式。作短文时，或者只有三五百字，长的或者八九百字、一千字，都是可以的。虽然是四书题，或者引用后代的史事，或者议论当今的现实，也都是可以的。总之都要在气势上尽量舒展，笔力要用得强健，只有这样才不至于受到束缚，以致越来越拘泥、呆滞。

以后你每个月要写出五篇揣摩的文章，作一篇有气势的文章。其中讲求揣摩的文章送给老师审阅批改，而讲求气势的文章务必送来给我审阅批改。四象表中，只有气势属太阳，是最难能可贵的。自古以来，文人虽然多偏重于另外三项，但无人不在气势上狠下功夫。因此希望两儿都要在气势上多加努力。此嘱。

同治四年七月初三日

五〇　致四弟：述养身之法有五事

【原文】

澄弟左右：

五月十八日接弟四月八日信，具悉一切。七十侄女移居县城，长与娘家人见面，或可稍解郁郁之怀。

乡间谷价日贱，禾豆畅茂，尤是升平景象，极慰极慰。此间军事，贼自三月下旬退出曹、郓之境，幸保山东运河以东各属，而仍蹂躏于曹、宋、徐、泗、凤、淮诸府，彼剿此窜，倏往忽来。直至五月下旬，张、牛各股始窜至周家口以西，任、赖各股始窜至太和以西。大约夏秋数月，山东、江苏可以高枕无忧，河南、皖、鄂又必手忙脚乱。

余拟于数日内至宿迁、桃源一带察看堤墙，即由水路上临淮而至周家口。盛暑而坐小船，是一极苦之事，因陆路多被水淹，雇车又甚不易，不得不改由水程。余老境日逼，勉强支持一年半载，实不能久当大任矣。因思吾兄弟体气皆不甚健，后辈子侄尤多虚弱，宜于平日请求养生之法，不可于临时乱投药剂。

养生之法，约有五事：一曰眠食有恒；二曰惩忿；三曰节欲；四曰每夜临睡洗脚；五曰每日两饭后各行三千步。惩忿，即余篇中所谓养生以少恼怒为本也。眠食有恒及洗脚二事，星冈公行之四十年，余亦学行七年矣。饭后三千步近日试行，自矢永不间断。弟从前劳苦太久，年近五十，愿将此五事立志行之，并劝沅弟与诸子侄行之。

余与沅弟同时封爵开府，门庭可谓极盛，然非可常恃之道。记得己亥正月，星冈公训竹亭公曰："宽一虽点翰林，我家仍靠作田为业，不可靠他吃饭。"此语最有道理，今亦当守此二语为命脉。望吾弟专在作田上用些工夫，辅之以书、蔬、鱼、猪、早、扫、考、宝八字，任凭家中如何贵盛，切莫全改道光初年之规模。

凡家道所以可久者，不恃一时之官爵，而恃长远之家规，不恃一二人之骤发，而恃大众之维持。我若有福罢官回家，当与弟竭力维持。老亲旧眷贫贱族党不可怠慢，待贫者亦与富者一般，当盛时预作衰时之想，自有深固之基矣。

同治五年六月初五日

【译文】

澄弟左右：

五月十八日接到你四月八日的来信，一切尽知。七十侄女搬到县城居住，经常可与娘家人见面，或许可稍稍消除心中的郁闷。

听说近来乡里谷价日益降低，田里的禾苗豆苗还是异常茂盛，俨然一派升平气象，令人心中十分快慰！这段时间，敌人自三月下旬退出曹、郓境内，幸保山东运河以东所属各县，但仍然蹂躏了曹、宋、徐、泗、凤、淮几府，此处清剿，彼处逃窜，就这样忽来忽去，流窜四地。直到五月下旬，张、牛各股，才窜到周家口以西。任、赖各股，才窜到太和以西。大约夏天秋天几个月，山东、江苏可以高枕无忧。河南、皖、鄂，又必会情势紧张，地方官自然又要手忙脚乱了。

我准备在几天内到宿迁、桃源一带视察堤墙。从水路去临淮而到周家口，盛暑坐小船，是很苦的差事。因为陆路多被水淹，雇车又很不容易，不得不改由水路；我年纪越来越接近于老境，勉强支持一年半载，实在不能再久担大任了。我想我们兄弟身体都不太好，后辈子侄尤其虚弱，要在平日讲求养身的方法，不可病急乱投医，更不能胡乱吃药。

养身之法，大约有五个方面：一是睡眠饮食有规律；二是制怒；三是节欲；四是每日临睡前洗脚；五是两餐饭后，各走三千步。制怒就是我所说的养生以少恼怒为本。眠食有恒、临睡洗脚二事，星冈公坚持了四十年，我也学习了七年，至于饭后三千步一事，我从近日起开始试行，并打算从此永不间断。弟弟年轻时太过劳苦，现也年近五十了，希望你能切实把这五个方面的事实践起来，并劝沅弟和子侄们实行。

我与沅弟同时封爵开府担任督抚，可说是门庭极盛一时，然而，这些虚名是不能长久倚仗的。记得己亥正月，星冈公训竹亭公说："宽一虽点翰林，我家仍然靠作田为业，不可靠他为生。"这话很有道理，今天也应当谨遵这句遗训并以此为全家的命脉。希望弟弟在作田上多加用心，辅以书、蔬、鱼、猪、早、扫、考、宝八个字，不管家里如何富贵兴盛，切不要改变道光初年的规模。

若要使家道长久兴盛，不可倚仗一时的官爵，而要以长远的家规为根本；不能倚仗一两个人的骤然发迹，而要以大众的维持为基础。我若有福苟活残年，待罢官回家之后，定当与弟弟同心竭力维持家道。老亲旧戚，贫困的族党，千万不可怠慢，无论贫困、富有，都要同等相待。兴盛之际也要想到衰落之时，这样自然可以为我曾家奠定深厚坚实的基础了。

同治五年六月初五日

插图版

曾国藩家书

持家理财篇

一　禀父母：询所寄之物及试帖温习

【原文】

男国藩跪禀父母亲大人万福金安：

二月廿三日发家信第三号，不知已收到否？正月所寄鹿脯想已到。三月初奉大人正月十二日手谕，具悉一切。又知附有布匹、腊肉等在黄茀卿处，第不知黄氏兄弟何日进京，又不知家中系专人送至省城，抑托人顺带也？

男在京身体如常，男妇亦清吉。九弟体已复元，前二月间因其初愈，每日只令写字养神。三月以来，仍理旧业，依去年功课。未服补剂，男分丸药六两与他吃，因年少不敢峻补。孙男女皆好，拟于三月间点牛痘。此间牛痘局系广东京官请名医设局积德，不索一钱，万无一失。

男近来每日习帖，不多看书。同年邀为试帖诗课，十日内作诗五首，用白折写好公评，以为明年考差之具。又吴子序同年有两弟在男处附课看文。又金台书院每月月课，男亦代人作文。因久荒制艺，不得不略为温习。

此刻光景已窘，幸每月可收公项房钱十五千，外些微挪借，即可过度。京城银钱比外间究为活动。

家中去年彻底澄清，余债无多，此真可喜。蕙妹仅存钱四百千，以二百在新窑食租，不知住何人屋？负薪汲水，又靠何人？率五素来文弱，何能习劳！后有家信，望将蕙妹家事琐细详书。余容后禀。

男谨呈

道光二十二年三月十一日

【译文】

男国藩跪禀父母亲大人万福金安：

儿子于二月二十三日所发的第三号家信，不知可否收到？今年正月托人带回的鹿脯估计已经收到了吧。三月初的时候接到了大人正月十二日所寄的亲笔信，从信中得悉了家中的一切事宜。而且还知道家中又托黄茀卿带来布匹、腊肉，只是还不知黄氏兄弟何时进京，信中也没有提及家中是派专人把所托之物送到省城黄家，还是顺便托人捎带而已？

近来儿在京身体一切正常，儿媳也是如此。九弟的身体已彻底痊愈，二月间他大病初愈之时，唯恐他劳神过度，每天只让他写字养神，静心休养而已。至三月以来，逐渐恢复如常，便让他继续温习去年的功课。最近并没有给他吃补药，只是分出儿子的六两丸药给他吃，原因是他的年纪还小，不敢一下让他进服太多的补药。您的孙子孙女都很健康，并准备三月份给他们点种牛痘。这里的牛痘馆是广东籍在京做官的人请名医所开，仅是为了积德行善，不收分文，而且万无一失。

儿近来依旧每日临帖习字，不多看书。同年好友经常邀请儿子一起试帖诗课，十日内便作了五首诗，用白折写好，由大家公开评议，也可为明年的在职官员考核做些必要的准备。另外同年好友吴子序有两个弟弟，近日常在儿处一起温习功课研习文章。还有金台书院每月的月课，儿子也要经常代人作文。近年来很少写八股文了，所以不得不略为温习一下，免得力不从心。近来家境很是拮据，状况日益窘迫，幸好每月可以收公家房钱十五千，外头再多少挪借些，勉强可以将就度日。京城里的银钱流动活泛，借借还还也比较容易。

让人高兴的事情是去年家中的旧债已经快要还清，剩下的一点儿债务也已为数不多了。只是担心蕙妹一人，她至多存了四百千钱，其中的两百要用来租房吃饭，还不知住的是谁家的房子？还有担柴打水之类的苦力，又靠何人分担？而且率五素来体弱无力，这些体力活何以承担啊！以后家里再来信，还望多提及一些蕙妹的事情，将她的家事尽量详细告知。其他的事情容后再禀。

男谨呈

道光二十二年三月十一日

二　禀父母：述家和万事兴

【原文】

男国藩跪禀：

父母亲大人万福金安。正月八日恭庆祖父母双寿，男去腊做寿屏二架，今年同乡送寿对者五人，拜寿来客四十人。早面四席，晚酒三席。未吃晚酒者，于十七日、廿日补请二席。又倩人画椿萱重荫图，观者无不称美。

男身体如常，新年应酬太繁，几至日不暇给。媳妇及孙儿女俱平安。正月十五，接到四弟、六弟信。四弟欲偕季弟从汪觉庵师游，六弟欲偕九弟至省城读书。男思大人家事日烦，必不能常在家塾照管诸弟，且四弟天分平常，断不可一日无师，讲书改诗文，断不可一课耽搁。伏望堂上大人俯从男等之请，即命四弟、季弟从觉庵师。其束脩银，男于八月付回，两弟自必加倍发奋矣。

六弟实不羁之才，乡间孤陋寡闻，断不足以启其见识而坚其志向。且少年英锐之气，不可久挫，六弟不得入学，既挫之矣；欲进京而男阻之，再挫之矣；若又不许肄业省城，则毋乃太挫其锐气乎？伏望堂上大人俯从男等之请，即命六弟、九弟下省读书，其费用，男于二月间付银廿两，至金竺虔家。

夫家和则福自生。若一家中，兄有言，弟无不从，弟有请，兄无不应，和气蒸蒸而家不兴者，未之有也；反是而不败者，亦未之有也。伏望大人察男之志，即此敬禀叔父大人，恕不另具。六弟将来必为叔父克家之子，即为吾族光大门第，可喜也。谨述一二，余俟续禀。

道光二十三年正月十六日

【译文】

儿子国藩跪着禀告：

父母亲大人万福金安。正月初八是祖父母的生日。为此，我去年腊月做了两架寿屏给他们祝寿。今年，祖父母生日那天，有五位同乡送来寿对，有四十人来我这里向两位老人拜寿。上午，我为他们做了四桌寿面，晚上，设了三桌酒席招待他们。没有来赴席的，我准备在十七日和二十日补请他们。此外，我还请人画了一幅“椿萱重荫图”，看到的人无不交口称赞。

我的身体如常，新年应酬太多，整日里没有空闲。媳妇和孙子孙女都平安。正月十五日，我收到四弟和六弟的来信。四弟想和季弟一起到汪觉庵先生家学习，六弟和九弟想到省城去读书。我想父亲的家务事已经很多，不可能天天在家塾管教他们，而且四弟的天分平常，不能一天没有老师的教导，给他讲书、批改诗文。所以我想请父亲答应他们的要求，立刻叫四弟、季弟拜觉庵为师。需要送给老师的酬金，我八月初带来。这样，我想两个弟弟一定会努力学习、奋发向上的。

六弟天资聪颖，很有前途，但乡间的见闻十分贫乏，不可能对他有太多启发，以促使他发奋上进。他现在年轻气盛，不能总受打击，上次没有考好，对他是个打击；随后想到京城来，被我阻止，对他又是个打击；如果这次再不许他到省城读书，定会大大挫伤他的锐气。请父亲答应他们吧。二月间我带二十两银子放在金竺虔家，作为他们的学习费用。

一家人如果和和气气，幸福生活便会如期而至。一家人若哥哥说话，弟弟都听，弟弟有什么要求，哥哥没有不答应的，这样和气的家，没有不兴旺的；反之，这个家就一定要败落。恳请父亲体谅我的这片心意，还请把我的意思转告叔叔，我就不另外给他写信了。六弟将来必定是继承叔叔家业的人，也是使我们曾家兴旺发达的人，这实在是叫人感到高兴。暂且说到这儿吧，别的话容后再叙。

道光二十三年正月十六日

三　禀祖父母：先馈赠亲戚族人

【原文】

孙国藩跪禀：

祖父母大人万福金安！

二月十四日，孙发第二号信，不知已收到否？孙身体平安，孙妇及曾孙男女皆好。

孙去年腊月十八曾寄信到家，言寄家银一千两，以六百为家中还债之用，以四百为馈赠亲族之用。其分赠数目，另载寄弟信中，以明不敢自专之义也。后接家信，知兑啸山百三十千，则此银已亏空一百矣。顷闻曾受恬丁艰，其借银恐难遽完，则又亏空一百矣。所存仅八百，而家中旧债尚多，馈赠亲族之银，系孙一人愚见，不知祖父母、父亲、叔父以为可行否？伏乞裁夺。

孙所以汲汲馈赠者，盖有二故。一则我家气运太盛，不可不格外小心，以为持盈保泰之道。旧债尽清，则好处太全，恐盈极生亏；留债不清，则好中不足，亦处乐之法也。二则各亲戚家皆贫，而年老者，今不略为资助，则他日不知何如。自孙入都后，如彭满舅曾祖、彭王姑母、欧阳岳祖母、江通十舅，已死数人矣。再过数年，则意中所欲馈赠之人，正不保何若矣！家中之债，今虽不还，后尚可还。赠人之举，今若不为，后必悔之。此二者，孙之愚见如此。

然孙少不更事，未能远谋，一切求祖父、叔父作主，孙断不敢擅自专权。其银待欧阳小岑南归，孙寄一大箱，衣物银两概寄渠处，孙认一半车钱。彼时再有信回。

孙谨禀

道光二十四年三月初十日

【译文】

孙儿国藩跪禀：

祖父母大人万福金安！

二月十四日孙子所寄出的第二号家信，不知道祖父母是否已经收到？孙子现在身体平安，孙妻及曾孙子们一切安好。

孙子去年腊月十八日曾寄信回家，说寄回家用银子一千两，其中六百两给家中还债，剩余四百两送给亲戚族人，分赠的数目另外写在给弟弟的信中，以示我不敢自作主张。后来接到家信得知给了啸山百三十千，这笔钱便亏空一百两了。刚才听说曾受恬家中有丧事，他借的钱恐怕不会很快就还，那不又亏空一百两吗？剩下的八百，家中的旧债还很多，恐怕就没有钱送给亲族了。把钱赠送亲族是我自己的愚见，不知祖父母大人、父亲、叔父认为这样做是不是可以？请你们斟酌后决定。

我之所以主张送钱给亲族，有两个原因，一是因为我家的气运太盛，不能不格外小心，这是保持盈泰的方法。旧账还尽，好处最全，恐怕盈极生亏，留点债不还清，那虽嫌美中不足，也是保持快乐心境的做法。二是因为各亲戚家都很穷困，而年老的，现在不略加资助，以后不知会怎样。自从我到京城以后，如彭满舅曾祖、彭王姑母、欧阳岳祖母、江通十舅，这几位都已经离世而去。再过几年，那些我们有心帮助的人，不知都会落得怎样的境遇。家中的债，今天虽不还，以后还可以还。帮助别人的事，今天不做，以后一定会后悔的！这两点，是孙儿的愚见。

我年轻不懂事，不会作长远的打算，请祖父、叔父做主，我绝不敢自作主张。这笔钱等欧阳小岑回湖南时，请他带去，另外还有一大箱衣物，我为他负担一半路费。钱和衣箱都先放在他家，到时候我还会写信回来请你们派人去取。

孙谨禀

道光二十四年三月初十日

四　致诸弟：劝四弟须奉勤为先

【原文】

四弟、九弟、季弟足下：

六月廿八日发第九号家信，想已收到。七月以来，京寓大小平安。癣疾虽头面微有痕迹，而于召见已绝无妨碍。从此不治，听之可也。

丁士无散馆，是诗中“皓月”误写“浩”字。胡家玉是赋中“先生”误写“先王”。

李竹屋今年在我家教书三个月，临行送他俸金，渠坚不肯受。其人知情知义，予仅送他褂料被面等物，竟未送银。渠出京后来信三次。予有信托立夫先生为渠荐馆。昨立夫先生信来，已请竹屋在署教读矣，可喜可慰。

耦庚先生革职，同乡莫不嗟叹。而渠屡次信来，绝不怪我，尤为可感可敬。

《岳阳楼记》，大约明年总可寄到。家中《五种遗规》，四弟须日日看之，句句学之。我所望于四弟者，惟此而已。

家中蒙祖父厚德余荫，我得忝列卿贰，若使兄弟妯娌不和睦，后辈子女无法则，则骄奢淫佚，立见消败。虽贵为宰相，何足取哉？我家祖父、父亲、叔父三位大人规矩极严，榜样极好，我辈踵而行之，极易为力。别家无好榜样者，岂可不遵行之而忍令坠落之乎？现在我不在家，一切望四弟作主。兄弟不和，四弟之罪也；妯娌不睦，四弟之罪也；后辈骄恣不法，四弟之罪也。我有三事奉劝四弟：一曰勤，二曰早起，三曰看《五种遗规》。四弟能信此三语，便是爱兄敬兄；若不信此三语，便是弁髦视兄。我家将来气象之兴衰，全系乎四弟一人之身。

六弟近来气性极和平，今年以来未曾动气，自是我家好气象。惟兄弟俱懒。我以有事而懒，六弟无事而亦懒，是我不甚满意处。若二人俱勤，则气象更兴旺矣。

吴、彭两寿文及小四书序、王待聘之父母家传，俱于八月付回，大约九月可到。

袁漱六处，予意已定将长女许与他，六弟已当面与他说过几次矣，想堂上大人断无不允。予意即于近日订庚，望四弟禀告堂上。陈岱云处姻事，予意尚有迟疑。前日四弟信来，写堂上允诺欢喜之意。筠仙已经看见，比书信告岱云矣。将来亦必成定局，而予意尚有一二分迟疑。

岱云丁艰，余拟送奠仪，多则五十，少则四十，别有对联之类，家中不必另致情也。余不尽言。

兄国藩手草

道光二十七年七月十八日

【译文】

四弟、九弟、季弟足下：

我于六月二十八日寄出的第九封家信，估计现在已经收到了。从七月以来，京城家中大小都平安无事。我的癣病虽然在脸上头上还残留些痕迹，但面对皇上的召见看来已无伤大雅了。所以从此不再刻意费心治疗，顺其自然即可。

丁士元在翰林院学习完毕，但是将诗中的“皓月”之“皓”误写成“浩”字。胡家玉的赋中的“先生”也误写成了“先王”。

今年，李竹屋在我家任教有三个月的时间，临行前我给他俸金的时候，他坚持不受，可见此人乃重情重义之人。我也没有勉强，最后只送给他褂子布料和被面等生活用品，没有坚持送他银钱。离开京城后，他共写了三次信来。我对他一直牵挂在心，所以写信拜托立夫先生为他另外推荐教书的地方。昨天立夫先生来信说，已请竹屋在署中教书了，这件事真是可喜可贺，让人又庆幸又欣慰。

不过耦庚先生被撤职一事，引起了同乡人的感叹。但是耦庚先生几次来信，都没有因此事怪罪于我，真是让人不由得感动和敬佩。

《岳阳楼记》估计到明年总是可以寄达的。家中的《五种遗规》，四弟必须每天翻看，逐句学习。我对四弟所期望的，也就是这个了。

家中承蒙祖父德高望重，我得以忝居高位，如果兄弟妯娌不和睦，晚辈子女无规矩，就会骄奢淫逸，衰败便会接踵而至。到时即使贵为宰相，又有何用处呢？我家祖父、父亲、叔父三位大人的要求甚严，堪称我辈的榜样，我们只要照着他们的样子去做就行了，这是极容易极省力的事情。别的人家没有这样的好榜样，也要自立门户，自立规矩，何况我家有祖父现成的榜样，难道愿意弃先辈的榜样不去遵照，而忍心目睹家道衰落吗？现在我不在家，一切须四弟做主。兄弟之间不和睦，是四弟的罪过；妯娌之间不团结，是四弟的过失；晚辈们骄横放纵

不知礼仪，是四弟的过错。我有三件事忠告四弟：一是勤奋，二是早起，三是看《五种遗规》。四弟若能记住这三句话，就是对我的敬重，如果不信这三句话，就是看不起我这个当兄长的。我们家以后的家业是兴旺还是衰败，全看四弟你的作为了。

近日来，六弟的脾气性格渐趋平和，这一年来也没动过气，这自然是我家的好气象。只是几位兄弟的缺点都是懒惰，这一点很是让人烦心。我是因为有很多事情牵累而显懒惰，而六弟整日无事可做，也时常犯懒惰的毛病，这是我很不满意的地方。如果两人都很勤劳，那家中气象自然愈加旺盛。

吴、彭处两幅寿文和小四书序言，王待聘的父母家传等文章，八月都已托人带回，估计九月就可以发到。

我已经打定主意把大女儿许配给袁漱六家，六弟也已当面和他谈过几次了，想来家中大人也不会有什么不同的意见。我打算尽快让他们定亲，望四弟将我的意思转告给家中的各位长辈。陈岱云处婚事，我至今仍犹豫不决。前段时间四弟来信说，家中大人已同意了这门亲事，而且皆大欢喜。筠仙已经看到了这封信，事后便写信将此事告知岱云。看来这门亲事将来也必成定局，只是我心里还有几分犹豫。

近日岱云家中老人去世，正筹备丧事。我准备送点儿奠礼钱，多则五十两，少则四十两，另外还有挽联等物。如此一来，家中就不必另外再送东西了。其他的就不多说了。

兄国藩手草

道光二十七年七月十八日

五　致诸弟：贤肖不在高位而在谨朴

【原文】

澄侯、温甫、子植、季洪足下：

四月十四日接到己酉三月初九所发第四号来信，次日又接到二月二十三所发第三号来信，其二月初四所发第二号信则已于前次三月十八接到矣，惟正月十六七所发第一号信则至今未接到。

京寓今年寄回之家书：正月初十发第一号（折弁），二月初八发第二号（折弁），二十六发第三号（折弁），三月初一发第四号（乔心农太守），大约五月初可到省；十九发第五号（折弁），四月十四发第六号（由陈竹伯观察），大约五月底可到省。《岳阳楼记》，竹伯走时尚未到手，是以未交渠。然一两月内，不少妥便，亦必可寄到家也。

祖父大人之病，日见日甚如此，为子孙者远隔数千里外，此心何能稍置！温弟去年若未归，此时在京，亦刻不能安矣。诸弟仰观父、叔纯孝之行，能人人竭力尽劳，服事堂上，此我家第一吉祥事。我在京寓，食膏粱而衣锦绣，竟不能效半点孙子之职；妻子皆安坐享用，不能分母亲之劳。每一念及，不觉汗下。

吾细思凡天下官宦之家，多只一代享用便尽。其子孙始而骄佚，继而流荡，终而沟壑，能庆延一二代者鲜矣。商贾之家，勤俭者能延三四代；耕读之家，谨朴者能延五六代；孝友之家，则可以绵延十代八代。我今赖祖宗之积累，少年早达，深恐其以一身享用殆尽，故教诸弟及儿辈，但愿其为耕读孝友之家，不愿其为仕宦之家。诸弟读书不可不多，用功不可不勤，切不可时时为科第仕宦起见。若不能看透此层道理，则虽巍科显宦，终算不得祖父之贤肖、我家之功臣。若能看透此道理，则我钦佩之至。

澄弟每以我升官得差，便谓我是肖子贤孙，殊不知此非贤肖也。如以此为贤肖，则李林甫、卢怀慎辈，何尝不位极人臣，舄奕一时，讵得谓之贤肖哉？予自问学浅识薄，谬膺高位，然所刻刻留心者，此时虽在宦海之中，却时作上岸之计。要令罢官家居之日，己身可以淡泊，妻子可以服劳，可以对祖父兄弟，可以对宗族乡党，如是而已。诸弟见我之立心制行与我所言有不符处，望时时切实箴规。至要至要。

鹿茸一药，我去腊甚想买就寄家，曾请漱六、岷樵两人买五六天，最后买得一架，定银九十两。而请人细看，尚云无力。其有力者，必须百余金，到南中则

直二百余金矣，然至少亦须四五两乃可奏效。今澄弟来书，言谭君送四五钱便有小效，则去年之不买就急寄，余之罪可胜悔哉！近日拟赶买一架付归。以父、叔之孝行推之，祖大人应可收药力之效。叔母之病，不知宜用何药？若南中难得者，望书信来京购买。

"安良会"极好。地方有盗贼，我家出力除之，正是我家此时应行之事。"细毛虫"之事，尚不过分，然必须到这田地方可动手。不然，则难免恃势欺压之名。既已惊动官长，故我特作书谢施梧冈，到家即封口送县可也。去年欧阳家之事，今亦作书谢伍仲常，送阳凌云，属其封口寄去可也。

澄弟寄俪裳书，无一字不合，蒋祝三信已交渠。兹有回信，家中可专人送至渠家，亦免得他父母悬望。予因身体不旺，生怕得病，万事废弛，抱疚之事甚多。本想诸弟一人来京帮我，因温、沅乡试在迩，澄又为家中必不可少之人，洪则年轻，一人不能来京；且祖大人未好，岂可一人再离膝下？只行俟明年再说。

希六之事，余必为之捐从九品。但恐秋间乃能上兑，乡试后南旋者乃可带照归耳。书不能详，余俟续寄。

国藩手草

道光二十九年四月十六日

【译文】

澄侯、温甫、子植、季洪足下：

四月十四日收到己酉年三月初九所寄出的第四封来信，第二天又收到二月二十三日所寄出的第三封来信，至于二月初四所寄出的第二封信也已于三月十八日收到了。只有正月十六七日所寄出的第一封信直到现在还未接到。

今年我自京城家中寄回的家信，有正月初十寄出的第一封（由信差带）、二月初八寄出的第二封（由信差带）、二月二十六日寄出的第三封（由信差带）、三月初一寄出的第四封（由乔心农太守带），大约五月初便可以到省城，三月十九日寄出的第五封（由信差带），四月十四日寄出的第六封（由陈竹伯观察带），大约五月底可到省城。竹伯走时，《岳阳楼记》还没有拿到手，所以没有托付他捎带回去。以后一两个月里，还有很多方便的机会，一定可以将其送回家的。

祖父大人的身体一日不如一日，身为孙子，却远在千里之外，这颗心如何能放得下！如果去年温弟留在京城不回去，此时也一定是时刻都不得安宁了。各位兄弟敬仰父亲、叔父的纯孝行为，时刻以他们为榜样，因此人人竭尽全力地服侍孝敬祖父，这是我们家第一等的好事。我身在京城家中，享受着佳肴美味、锦衣绸缎，却尽不到半点儿做孙子的责任，妻室儿女也都坐享其成，不能替母亲分担劳苦。每次想到这些，就不由得直冒冷汗，满心愧疚之意。

我经过认真的思考和总结之后发现，凡是天下官宦人家，多数都只能挥霍一代，很快就将其财富享用殆尽。他们的子孙开始骄奢淫逸，后来又放荡不羁，最后身陷欲望的沟壑不能自拔，能够延续一两代旺盛之势的实属罕见；商贾人家，勤俭的能延续三四代；耕读人家，谨慎淳朴的能延续五六代人；孝悌人家，则可以绵延十代八代。如今我仰仗着祖宗积下的德行，年纪尚轻便身居高位，深恐我一人将一生的财富享用完了，所以在此教导各位兄弟和孩子们，宁愿成为耕读孝友的人家，也不想成为仕宦人家。各位兄弟要尽量多读书，尽力做到用功勤奋，千万不能为了单纯的应试科举做官，一心求取功名。如果看不透这一层道理，即使科举高中，仕宦显赫，也算不得祖父的贤肖子孙，算不上是我曾家的有功之人；如果能看透这层道理，那我自然对你们深表钦佩。

如今我承蒙皇恩，得以升官受任，所以澄弟常因此就说我是贤肖子孙，其实不然。如果这样就可称为贤肖，那么李林甫、卢怀慎这样的人，位极人臣、显赫一时，岂不是最大的贤肖之人了？我扪心自问，学识浅薄，却有幸谬居高位，因此我常常留心提醒自己，目前虽然人在宦海之中，却时时要做好上岸的准备。要让我罢官回乡的时候，可以淡泊无求。到那时，妻子可以亲身从事劳动，可以对得起祖父兄弟，可以对得起宗族乡人，就这些也就足够了。各位兄弟如果发现我所想和所说的与我的实际行动有不相符合的地方，希望时刻实事求是地规劝我，这对我来说是很重要的。

鹿茸这一味药，去年腊月我很想买好就寄回家中。曾经请漱六、岷樵两人买了五六天，最后买到一架，说好的价钱是九十两银子。后来又请人仔细看了看，说药力不够。凡是有药效的，至少要一百多两银子，到了南方就价值二百多两银子了。不过最少也要吃四五两鹿茸才可能见效。现在澄弟来信说，谭君送来的四五钱，吃下去了就有点儿效果。那么去年没有买下来及时寄回去，真是我的罪过，如今后悔也无济于事了！现在只想尽快买一架寄回家，以弥补我的过失。以

父亲、叔父的纯孝行为推断，祖父大人的病体定可以收到药力的效果的。至于叔母的病，不知道应该用什么药，如果南方买不到药效明显的药物，希望尽快写信告知，以便在京城购买。

组织"安良会"这件事办得很好。地方上盗贼横行，我家出力剿灭他们，为百姓造福，正是最应该做的事。"细毛虫"之类的事，并不算过分，但必须到了不能忍受的地步方可动手。不然，就会落得仗势欺人的罪名。既然此事已经惊动了地方官员，所以我特意写信感谢施梧冈，寄到家后就封上信口送到县里即可。去年欧阳家的事情，现在也写了信去感谢伍仲常，请送给阳凌云，叮嘱他封好信口寄去。

澄弟寄给俪裳的信，字字合理恰当。日前蒋祝三的信已交给他，现在已有回信了，家里可专门派专人送到他家，免得让他的父亲总担心挂念。因为我身体不太舒服，总是害怕得病，所以很多事情都荒废了，因此深感抱歉内疚。本打算请兄弟中一人到京城来协助我处理各项事宜，但因为温弟、沅弟最近要参加乡试了，澄弟在家中有重任担当，不可或缺，而洪弟年纪尚小，所以目前找不到合适的人到京。更何况祖父大人病体未愈，人人在旁侍奉，这样的情况下哪里能够再有人离开他身边呢？此事只好等明年再议。

关于希六的事，我已经有了打算，一定要尽力为他谋求一个从九品的官职。不过也许要等到秋天才能将此事办妥。待乡试之后，才可托付南归之人将执照带回去。信中不能详细述说，其他的事等以后来信时再谈吧。

国藩手草

道光二十九年四月十六日

六　致诸弟：钱物可由叔父收存

【原文】

澄、温、植、洪四弟左右：

三月初四发第三号家信。其后初九日，予上一折，言兵饷事。适于是日皇上以粤西事棘，恐现在彼中者不堪寄此重托，特放赛中堂前往。以予折所言甚是，但目前难以遽行。命将折封存军机处，行粤西事定后再行办理。赛中堂清廉公正，名望素著，此行应可迅奏肤功。但湖南逼迫粤西，兵差过境，恐州县不免借此生端，不无一番蹂躏耳。

魏亚农以三月十三日出都，向予借银二十两，既系姻亲，又系黄生之侄，不能不借与渠。渠言到家后即行送交予家，未知果然否也。叔父前信要鹅毛管眼药并硇砂膏药，兹付回眼药百筒、膏药千张，交魏亚农带回，呈叔父收存，为时行方便之用，其折底亦付回查收。

澄弟在保定想有信交刘午峰处。昨刘有书寄子彦，而澄弟书未到，不解何故。已有信往保定去查矣。澄弟去后，吾极思念。偶自外归，辄至其房。早起辄寻其室，夜或遣人往呼。想弟在路途弥思我也。书不十一，余俟续具。

兄国藩手草

咸丰元年三月十二日

【译文】

澄、温、植、洪四弟左右：

三月初四我寄出了一封家信。之后的初九这一天，我便呈递上了一个奏折，谈论军饷的事。此时恰逢皇上处理广东西部的事情，而且十分棘手，又恐怕现在在那里主事的官员无力处理此事，便特地派赛中堂到那里去，他对奏折所讲的建议很是赞同，只是目前难以实行，于是命令把奏折封存在军机处，等粤西的事情平定后再来办理。赛中堂清廉公正，素来有很高的名声威望，他这次去一定可迅速取得成功，

但是湖南与粤西相邻近，兵差过境，恐怕州官、县官以此为借口生出事端，不免会欺压百姓一番。

三月十三日魏亚农要离开京城，来向我借了二十两银子。本来就是姻亲，而且他又是黄生的侄儿，不能不借给他。他说到家以后，便把银子还到家里，不知道是否实践诺言？叔父前次信中要鹅毛管眼药、硇砂膏药，现将此药一百筒、膏药一千张，交魏亚农带回，呈叔父收存，可以在平时方便使用，折底寄回查收。

澄弟在保定，想必有信交刘午峰处，昨天刘有信寄子彦，而澄弟的信没有

到，不知什么缘故。已写了信到保定查去了，澄弟去后，我对他很是想念。有时从外面回来，便常到他住房里看看。早晨起来也不由自主地去他的卧房察看，晚上还派人去喊他。一想弟弟在归家的路上，我心里就会很想念。其他的不一一写了，以后再写。

兄国藩手草

咸丰元年三月十二日

七　致诸弟：勤敬方能兴家

【原文】

澄、温、沅、季老弟左右：

湖北青抚台于今日入省城。所带兵勇，均不准其入城，在城外二十里扎营，大约不过五六千人。其所称难民数万在后随来者，亦未可信。此间供应数日，即给与途费，令其至荆州另立省城。此实未有之变局也。

邹心田处，已有札至县撤委。前胡维峰言邹心田可劝捐，余不知其即至堂之兄也。昨接父大人手谕始知之，故即札县撤之。胡维峰近不妥当，亦必屏斥之。余去年办清泉宁征义、宁宏才一案，其卷已送回家中，请澄弟查出，即日付来为要。

湖北失守，李鹤人之父（孟群，带广西水勇来者）想已殉难。鹤人方寸已乱，此刻无心办事。日内尚不能起行。至七月初旬乃可长征耳。余不一一。

诸弟在家教子侄，总须有勤敬二字。无论治世乱世，凡一家之中能勤能敬，未有不兴者，不勤不敬，未有不败者。至切至切。余深悔往日未能实行此二字也，千万叮嘱。澄弟向来本勤，但敬不足耳。阅历之后，应知此二字之不可须臾离也。

兄国藩手草

咸丰四年六月十八日

【译文】

澄、温、沅、季老弟左右：

今日，湖北青抚台率军进入省城，但所带的士兵，均不准许入城，只令他们在城外二十里扎营，人数大约五六千人。他所说有几万难民跟随在后，也不可信。我打算让他们再逗留几天，然后就打发给他们一些路途用费，命他们到荆州另立湖北省城。这样的变乱局面确实从未发生过。

邹心田那里，已有信札寄至县里，撤去委托他劝捐一事。以前胡维峰说邹心田可以劝捐，而我不知道邹就是至堂的兄长。昨天接到父亲大人的亲笔信才知道，所以就用信札通知县里撤去。胡维峰近来办事不妥当，我也必定会指斥他。我去年办理清泉宁征义、宁宏才一案，案卷已送回家中，请澄弟清查出来，并即日送来为要。

湖北失守，李鹤人之父（孟群，带领广西水兵的人）想来已经为国殉难。如今鹤人方寸已乱，定无心办事。所以我近日还不能起程出发，到七月上旬才可长征。其他的不一一说明了。

弟弟们在家训教子侄，最重要的是“勤敬”二字。无论是和平时期还是乱世纷争之时，凡一家之中能做到勤和敬，无不兴旺发达；若不勤不敬，则难逃衰败之运。千万牢记！过去没能够切实实行这两个字，如今我深深后悔，所以现在才对你们千叮万嘱。澄弟向来以一个勤字为先，只是敬做得还是不够。待你们有了阅历之后，就会发现这两个字是须臾不可离开的。

兄国藩手草

咸丰四年六月十八日

八　谕纪鸿：读书明理、勤俭自持

【原文】

字谕纪鸿儿：

家中人来营者，多称尔举止大方，余为少慰。凡人多望子孙为大官，余不愿为大官，但愿为读书明理之君子。勤俭自持，习劳习苦，可以处乐，可以处约。

此君子也。

余服官二十年，不敢稍染官宦气习，饮食起居，尚守寒素家风，极俭也可，略丰也可，太丰则吾不敢也。凡仕宦之家，由俭入奢易，由奢返俭难。尔年尚幼，切不可贪爱奢华，不可惯习懒惰。无论大家小家、士农工商，勤苦俭约，未有不兴，骄奢倦怠，未有不败。尔读书写字不可间断，早晨要早起，莫坠高曾祖考以来相传之家风。吾父吾叔，皆黎明即起，尔之所知也。

凡富贵功名，皆有命定，半由人力，半由天事。惟学作圣贤，全由自己作主，不与天命相干涉。吾有志学为圣贤，少时欠居敬工夫，至今犹不免偶有戏言戏动。尔宜举止端庄，言不妄发，则入德之基也。手谕。（时在江西抚州门外）

咸丰六年九月廿九夜

【译文】

字谕纪鸿儿：

从家中到军营来的人，都称赞你举止大方，我心里稍觉宽慰。别人大多希望自己的子孙做大官，我不愿自己的子孙做大官，只愿他们成为读书明理的君子。勤俭自持，习惯劳苦，可以享受安乐，也可适应俭约。这就是君子。

我为官已二十年有余，从不敢沾染一丝的官场习气，饮食起居，还恪守贫寒朴素的家风，特别节俭可以，稍为丰盛也行，太丰盛我就不敢了。凡是官宦家庭，由俭入奢易，由奢入俭难。你年纪尚小，切不可贪慕奢华的享受，不可养成懒惰的习惯。无论大家庭还是小家庭，士农工商，只要勤苦节俭，没有不兴盛的；若骄奢倦怠，没有不衰败的。你读书写字不能间断，早晨要早起，不要丢掉曾高祖以来历代承袭的家风。我的父亲叔父，都是黎明就起，这些你都是很清楚的。

富贵功名之类的得失，命里皆有定数，一半在人力，一半在天命。只有学做圣贤，才全靠自己努力，与天命没有什么相干。我有志师从圣贤，可年轻时候忽视了居家恭谨的修为，所以直到现在还免不了时有戏言和戏谑的行为。你应该举止端庄，言语谨慎，如此就能打好道德修养的基础。手谕。（时在江西抚州门外）

咸丰六年九月二十九夜

九　谕纪泽：勿浪掷光阴，应勤劳持家

【原文】

字谕纪泽儿：

胡二等来，接尔安禀，字画尚未长进。尔今年十八岁，齿已渐长，而学业未见其益。陈岱云姻伯之子号杏生者，今年入学，学院批其诗冠通场。渠系戊戌二月所生，比尔仅长一岁，以其无父无母家渐清贫，遂尔勤苦好学，少年成名。尔幸托祖父余荫，衣食丰适，宽然无虑，遂尔酣豢佚乐，不复以读书立身为事。古人云：劳则善心生，佚则淫心生。孟子云：生于忧患，死于安乐。吾虑尔之过于佚也。

新妇初来，宜教之入厨作羹，勤于纺织，不宜因其为富贵子女不事操作。大、二、三诸女已能做大鞋否？三姑一嫂，每年做鞋一双寄余，各表孝敬之忱，各争针凿之工；所织之布，做成衣袜寄来，余亦得察闺门以内之勤惰也。

余在军中不废学问，读书写字未甚间断，惜年老眼蒙，无甚长进。尔今未弱冠，一刻千金，切不可浪掷光阴。四年所买衡阳之田，可觅人售出，以银寄营，为归还李家款。父母存，不有私财，士庶人且然，况余身为卿大夫乎！

余癣疾复发，不似去秋之甚。李次青十七日在抚州败挫，已详寄沅浦函中。现在崇仁加意整顿，三十日获一胜仗。口粮缺乏，时有决裂之虞，深为焦灼。尔每次安禀详陈一切，不可草率，祖父大人之起居，合家之琐事，学堂之工课，均须详载。切切此谕。

咸丰六年十月初二日

【译文】

字谕纪泽儿：

胡二他们带来了你请安的信，看到你的书法没有进步，你今年都已经十八岁了，年龄在增大，学业却看不出明显的长进。陈岱云姻伯的孩子，号杏生，今年入学，老师对他写的诗评价甚高，说他诗冠通场。他生于戊戌年二月，比你只大一岁。他无父无母，家境清贫，但他能勤苦好学，终于少年成名。你多幸福，有祖父辈的荫庇，衣食不愁，心中没有什么可忧虑的，结果反使你安养逸乐，不再以读书自立作为自己的正业。古人云："劳则善心生，佚则淫心生。"孟子也说："生于忧患，死于安乐。"我真担心你过于安逸了。

你的媳妇刚嫁到我们家来，你要教她下厨房做饭做菜，经常纺织，不要以为她是富贵人家的子女，就不让做事。你的三个妹妹都会做鞋了吗？以后三个小姑一个嫂嫂每年要做一双鞋寄给我，以示孝心，要比比谁做得好；她们织的布要做成衣服、袜子一类的东西寄给我，我要通过这些东西来看看她们在家里是勤奋还是懒惰。

我在军中，也不荒废学问，读书和写字从来没有间断过。可惜的是我年纪大了，眼睛花了，所以没有什么长进。你现在还不到二十岁，一刻值千金，切不可浪费了光阴。咸丰四年在衡阳买的田，可找人帮忙卖掉，并把卖得的钱寄给我，归还欠李家的钱。父母健在时，做子女的不应该有自己的私产，不管是做官的还是老百姓都一样，何况我是个卿大夫，就更要这样做了。

我的癣疾又复发了，不过没有去年秋天那样厉害。李次青十六日在抚州打了败仗，详细情况我写在给沅甫的信中了。现在，崇仁县正在加紧整顿队伍，三十日打了一次胜仗；由于缺乏口粮，随时都有破败的可能，很让人焦急。你每次写信来，所有情况都要详细写上，不能草草了事；祖父的日常生活、家里的琐碎小事、学校里的功课，都要写清楚。千万要记住。

咸丰六年十月初二日

一〇　致诸弟：诸事不可不尽心

【原文】

澄侯、沅甫、季洪三位老弟左右：

四月十四日王上国来，接澄、沅信各一件。

日来上游信息何如？闻东安之贼窜至新宁，江、刘两家被害，并有贼踞江忠烈之屋。信否？沅弟初六日果起行否？

此间诸事如常。景德镇久未开仗，凯章与钤峰洎难和协。所派屈见田带平江老中营于初八日到湖口，与雪琴至交。水陆得渠二人，湖口应可保全矣。下游张国梁在江北浦口小挫一次，胜帅保定远大营亦屡次挫败。各处军事皆不甚得手。幸雨泽沾足，天心尚顺，当有转机。

家中一切，自沅弟去冬归去，规模大备。惟书、蔬、鱼、猪及扫屋、种竹等事，系祖父以来相传家法，无论世界之兴衰，此数事不可不尽心。朱见四先生向来能早起，又好洁有恒，此数事应可认真经理也。

九弟所谓过厚之处，此后余更当留心。顺问近好。

兄国藩手草

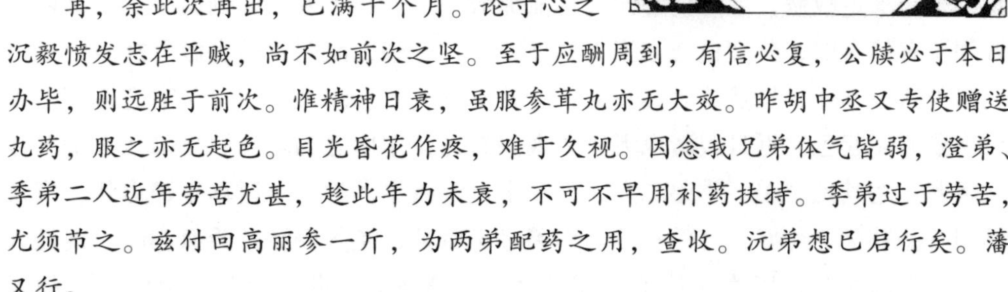

再，余此次再出，已满十个月。论寸心之沉毅愤发志在平贼，尚不如前次之坚。至于应酬周到，有信必复，公牍必于本日办毕，则远胜于前次。惟精神日衰，虽服参茸丸亦无大效。昨胡中丞又专使赠送丸药，服之亦无起色。目光昏花作疼，难于久视。因念我兄弟体气皆弱，澄弟、季弟二人近年劳苦尤甚，趁此年力未衰，不可不早用补药扶持。季弟过于劳苦，尤须节之。兹付回高丽参一斤，为两弟配药之用，查收。沅弟想已启行矣。藩又行。

正封缄间，接沅甫弟十五日自省发信。萧浚川亦有信。知魏喻义等败挫，衡城危迫。不知吾乡近状若何？余意吾家居万山之中，贼踪难到，似可不必迁移。盖乱世保全身家本非易事，若在本乡本土，纵然贼到，东山避一个，西屋寄一个，犹有可幸全之理。若徙至别处，反恐生意外之变。均听两弟临时斟酌。

沅甫信言五月初一二日可到抚州，届日再有专信。再问澄、季两弟近好。国藩又行。

咸丰九年四月廿三夜

【译文】

澄侯、沅甫、季洪三位老弟左右：

四月十四日王上国抵达，收到了澄弟和沅弟的信各一封。

近日上游的战况如何？听说东安一带的敌人窜到新宁，江、刘两家被害，甚至有敌军占领江忠烈之屋，这些说法是否属实？沅弟果真于初六日出发了吗？

我这里一切照旧，目前景德镇局面稳定，已久未有战事发生。凯章与钤峰向来难以共处。我已经派屈见田带领平江老中营队，于初八到湖口，他与雪琴是多年的至交。若水陆得到他二人协同作战，湖口必定可保无事。张国梁在下游江北浦口又遭受失败，胜帅（胜保）定远大营作战也屡次失利。可见各处军事似乎都不太顺利，幸好雨季已至，天意助我，定当有转机。

从沅弟去年冬天回去以后，家中需要办理的事情都变得有条有理，粗具规模，让人十分放心。唯有读书、种草、养鱼、喂猪和扫屋、种竹等事是从祖父以来相传家法，无论世事兴衰，这些事不可不尽心。朱见四先生向来有早起的习惯，而且喜好洁净，有恒心，有毅力，我认为上面这些事可交给他，他应该能够认真负责地打理。九弟在信中提到我有过于厚道之处，今后我要更加留心才是。顺问近好。

兄国藩手草

另外，自我复出之日算起，到如今已满十个月了，一直以寸草之心沉毅奋发，志在平定敌寇，但是信心没有从前那般坚定。不过人际应酬周旋之事，还是做到了有信必回，公文也必在当天办理完毕，这些方面倒比前次做得好。只是最近精神状态不佳，虽然饮服参茸丸，但并不见大效。昨天胡中丞又赠送丸药，服后也依旧无起色。近日眼睛也无法久视，有昏花作疼之感。我们兄弟几人个个体质虚弱，尤其是澄弟、季弟二人，近年来过于劳累，趁如今还算年轻力壮，应及早用一些补药调养好自己的身体。季弟过于劳苦，尤其要注意劳逸有度。现托人带回一斤高丽参，以为两位弟弟配药之用。请按数查收。想必沅弟已经起程了吧。藩又行。

信已写完打算封信时，恰巧接到沅甫弟十五日从省城发出的信，另外还有萧浚川寄来的信。从这两封信中得知魏喻义等出战不利，又吃了败仗，目前衡城正处于危急之中。不由担心起家乡近来的情况如何？我认为我们家群山环绕，敌兵很难到此，暂时不必考虑迁移。乱世之下，保全身家性命本非易事，如果在自己的地盘上，即使是敌兵来袭，东山躲一个，西屋藏一个，四处寻找隐蔽的栖身之地，还有可能侥幸存活；如果盲目迁移到别处，反倒会有意外的变化，无力控制。迁或不迁，要凭两位弟弟到时好好斟酌。

沅甫信中说五月初一、初二可到达抚州，到那天再写信来。再问候澄、季两弟近好。国藩又行。

咸丰九年四月二十三夜

一一　谕纪泽：思将儿女婚嫁早早料理

【原文】

字谕纪泽：

廿一日得家书，知尔至长沙一次，何不寄安禀来营？婚期改九月十六，余甚喜慰。余老境侵寻，颇思将儿女婚嫁早早料理。袁漱六亲家患咯血疾，昨专人走松江看视，若得复元，吾即思明春办大女儿嫁事。袁铁庵来我家时，尔禀问母亲，可以吾意商之。

京中书到时，有胡刻《通鉴》一部，留家中讲解，即将吾圈过一部寄来营可也。又汲古阁初印《五代史》一部，亦寄来。皮衣等件，速速寄来。吾买帖数十部，下次寄尔。此谕。

咸丰九年九月廿四日

【译文】

字谕纪泽：

二十一日我接到了你的家信，从此信中得知你最近曾到过长沙，为什么不写信告知呢？听说婚期已经改在九月十六日举行，我心里觉得很高兴，也很赞成这个决定。如今我年事已高，离世之日不远了，就希望早早把儿女的婚事办妥，尽早料理尽早安心。最近听说袁漱六亲家患上了咳血病，我昨天专门派人到松江去探望他的病情如何。如果能复原，我就想在明年春天操办大女儿的婚事。袁铁庵来我家的时候，你可向母亲禀告此事，把我的意思提出来一起商议之后再作定夺。

京城中的书籍运抵家中之后，其中有一部胡刻的《通鉴》，可留在家里讲解，只要把我圈点过的那一部寄到军营来就可以了。另外还有一部汲古阁初印的《五代史》也一并寄来。皮衣等御寒之衣物，尽早寄来。我买了几十部字帖，下次再寄给你。此谕。

咸丰九年九月二十四日

一二　谕纪泽：应早起、有恒、举止厚重

【原文】

字谕纪泽儿：

接尔十九、二十九日两禀，知喜事完毕，新妇能得尔母之欢，是即家庭之福。

我朝列圣相承，总是寅正即起，至今二百年不改。我家高曾祖考相传早起，吾得见竟希公、星冈公皆未明即起，冬寒起坐约一个时辰，始见天亮。吾父竹亭公亦甫黎明即起，有事则不待黎明，每夜必起看一二次不等，此尔所及见者也。余近亦黎明即起，思有以绍先人之家风。尔既冠授室，当以早起为第一先务。自力行之，亦率新妇力行之。

余生平坐无恒之弊，万事无成。德无成，业无成，已可深耻矣。逮办理军事，自矢靡他，中间本志变化，尤无恒之大者，用为内耻。尔欲稍有成就，须从有恒二字下手。

余尝细观星冈公仪表绝人，全在一重字。余行路容止亦颇重厚，盖取法于星冈公。尔之容止甚轻，是一大弊病，以后宜时时留心。无论行坐，均须重厚。早起也，有恒也，重也，三者皆尔最要之务。早起是先人之家法，无恒是吾身之大耻，不重是尔身之短处，故特谆谆戒之。

吾前一信答尔所问者三条，一字中换笔，一“敢告马走”，一注疏得失，言之颇详，尔来禀何以并未提及？以后凡接我教尔之言，宜条条禀复，不可疏略。此外教尔之事，则详于寄寅皆先生看读写作一缄中矣。此谕。

咸丰九年十月十四日

【译文】

字谕纪泽儿：

我已经收到你十九、二十九日的两次来信，得知喜事已经圆满完毕。很高兴听说新媳妇能让你的母亲欢心满意，这真是全家人的福气。

我朝历代圣明的国君，总是寅正就起床，至今两百年不变。我家从高曾祖父起就有早起的习惯相传，我曾亲眼见过竟希公、星冈公全都是天未亮就早早起床，冬天寒冷时也起床坐一个时辰，才见天亮。我的父亲竹亭公也天刚黎明就起床，如果有事就不等天亮，每夜必定起床看一两次，这些你一定也曾亲眼所见。近年来，我也已经习惯黎明即起，希望能继承先人的家风。你已成年，结婚，应当以早起为第一要务。自己身体力行，也应教新妇力行。

我此生的缺点就是没恒心，以致一事无成。德无成，业无成，心中满是遗憾和愧疚。直到开始操办军务，取代了此前的志向，其间本志发生变化，尤其以做事没有恒心为最大的问题，深以之为内心的耻辱。你若想要稍稍有所成就，一定要从“有恒”二字下手。

我曾经仔细观察星冈公，发现他之所以仪表超逾众人，原因就归结于一个重字。我自认为神情举止和走路的姿势还算稳重敦实，这些都是从星冈公身上学来的。你的举止言行很是轻浮，这是你一个很大的缺点，以后要注意改正，常常审视自己的行为，无论行走起坐，都要记住稳重二字。早起、有恒、稳重这三个方面是你当前要注意的最紧要的事情。早起是世代承袭的家风，没有恒心是我此生的遗憾和耻辱，而不稳重则是你最大的缺点，所以特别谆谆告诫你改掉这个毛病。

我上封信回答你问的三个问题：一是写字中途换笔，一是“敢告马走”，一是注疏得失。我在信中给你讲解得很详细，你的回信为什么没提到？以后凡是接到我教你的言论，都要逐条地详细答复，不可疏忽大意。除此以外我教你的东西，在我给寅皆先生有关看读写作的信中叙述得更为详细，你一定要细读。此谕。

咸丰九年十月十四日

一三　谕纪泽：时记勤敬二字

【原文】

字谕纪泽儿：

接尔元夕禀，知叔父大人病极沉重。余未在家，尔宜常至白玉堂服侍汤药，勤敬二字断不可忽。若在老宅而有倦色有肆容，则与不去无异。余往年在外多愧悔之端，近两年补救不少。至在家亦有愧悔者，尔为我补救可也。澄叔分居上腰里，应用粗细器皿须由下腰里分去。尔禀母亲雇工陆续送去。尔至长沙看贺岳母，须待叔祖病减乃去，禀商澄、沅二叔父遵行。

涤生手示

咸丰十年二月初四日

【译文】

字谕纪泽儿：

我已经收到你元夕写来的信，得知叔父大人病情继续恶化，心情极为沉重。现在我不能在家尽孝，你应当经常到白玉堂去侍奉他老人家。“勤敬”二字要谨记在心，绝不能忽视。如果在老宅侍奉之时，表现出丝毫的疲倦或懈怠，那就跟不去没什么不同了。过去在外为官处世，我做了不少令自己后悔不已的事，这两年我已经尽力补救了许多。另外，在家里发生的一些事也让我愧悔不已，这就要靠你在家尽力帮我弥补了。澄叔分居到上腰里，常用大小器皿要从下腰里分过去。你请示母亲后，就尽快雇人陆续送过去。你到长沙探望岳母一事应该暂缓，等叔祖病情好转后再去也不迟，要请示澄、沅两位叔父，商议好后再按他们说的执行。

涤生手示

咸丰十年二月初四日

一四　谕纪泽：治家八事，缺一不可

【原文】

字谕纪泽儿：

初一日接尔十六日禀，澄叔已移寓新居，则黄金堂老宅，尔为一家之主矣。昔吾祖星冈公最讲求治家之法，第一起早，第二打扫洁净，第三诚修祭祀，第四善待亲族邻里。凡亲族邻里来家，无不恭敬款接，有急必周济之，有讼必排解之，有喜必庆贺之，有疾必问，有丧必吊。此四事之外，于读书、种菜等事尤为刻刻留心，故余近写家信，常常提及书、蔬、鱼、猪四端者，盖祖父相传之家法也。尔现读书无暇，此八事，纵不能一一亲自经理，而不可不识得此意，请朱运四先生细心经理，八者缺一不可。其诚修祭祀一端，则必须尔母随时留心。凡器皿第一等好者留作祭祀之用，饮食第一等好者亦备祭祀之需。凡人家不讲究祭祀，纵然兴旺，亦不久长。至要至要。

尔所论看《文选》之法，不为无见。吾观汉魏文人，有二端最不可及：一曰训诂精确，二曰声调铿锵。《说文》训诂之学，自中唐以后人多不讲，宋以后说经尤不明故训，及至我朝巨儒始通小学。段茂堂、王怀祖两家，遂精研乎古人文字声音之本，乃知《文选》中古赋所用之字，无不典雅精当。尔若能熟读段、王两家之书，则知眼前常见之字，凡唐宋文人误用者，惟六经不误，《文选》中汉赋亦不误也。即以尔禀中所论《三都赋》言之，如“蔚若相如，皭若君平”，以一蔚字该括相如之文章，以一皭字该括君平之道德，此虽不尽关乎训诂，亦足见其下字之不苟矣。至声调之铿锵，如“开高轩以临山，列绮窗而瞰江”，“碧出苌弘之血，鸟生杜宇之魄”，“洗兵海岛，刷马江洲”，“数军实乎桂林之苑，

飧戎旅乎落星之楼”等句，音响节奏，皆后世所不能及。尔看《文选》，能从此二者用心，则渐有入理处矣。

作梅先生想已到家，尔宜恭敬款接。沅叔既已来营，则无人陪往益阳。闻胡宅专人至吾乡迎接，即请作梅独去可也。尔舅父牧云先生身体不甚耐劳，即请其无庸来营。吾此次无信，尔先致吾意，下次再行寄信。此嘱。

咸丰十年闰三月初四日

【译文】

字谕纪泽儿：

初一这天我收到你于十六日所写的来信，从信中得知澄叔已经乔迁新居了，如此一来，黄金堂的老房子就改由你掌管，你也算是一家之主了。从前我的祖父星冈公治家最讲究方法，第一是务必早起，第二是将屋宅打扫得干净整洁，第三是虔诚地祭祀，第四是善待亲族邻里。凡是亲戚邻居来到家中做客，无不恭恭敬敬地款待，有急事一定给予周济，有纠纷一定会去帮助排解，有喜庆的事一定前往庆贺，有丧事一定会去吊唁。除了上面所说的这四件事情之外，在读书、种菜这样的事上更是时刻留心，从不懈怠。因此近来我写的家信中，时常提到书、蔬、鱼、猪这四件事，这些都是我的祖父传下来的家法，要世代承袭。你现在正在读书，时间并不是很充裕，所以这八件事不能事必躬亲，即便如此，也要理解这八件事的深刻含义。劳烦朱运四先生悉心打理，这八件事件件重要，缺一不可。特别是虔诚祭祀一事，也必须提醒你母亲时时放在心上。凡是最好的器皿必须留下来以便祭祀用，最好的食品也必须为祭祀准备。凡是不讲究祭祀的人家，即使兴旺，也不会很长久的。这一点至关重要。

你所论述的看《文选》的方法也不是没有见地的。据我看来，汉魏时期的文人，有两点最不能望其项背的：一是训诂精确，二是声调铿锵。《说文》是训诂的学问，中唐以后大多数人都不再讲究训诂之学，宋代以后讲经尤其不重视，直到我朝，巨儒才开始精通小学。段茂堂、王怀祖两家，就精心研究古人文字声音的根本，才知道《文选》中古赋所用的字，无不典雅精当。你若能熟读段、王两家的书，就会发现如今文章中常用的字大都被唐宋的文人错用了。只有六经没有错，《文选》中的汉赋也基本无误。就拿你信中讲的《三都赋》来说，如“蔚若相如，皭若君平”，用一个“蔚”字概括相如的文章，用一个“皭”字概括君平的道德，这虽然不全部是有关训诂的，但至少可以说明他用字的态度是一丝不苟的。至于声调的铿锵，如“开高轩以临山，列绮窗而瞰江”，“碧出苌弘之血，鸟生杜宇之魄”，“洗兵海岛，刷马江洲”，“数军实乎桂林之苑，飨戎旅乎落星之楼”等句子，音响节奏，都是后世文人无法企及的。你研读《文选》应该从这两个方面下功夫，就能慢慢理解它的精深之处了。

估计作梅先生已经到我们家了，你应诚心恭敬地款待他。沅叔既然已经到达营中，那就无人陪他前去益阳了。不过我听说胡家会专门派人到我们家乡迎接，那就请作梅先生独自前往就行了。你舅父牧云先生身体不太好，就叫他不要到营中来了。我这次没给他写信，你代我向他转达这个意见，下次再给他写信。此嘱。

咸丰十年闰三月初四日

一五　致两弟：时以子侄辈骄傲为虑

【原文】

沅、季弟左右：

朱祖贵来，接沅弟信，强中营勇回，接沅、季二信，皆二十五六日所发。自二十七日以后，弟处发信，想皆因中途有警折回矣。日内不知北岸贼情何如，至为系念。此间鲍、张初二三并未开仗，唐桂生赴祁、建交界之区，亦未见贼也。

季弟赐纪泽途费太多。余给以二百金，实不为少。余在京十四年，从未得人二百金之赠，余亦未尝以此数赠人，虽由余交游太寡，而物力艰难亦可概见。

余家后辈子弟，全未见过艰苦模样，眼孔大，口气大，呼奴喝婢，习惯自然，骄傲之气入于膏肓而不自觉，吾深以为虑。前函以傲字箴规两弟，两弟不深信，犹能自省自惕；若以傲字诰诫子侄，则全然不解。盖自出世以来，只做过大，并未做过小，故一切茫然，不似两弟做过小，吃过苦也。

咸丰十年十月初四夜

【译文】

沅弟、季弟左右：

朱祖贵抵达营中，带回了沅弟的来信。强中营的士兵回来，又接到了沅弟、季弟所写的两封信，都是二十五六日发出的。自从二十七日以后，你们寄来的信都可能因路上有警又折回去了。近日不知北岸的敌情如何，特别挂念。这里鲍春霆、张运兰军初二三并未开战，唐桂生去祁县、建州交界的地方，也未遭遇敌人。

季弟赐给纪泽的路费太多，事先我已经给了他二百两银子，已经不少了。我在京城为官十四年，从未得到别人二百两银子的相赠，我也从没有赠送别人如此大的数目。这其中的原因固然是由于我交往太少，但物力财力的艰难，也由此可见一斑。

我家的后辈子弟，全都没有经历过艰苦贫困的生活，以致自视甚高，口气过硬，整日呼奴喝婢，最终形成固有的习惯。最让人忧虑的是他们的骄傲之气，已经病入膏肓还未能觉察到。上次我写信以“傲”字告诫你们两位兄弟，虽然你们不深信，但能反省警惕；而以“傲”字告诫子侄，他们则无动于衷。大概是他们自出生以来，只做过颐指气使的“娇儿”，从未做过低贱的事务，所以一切艰苦没有过亲身的体会，显得很茫然，不像两位弟弟做过低贱的事务，吃过一些苦。

咸丰十年十月初四夜

一六　谕纪泽纪鸿：须努力读书，不可积钱买田

【原文】

字谕儿纪泽、纪鸿：

泽儿在安庆所发各信及在黄石矶、湖口之信，均已接到。鸿儿所呈拟连珠体

寿文，初七日收到。

余以初九日出营至黟县查阅各岭，十四日归营，一切平安。鲍超、张凯章二军，自二十九、初四获胜后未再开仗。杨军门带水陆三千余人至南陵，破贼四十余垒，拔出陈大富一军。此近日最可喜之事。

英夷业已就抚，余九月六日请带兵北援一疏，奉旨无庸前往，余得一意办东南之事，家中尽可放心。

泽儿看书天分高，而文笔不甚劲挺，又说话太易，举止太轻，此次在祁门为日过浅，未将一轻字之弊除尽，以后须于说话走路时刻刻留心。鸿儿文笔劲健，可慰可喜。此次连珠文，先生改者若干字？拟体系何人主意？再行详禀告我。

银钱、田产最易长骄气逸气，我家中断不可积钱，断不可买田，尔兄弟努力读书，决不怕没饭吃。至嘱。澄叔处此次未写信，尔禀告之。

闻邓世兄读书甚有长进，顷阅贺寿之单帖寿禀，书法清润，兹付银十两，为邓世兄（汪汇）买书之资。此次未写信寄寅阶先生，前有信留明年教书，仍收到矣。

咸丰十年十月十六日

【译文】

字谕儿纪泽、纪鸿：

为父已经收到了泽儿在安庆、黄石矶、湖口所寄出的每封信。鸿儿呈递的连珠体寿文也已于初七收到。

初九那天我自军营出发，到黟县巡查各岭的防务工作，于十四日回到营中，一切都很顺利，平安无事。鲍超、张凯章两军于二十九日、初四日打了两个胜仗，之后就没有再与敌军作战。杨军门率领水陆军兵三千多人开往南陵，攻破敌军营垒四十多座，并救出了陈大富一军。这是近日来最值得高兴的消息了。

英国人已经接受安抚，九月六日，我向朝廷呈交了带兵北上增援的奏疏，现已经奉旨不必前去，这使我得以一心操办东南军务，家里人可以完全放心了。

泽儿喜爱读书，而且天分很高，但文笔的功力却显弱，说话又太随便，举止太轻浮。这次在祁门度过的时间太短，还没有改掉轻浮的毛病，今后一定要在言行举止方面时时注意。鸿儿的文笔更显刚健，值得表扬，真是让我高兴和欣慰。这次寄来的连珠文，先生为你改了多少字？总的体系是谁的主意？来信中要再次详细向我禀告此事。

银钱、田产最容易滋长骄气和惰性，所以家里千万不能积存过多的银钱，也不要置办田产，你们兄弟只要专心努力地读书做学问，绝不怕没有饭吃。至嘱。我这次没写信给澄叔，你们代我禀告他。

听说邓世兄最近读书进步很大，刚才看了祝寿的单帖寿禀，书法很是清润。现在我送他十两银子，作为邓世兄（汪汇）买书的钱。这次没有写信给寅阶先生，上次有信给他，请他明年继续留在家中教书，估计已经收到了。

咸丰十年十月十六日

一七　致四弟：子侄须教以谦勤

【原文】

澄侯四弟左右：

日内皖南局势大变。初一日德兴失守，初三日婺源失守，均经左季翁一军克复。初四日建德失守，而余与安庆通信之路断矣。十二日浮梁失守，而祁门粮米必经之路断矣。现调鲍镇六千人进攻浮梁，朱、唐三千人进攻建德。若不得手，则饷道一断，万事瓦裂，殊可危虑。

余忝窃高位，又窃虚名，生死之际，坦然怡然。惟部下兵勇四五万人，若因饷断而败，亦殊不忍坐视而不为之所。家中万事，余俱放心，惟子侄须教一勤字一谦字。谦者骄之反也，勤者佚之反也。骄奢淫佚四字，惟首尾二字尤宜切戒。至诸弟中外家居之法，则以考、宝、早、扫、书、蔬、鱼、猪八字为本，千万勿忘。顺问近好。

兄国藩手草

咸丰十年十一月十四日午刻

【译文】

澄侯四弟左右：

近些日子以来，皖南的局势发生了很大的变化。初一德兴失守，初三婺源失守，先后都由左季翁一军收复。初四建德又失守，导致我军与安庆之间的通信道路被切断。十二月，浮梁失守，祁门粮食的必经之路也被切断了。现调遣鲍镇六千精兵突袭浮梁，再派朱、唐三千人进攻建德。若此次进攻依然不能得手，那么粮饷通道一断，万事失去了根本，那便是最危险的时刻了。

我愧居高位，又徒有虚名，大难临头、生死危急之际，能够坦然面对。只是部下兵马四五万人，若因断粮饷而导致兵败，我又怎能忍心坐视而不采取行动呢？家中之事，我也没什么忧虑的。唯有告诫子侄，须谨记一个“勤”字，一个“谦”字。谦虚是骄傲的反面，勤劳是安逸的反面。骄奢淫逸四个字，首尾两个字尤其要切实戒掉。至于弟弟们在内在外的居家之法，就要以考、宝、早、扫、书、蔬、鱼、猪八字为根本，切记切记。顺问近好。

兄国藩手草

咸丰十年十一月十四日午刻

一八　致四弟：继承祖父“三不信”家风

【原文】

澄侯四弟左右：

十六日接弟十一月二十三日手书，并纪泽二十五日禀，具悉。弟病日就痊愈，至慰至幸。惟弟服药过多，又坚嘱泽儿请医守治，余颇不以为然。

吾祖星冈公在时，不信医药，不信僧巫，不信地仙。此三者，弟必能一一记忆。今我辈兄弟亦宜略法此意，以绍家风。今年白玉堂做道场一次，大夫第做道场二次，此外祷祀之事，闻亦常有，是不信僧巫一节，已失家风矣。买地至数千金之多，是不信地仙一节，又与家风相背。

至医药，则合家大小老幼，几于无人不药，无药不贵。迨至补药吃出毛病，

则又服凉药以攻伐之；阳药吃出毛病，则又服阴药以清润之，展转差误，不至大病大弱不止。弟今年春间多服补剂，夏末多服凉剂，冬间又多服清润之剂。余意欲劝弟少停药物，专用饮食调养。泽儿虽体弱，而保养之法，亦惟在慎饮食节嗜欲，断不在多服药也。

洪家地契，洪秋浦未到场押字，将来恐仍有口舌。地仙、僧巫二者，弟向来不甚深信，近日亦不免为习俗所移。以后尚祈卓识坚定，略存祖父家风为要。天下信地、信僧之人，曾见有一家不败者乎？北果公屋，余无银可捐。己亥冬，余登山踏勘，觉其渺茫也。

此间军事平安。左、鲍二人在鄱阳尚未开仗。祁门、黟县之贼，日内并未动作。顺问近好，并贺新喜。

国藩手草

咸丰十年十二月廿四日

【译文】

澄侯四弟左右：

我于十六日收到弟弟写于十一月二十三日手信以及纪泽二十五日的禀帖，信中的一切都已知悉。得知弟弟的病日益痊愈，心中很是欣慰。只是弟弟服药太多，又坚持让泽儿请医生专门治疗，我认为这样做并不是好事。

祖父星冈公在世时，不信医药，不信僧巫，不信地仙。这“三不信”想必弟弟都一一记得吧。现在我们这一辈的兄弟也应遵守祖父的遗训，以承继家风。今年白玉堂做了一次道场，大夫第做了两次道场，此外祈祷祭祀的事，听说也常有；这样，在不信僧巫这一点上，已失去家风了。买地花了几千两银子，在不信地仙这一点上，又与家风相违背了。至于医药，更是合家大小老幼，几乎没有一个不吃药的，而且没有一剂药是便宜的。补药吃出毛病了，就又服凉药来攻伐减克；阳药吃出毛病了，就又服阴药来清润调和，像这样辗转差错失误，非要搞得身体大病大弱才肯停止。弟今年春间多服补剂，夏末多服凉剂，冬间又多服清润之剂。我的意思想劝弟还是停一下药，专用饮食来调养身体。泽儿虽然体质弱，而保养的方法，也只是慎于饮食，节减嗜欲，绝不在于多服药。

洪家地契，洪秋浦没有到场押字，将来恐怕还有争执。地仙、僧巫这两点，弟向来不很相信，近来也不免被习俗改变自己的观念了。以后还望弟对卓越的看法保持坚定态度，保存祖父的家风，这是很重要的。天下信地、信僧的人，曾经见有哪一家不败亡的呢？北果公屋那里，我无钱可捐。己亥年冬天，我登山踏勘，觉得它很渺茫。

这里军事平安。左宗棠、鲍春霆两人在鄱阳还未开仗。祁门、黟县的敌人，近日内没有动作。顺问近好，并贺新禧。

国藩手草

咸丰十年十二月二十四日

一九　谕纪泽纪鸿：谨遵八本、三致祥

【原文】

字谕纪泽、纪鸿儿：

接二月廿三日信，知家中五宅平安，甚慰甚慰。

余以初三日至休宁县，即闻景德镇失守之信。初四日写家书，托九叔处寄湘，即言此间局势危急，恐难支持，然犹意力攻徽州，或可得手，即是一条生路。

初五日进攻，强中、湘前等营在西门挫败一次。十二日再行进攻，未能诱贼出仗。是夜二更，贼匪偷营劫村，强中、湘前等营大溃。凡去二十二营，其挫败者八营（强中三营、老湘三营、湘前一、震字一），其幸而完全无恙者十四营（老湘六、霆三、礼二、亲兵一、峰二），与咸丰四年十二月十二夜贼偷湖口水营情形相仿。

此次未挫之营较多，以寻常兵事言之，此尚为小挫，不甚伤元气。目下值局势万紧之际，四面梗塞，接济已断，加此一挫，军心尤大震动。所盼望者，左军能破景德镇、乐平之贼，鲍军能从湖口迅速来援，事或略有转机，否则不堪设想矣。

余自从军以来，即怀见危授命之志。丁、戊年在家抱病，常恐溘逝牖下，渝

我初志，失信于世。起复再出，意尤坚定。此次若遂不测，毫无牵恋。自念贫窭无知，官至一品，寿逾五十，薄有浮名，兼秉兵权，忝窃万分，夫复何憾！

惟古文与诗，二者用力颇深，探索颇苦，而未能介然用之，独辟康庄。古文尤确有依据，若遽先朝露，则寸心所得，遂成广陵之散。作字用功最浅，而近年亦略有入处。三者一无所成，不无耿耿。至行军本非余所长，兵贵奇而余太平，兵贵诈而余太直，岂能办此滔天之贼？即前此屡有克捷，已为侥幸，出于非望矣。

尔等长大之后，切不可涉历兵间，此事难于见功，易于造孽，尤易于诒万世口实。余久处行间，日日如坐针毡，所差不负吾心，不负所学者，未尝须臾忘爱民之意耳。近来阅历愈多，深谙督师之苦。尔曹惟当一意读书，不可从军，亦不必作官。

吾教子弟不离八本、三致祥。八者曰：读古书以训诂为本，作诗文以声调为本，养亲以得欢心为本，养生以少恼怒为本，立身以不妄语为本，治家以不晏起为本，居官以不要钱为本，行军以不扰民为本。三者曰：孝致祥，勤致祥，恕致祥。吾父竹亭公之教人，则专重孝字。其少壮敬亲，暮年爱亲，出于至诚，故吾纂墓志，仅叙一事。吾祖星冈公之教人，则有八字、三不信。八者曰：考、宝、早、扫、书、蔬、鱼、猪。三者曰僧巫，曰地仙，曰医药，皆不信也。

处兹乱世，银钱愈少，则愈可免祸；用度愈省，则愈可养福。尔兄弟奉母，除劳字俭字之外，别无安身之法。吾当军事极危，辄将此二字叮嘱一遍，此外亦别无遗训之语，尔可禀告诸叔及尔母无忘。

咸丰十一年三月十三日

【译文】

字谕儿纪泽、纪鸿：

我已经接到了二月二十三日寄来的信，得知家中五宅均平安无事，很是欣慰。

初三我抵达休宁县，听说了景德镇失守的消息。初四我写了一封家信，并托付九叔寄回湖南。信中说这里的战况很是危急，恐怕难以支持，但仍然主张进攻徽州，因为若此举可以得手，就可以开辟一条生路。于是初五开始进攻，强中、湘前等营在西门出师不利，遭到一次挫败。十二日再次进攻，却没有能引敌军出城交战。当天晚上二更之时，敌军却趁夜偷袭我军营地，强中、湘前等营损失惨重，一共去了二十二个营，遭挫败的有八个营（强中三营，老湘三营，湘前一

营，震字一营），其中有幸完好无损的只有十四个营（老湘六营，霆三营，礼二营，亲兵一营，峰二营），这次的战况与咸丰四年十二月十二日夜敌人偷袭湖口水营的情况极其相似。不过这次没有受挫的部队较多，就总的情况来看，这只能算是一次小败，还不至于大伤元气。目前的战局，正值万分危急之时，四面梗塞，给养接济也已经被切断，不幸又遭到这次的失败，难免军心震动。我现在最企盼的是左军能够尽快攻克景德镇、乐平之敌，鲍军能从湖口迅速赶来救援，只有这样，战况或许还能有所转变，否则后果将不堪设想。

自从军以来，我一直心怀临危受命的志向。丁戊年在家患病期间，我经常担心自己会就此死在家里，那我的志向将永远也无法得以施展，失信于当世之人。待病愈再次为官之后，更坚定了自己最初的志向。若这次因作战而遭遇不测，我也毫无牵挂。我自认此生学识贫乏，竟能官至一品，而且现在已经活过了五十个年头，薄有浮名，手掌兵权，感到惭愧万分，即使命丧于此，还有什么值得遗憾的！

只是古文与诗这两个方面，我都下了很大的功夫，苦苦研究，但未能很好地利用它们，另辟蹊径，成就一生的作为。尤其是在古文方面，我确实有自己独特的心得，如果承蒙先人的指点和润泽，将我心中所得展示出来，就会成为绝唱《广陵散》了。虽然早年在习字上所用的功最少，但近年来也渐渐有所领悟。如今三方面都没有什么建树，心中一直耿耿于怀。至于行军打仗，本来不是我所擅长的，兵贵奇而我太平，兵贵诈而我太直，这样的我如何能对付那些强大而又奸诈的敌人？虽然以前也小胜过多次，不过是侥幸而已，那已经超出我的意料了。

你们成年立业之时，万万不可从军。从军不但难以建功立业，而且很容易造成罪孽，更易于给后世留下口实。我身在行伍之中已久，每天仍是如坐针毡，幸好还不算辜负平生所学，时刻不忘记自己的爱民之心。近来阅历渐渐增多，深知指挥军队之苦。你们只当一心一意读书，不可从军，也不必做官。

我教育子弟要谨遵“八本”“三致祥”。这八本是：读古书要以训诂为本，作诗文要以声调为本，养亲要以得欢心为本，养生要以少恼怒为本，立身要以不

妄语为本，治家要以不晚起为本，居官要以不要钱为本，行军要以不扰民为本。三致祥是：孝致祥，勤致祥，恕致祥。我父亲竹亭公教育后辈，则重点侧重于孝字，少壮时敬亲，暮年时爱亲，都是出于至诚的孝心，因此我撰写墓志，只叙述这一件事。我祖父星冈公教育人，则是八字、三不信。八个字是：考、宝、早、扫、书、蔬、鱼、猪；三不信是：不信僧巫、不信地仙、不信医药。

身处乱世，银钱越少，越利于消灾免祸；用费越省，越利于修身养福。你兄弟侍奉母亲，除了“劳俭”二字以外，没有其他安身方法。目前正处于军事危急的境地，生死难料，我只就此二字叮嘱一遍，此外也别无遗训之语，你们可禀告叔叔们和你的母亲，千万别忘记了。

咸丰十一年三月十三日

二〇　致四弟：傲为凶德、惰为衰气

【原文】

澄侯四弟左右：

十三日刘德四、王厚一来，接弟信并纪泽儿信，具悉家中五宅平安。弟以捐事赴娄底一带，尚未集事否？

此间军事，四眼狗纠同五伪王救援安庆，其打先锋者十二已至集贤关。九弟屡信皆言坚守后濠，可保无虞。但能坚持十日半月之久，城中粮米必难再支，可期克复矣。

徽州六属俱平安，欠饷多者（凯）七个月，少者（左、朱、唐、沅、鲍）四五六月不等，幸军心尚未涣散。江西省城戒严。附近二三十里处处皆贼。余派鲍军往救，十一二应可到省。湖北之南岸已无一贼，北岸德安、随州等处有金、刘与成大吉三军，必可日有起色。

余癣疾未痊，日来天气亢燥，甚以为苦。幸公事勉强能了，近日无积搁之弊。总督关防、盐政印信于初四日到营，余即于初六日开用。

家中雇长沙园丁已到否？菜蔬茂盛否？诸子侄无傲气否？傲为凶德，惰为衰气，二者皆败家之道。戒惰莫如早起，戒傲莫如多走路、少坐轿，望弟时时留心儆戒。如闻我有傲惰之处，亦写信来规劝。即问近好。

国藩手草

咸丰十一年七月十四日

【译文】

澄侯四弟左右：

十三日刘德四、王厚一到了我这里，我收到了弟弟和纪泽儿写的信，得知家中五宅平安，家人无事。弟弟赴娄底一带进行筹捐一事，不知结果如何，是否成功？

下面我简单地介绍一下这里的军事状况。四眼狗（指李秀成）纠集五个伪王救援安庆，其前锋已于十二日到达集贤关。九弟几次来信都说坚守原来的濠沟，可以保证没有事。只要能坚守十天半个月之久，城中粮食一定难以支持，攻克安庆便有很大的希望。徽州六个属县都很平安，欠饷多的（凯军）七个月，欠饷少的（左、朱、唐、沅、鲍）四五六个月不等，幸而军心尚未涣散。江西省城戒严，附近二三十里，处处是敌。我派鲍军去救。湖北南岸，已没有一个敌人。北岸德安、随州等处，有金、刘与成大吉三军，一定可以一天天有起色。

我的癣疾没有好，近来天气极其干燥，很不好受。幸亏公事勉强可以处理下来，没有积压的公文。总督关防、盐政印信于初四到达营中，我打算初六那天开始启用。

家中雇用的长沙园丁不知是否已经到达家中？菜蔬的长势还好吗？各位子侄是否还有傲气？傲是凶德，惰为衰败气象，这两个东西都是败家之道。戒掉懒惰最好是早起，戒掉傲气最好是多走路、少坐轿，希望弟弟时刻留心训诫子侄。如果听到别人议论我也有傲惰之处，务必要写信规劝。即问近好。

国藩手草

咸丰十一年七月十四日

二一　谕纪泽：唯勤俭可以持久

【原文】

字谕纪泽儿：

昨见尔所作《说文》分韵解字凡例，喜尔今年甚有长进，固请莫君指示错处。莫君名友芝，字子偲，号郘亭，贵州辛卯举人，学问淹雅。丁未年在琉璃厂与余相见，心敬其人。七月来营，复得鬯谈。其学于考据、词章二者皆有本原，义理亦践修不苟。兹将渠批订尔所作之凡例寄去，余亦批示数处。

又寄银百五十两，合前寄之百金，均为大女儿于归之用。以二百金办奁具，以五十金为程仪，家中切不可另筹银钱，过于奢侈。遭此乱世，虽大富大贵，亦靠不住，惟勤俭二字可以持久。又寄丸药二小瓶，与尔母服食。

尔在家常能早起否？诸弟妹早起否？说话迟钝、行路厚重否？宜时时省记也。

涤生手示

咸丰十一年九月廿四日

【译文】

字谕纪泽儿：

昨天从来信中看到你所作的《说文》分韵解字凡例，对你今年这方面的学问能有这么大的长进，我心里很是欣慰，坚持请莫君指示不足之处。莫君名友芝，字子偲，号郘亭，贵州省辛卯年的举人，他的学识博大精深。丁未年，我们曾在琉璃厂会过一次面，从那以后对他的为人很是敬重。七月他又来到营中，我又有幸得以与他促膝长谈。在亲切的交谈中，我发现他在考据和辞章学方面都很有造诣，义理方面也认真修习过。现将他批订你所作的凡例寄去，我也批示了几处。

另外我又寄回家一百五十两银子，加上前次寄的一百两，都为大女儿出嫁所用。其中二百两用来置办嫁妆，剩下的五十两作程仪，家中切不可另外再为此筹集银钱，以免过于奢侈。不幸遭逢乱世，即使能够大富大贵，也靠不住，只有勤俭二字可以使家道长盛不衰。随信寄去了两小瓶丸药，留给你母亲服用。

你在家常能早起吗？弟妹们是否也能以你为榜样？你说话稳妥、走路厚重吗？应该时时反省自己，并牢记这两点。

涤生手示

咸丰十一年九月二十四日

二二　谕纪泽：望宽待袁婿，俟其改过

【原文】

字谕纪泽：

二十日接家信，系尔与澄叔五月初二所发，二十二日又接澄侯衡州一信，具悉五宅平安，三女嫁事已毕。

尔信极以袁婿为虑，余亦不料其遽尔学坏至此，余即日当作信教之。尔等在家却不宜过露痕迹，人所以稍顾体面者，冀人之敬重也。若人之傲惰鄙弃业已露出，则索性荡然无耻，拚弃不顾，甘与正人为仇，而以后不可救药矣。我家内外大小于袁婿处礼貌均不可疏忽，若久不悛改，将来或接至皖营，延师教之亦可。大约世家子弟，钱不可多，衣不可多，事虽至小，所关颇大。

此间各路军事平安。多将军赴援陕西，沅、季在金陵孤军无助，不无可虑，湖州于初三日失守。鲍攻宁国，恐难遽克。安徽亢旱，顷间三日大雨，人心始安。谷即在长沙采买，以后澄叔不必挂心。此次不另寄澄信，尔禀告之。此嘱。

同治元年五月廿四日

【译文】

字谕纪泽：

二十日我收到了家里的来信，是你和澄叔五月二日寄来的。二十二日又接到澄侯从衡州寄来的一封信，得知家中五宅平安，三女儿的婚事也已经办完。

你在来信中提及袁婿，很为他的现状担心，我没想到他这么快就堕落到如此地步，我今天就写信对他提出训诫。你们在家却不宜过分暴露厌恶的情绪，人之所以要稍稍顾些体面，是希望人们敬重自己。如果一个人的骄傲、懒惰、恶劣的

言行已经完全暴露于人前，他就会毫无顾忌，索性抛却所有的廉耻之心，不顾一切脸面，下定决心与正直的人为仇，到那时就会无可救药了。我家内外大小人等都应该对袁婿处处礼貌，如果他长期不悔改，将来或把他接到安徽的营中来，或请老师对他进行严格的教育。世家子弟，钱财和衣物都不能多，事情虽小，关系重大。

这里各路军事情况目前都平安。多将军已经开赴陕西增援，沅、季在金陵势单力薄，又没有援军相助，境况堪忧。初三湖州失守，鲍军进攻宁国，恐怕难以迅速攻克。安徽遭受大旱之灾，最近才下了三天大雨，人心才得以逐渐安定。谷物可以从长沙购买，以后澄叔不必为此事担心了。这次不另给澄叔写信了，你禀告他一下。此嘱。

同治元年五月二十四日

二三　谕纪鸿：衣食起居，勿沾富贵习气

【原文】

字谕纪鸿儿：

前闻尔县试幸列首选，为之欣慰。所寄各场文章，亦皆清润大方。昨接易芝生先生十三日信，知尔已到省。城市繁华之地，尔宜在寓中静坐，不可出外游戏征逐。

兹余函商郭意城先生，在于东征局兑银四百两，交尔在省为进学之用。如郭不在省，尔将此信至易芝生先生处借银亦可。印卷之费，向例两学及学书共三分，尔每分宜送钱百千。邓寅师处谢礼百两，邓十世兄处送银十两，助渠买书之资。余银数十两，为尔零用及略添衣物之需。

凡世家子弟衣食起居，无一不与寒士相同，庶可以成大器；若沾染富贵气习，则难望有成。吾忝为将相，而所有衣服不值三百金，愿尔等常守此俭朴之风，亦惜福之道也。其照例应用之钱，不宜过啬（谢廪保二十千，赏号亦略丰）。谒圣后，拜客数家，即行归里。今年不必乡试，一则尔工夫尚早，二则恐体弱难耐劳也。此谕。

涤生手示

再，尔县考诗有错平仄者。头场（末句移），二场（三句禁，仄声用者禁止禁戒也，平声用者犹云受不住也，谚云禁不起），三场（四句节俭仁惠崇系倒写否？十句逸仄声），五场（九、十句失粘）。过院考时，务将平仄一一检点，如有记不真者，则另换一字。抬头处亦宜细心。再谕。

同治元年五月廿七日

【译文】

字谕纪鸿儿：

不久前听说你参加了县试，而且有幸名列榜首，我感到很大的欣慰。你随信寄来的各场考试的文章，也都是值得称道的圆润大方之作。我昨天接到易芝生先生十三日的来信，得知你已经抵达省城。省城乃是繁华奢靡之地，你最好多在寓所中静坐，不要随便到外面去游玩。

我已经写信给郭意城先生，决定在东征局那里兑四百两银子交给你，作为你在省城进学的费用。如果郭先生不在省城，你拿这封信到易芝生先生那里借钱也行。印卷的费用，按惯例是两学和学书一共三份，你每份应送钱百千。邓寅师那里送银子一百两作为谢礼，邓十世兄那里，送十两银子，资助他多买点书，剩下的几十两银子，作为你的零用和略微添加些衣服的费用。

凡是世家子弟，饮食起居，无一不与寒士无异，也许可以成大器。如果沾染上富贵习气，就很难希望他有所成就。我虽忝为将相，但所有衣服合计不值三百两银子，希望你们常恪守俭朴的家风，这也是珍惜福分之道。照例要应用的银钱，也不要太过吝啬（谢禀保二十千，赏号也可稍微多一点儿）。拜谒圣人孔子以后，你拜客几家，就回家乡去。今年不要参加乡试了，一是因为你的工夫还早，二是恐怕你体质虚弱难耐劳苦。此谕。

泽生手示

还有，你在参加科考时所作的诗，有许多平仄错误之处。头场末句的“移”字；二场第三句的“禁”字，作为仄声使用时是禁止禁戒的意思，作为平声使用时才是受不住的意思，如俗话说的禁不起；三场第四句的“节俭仁惠崇”，是不是倒写？第十句“逸”仄声；第五场第九、十句失粘。在院试时，你务必对平仄一一进行检查，如有记不准确的地方，就另外换上一个字。最应该注意的地方就是开头处，要细心留意。再谕。

同治元年五月二十七日

二四　致沅弟：勿望各逞己见

【原文】

沅弟左右：

此次洋枪合用，前次解去之百支，果合用否？如有不合之处，一一指出，盖前次亦花大价钱买来，若过于吃亏，不能不一一与之申说也。

吾因近日办事，名望关系不浅，以鄂中疑季之言相告，弟则谓我不应述及。外间指摘吾家昆弟过恶，吾有所闻，自当一一告弟，明责婉劝，有则改之，无则加勉，岂可秘而不宣？鄂之于季，自系有意与之为难。名望所在，是非于是乎出，赏罚于是乎分，即饷之有无，亦于是乎判。

去冬金眉生被数人参劾，后至抄没其家，妻孥中夜露立，岂果有万分罪恶哉？

亦因名望所在，赏罚随之也。众口悠悠，初不知其所自起，亦不知其所由止。

有才者忿疑谤之无因，而悍然不顾，则谤且日腾；有德者畏疑谤之无因，而抑然自修，则谤亦日熄。吾愿弟等之抑然，不愿弟等之悍然。愿弟等敬听吾言，手足式好，同御外侮，不愿弟等各逞己见，于门内计较雌雄，反忘外患。

至阿兄忝窃高位，又窃虚名，时时有颠坠之虞。吾通阅古今人物，似此名位权势，能保全善终者极少。深恐吾全盛之时，不克庇荫弟等，吾颠坠之际，或致连累弟等，惟于无事时，常以危词苦语，互相劝诫，庶几免于大戾。

酷热不能治事，深以为苦。

同治元年六月廿日

【译文】

沅弟左右：

这次的洋枪很好用，前次解送去的一百支，也好用吗？如有不好用的地方，请一一指出。因为前次的洋枪也是花大价钱买来的，如果太吃亏，不能不向卖方申诉，讨个说法。

我因近来办事有些名望，关系网深厚了，故将湖北怀疑季弟一事告诉了你，你反说我不该说起外面指责我家弟兄的过错。我听到的当然应该都告诉你们，直言责备，婉言规劝，有则改之，无则加勉，怎么可以秘而不宣呢？湖北省对季弟，确有故意刁难的一面。不过也要看到，有了名望，是非就会多起来，赏罚就会有是否分明的问题，就是提出给不给饷银的事，也会有所议论。

去年冬天金眉生被几个人告了以后，他家被抄没了，妻儿被赶出来，半夜里站在外面，难道他真有万分的罪恶吗？同样也是有了名望，赏罚也就跟着来了。众口纷纭，不知道什么时候开始，也不知道什么时候停止。有才能的人虽然对无端的怀疑诽谤会愤愤不平，但也容易悍然不顾，从而使得诽谤一天天蔓延开来。真正有道德的人，因为害怕无端的怀疑诽谤，便只知极力抑制自己，力行修养，从而使诽谤一天天停息下来。我希望你们要抑制自己，不要悍然不顾。听我的话，搞好兄弟间的关系，共同抵御外来的侵害，不希望你在家门内固执己见，争论谁雄谁雌，反把外面的侵害忘了。

我虽然身居高位，广有声名，可是我随时都在担心着会跌坠下来。我在书上看到许多位尊权重的古今人物，能够保持善始善终的太少。我实在担心在全盛之时，不能保护你们。等到我跌坠下来的那一天，可能还要连累你们。所以在没有事的时候，用些吓人的话、逆耳的话来互相劝诫，这也是为了避免发生重大的不幸。

天气酷热，不能处理事务，深深体会到了其中的苦楚。

同治元年六月二十日

二五　致两弟：宜早起、务农、疏医、远巫

【原文】

沅、季弟左右：

久不接来信，不知季病痊愈否？各营平安否？

东征局专解沅饷五万，上海许解四万，至今尚未到皖。阅新闻纸，其中一条言何根云六月初七正法，读之悚惧惆怅。

余去岁腊尾买鹿茸一架，银百九十两，嫌其太贵，今年身体较好，未服补药，亦未吃丸药。兹将此茸药送至金陵，沅弟配制后，与季弟分食之。中秋凉后，或可渐服，但偶有伤风微恙，则不宜服。

余阅历已久，觉有病时断不可吃药，无病时可偶服补剂调理，亦不可多。吴彤云大病二十日，竟以不药而愈，邓寅皆终身多病，未尝服药一次。季弟病时好服药，且好易方，沅弟服补剂，失之太多，故余切戒之，望弟牢记之。

弟营起极早，饭后始天明，甚为喜慰。吾辈仰法家训，惟早起、务农、疏医、远巫四者尤为切要。

同治元年七月廿五日

【译文】

沅、季弟左右：

很久没有收到你们的来信，不知季弟的病是否痊愈？各营是否平安？

东征局派专人解送给沅弟的五万军饷，还有上海许诺的四万军饷，至今还未送达安徽。近来看新闻纸上有一条消息说：何根云于六月七日被正法，读后令人悚然恐惧，惆怅不已。

我去年年底买了一架鹿茸，用去一百九十两银子，后来觉得花费太多，有些贵了。今年身体状况还好，并未进服补药，丸药也很少服用。现将这架鹿茸送到金陵，待沅弟配制之后，与季弟分享吧。中秋节天气渐凉之后，可以慢慢服用，若偶尔有伤风小病，则不宜服用。

我在这方面的经历颇丰，我认为，患病之时，绝不可以随便滥服药物，倒是没病时可以偶尔服些补剂调理身体，不过也不可太多。吴彤云身患重疾二十天，竟然不吃药就康复了；邓寅皆一辈子多病，却没有吃过一次药。季弟生病时总爱吃药，并且经常更换药方，沅弟进服的补药也有些过量，因此我很坚定地规劝你们，少服药品，望弟弟们能牢记在心。

听说弟弟在营中晨起的时间很早，待早饭后天才开始放亮，这一点让我十分欣慰。我辈应该效法家训，其中早起、务农、疏医、远巫四者最为重要。

同治元年七月二十五日

二六　致澄弟：盛时宜作衰时想

【原文】

澄弟左右：

沅、霆两军病疫，迄未稍愈。宁国各属军民死亡相继，道殣相望，河中积尸生虫，往往缘船而上，河水及井水皆不可食。其有力者，用舟载水于数百里之外。臭秽之气中人，十病八九。诚宇宙之大劫，军行之奇苦也。

洪容海投诚后，其党黄、朱等目复叛，广德州既得复失，金柱关常有贼窥伺，近闻增至三四万人，深可危虑。余心所悬念者，惟此二处。

余体气平安。惟不能多说话，稍多则气竭神乏，公事积搁，恐不免于贻误。弟体亦不甚旺，总宜好好静养。莫买田产，莫管公事。吾所嘱者，二语而已。盛

时常作衰时想，上场当念下场时，富贵人家，不可不牢记此二语也。

同治元年闰八月初四日

【译文】

澄弟左右：

沅、霆两军中暴发的病疫，至今未见稍为好转的迹象。宁国各地的军民都相继死亡，道上尽是尸体，河沟内积尸腐烂生虫，甚至沿船边往上爬，以致河水、井水都已经被污染，无法饮用，还有些体力的人，只好到几百里外用船载水。又臭又脏的秽气浸入人的身体，十人有八九人都会染上流行的病疫。这真是天下人的大劫，军旅生涯罕见的苦难啊。

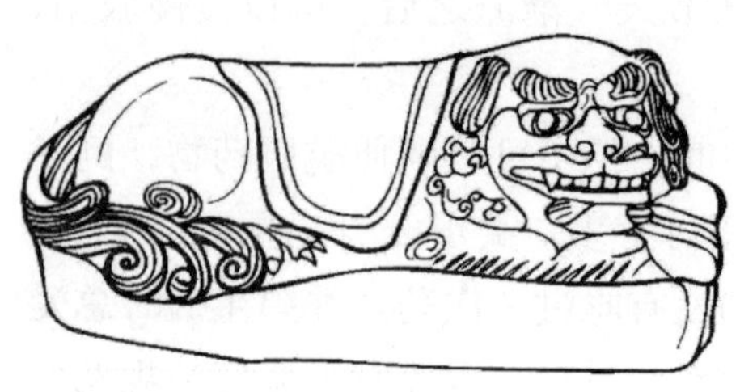

洪容海投诚以后，他的党羽黄、朱等头目再次叛变了。广德州得而复失，金柱关常有敌人在旁窥探，近日听说敌军增加到三四万人，可见战况实在让人担忧。我心中所挂念的，就是上面所说的这两件事。

近日我身体无恙，只是不便多说话，话语稍多一些就心虚气短，所以公事积压在案，恐怕会有些延误。弟弟的身体也不算很健壮，还是应该用心静养。不要买田产，也莫管公事。我要叮嘱你的，就这两句话而已：兴盛时期常为衰落时期作必要打算，上场时也应当想到下场时。富贵人家，一定要在心中切记这两句话。

同治元年八月初四日

二七　致澄弟：望教子侄习劳早起

【原文】

澄弟左右：

三次寄缄论季弟丧事，想均接到。闻季弟灵榇尚在西梁山一带，不知何日始达安庆？皖北暂有平稳之象，惟鲍军十分危急。鲍若不支，则宁郡之老湘营亦必难守。宁若不支，则徽州亦难久守。日夜忧灼，无可设法。

余以军务处处棘手，又遭季弟之变，寸心如焚。纪泽须留家中办季弟大事，二三月尚不能来营。但望军事稍顺，则余怀可渐渐舒畅矣。季弟柩过安庆，余欲留停二十天，一则多漆几次，二则到家后不进曹禾冲等屋，直进马公塘，则一切丧礼应行之仪注，即在安庆行之。且待到此后，再行斟酌。

家中诸子侄，望弟概教之习劳起早，不轻服药，一切照星冈公在日规矩。至嘱至嘱。

同治元年十二月初四日

【译文】

澄弟左右：

我曾经三次寄信与你，谈论季弟的丧事，估计都已经收到了吧。听说季弟的灵柩还在西梁山一带滞留，不知何时才能运抵安庆。皖北的军事状况暂时还比较稳定，只是鲍军十分危急。鲍军如无力支撑，那么宁郡的老湘营也必然难以坚守；宁郡若坚守不住，那么徽州的防守也必然难以长久。我为此事日夜焦虑，却苦于无计可施。

因为军务处处棘手，不巧又遭遇季弟的不幸，我近来是忧心如焚。纪泽须留在家中办季弟的丧事，二三月还不能来营中。只希望军事上能够稍微顺利一些，我心中方能稍微畅快一点儿。季弟的灵柩运抵安庆时，我打算将其停留二十天，一是为了多油漆几遍，二是为了到家后不进曹禾冲等屋，直接安葬在马公塘。一切丧礼应行的礼仪，都在安庆进行。待到达之后，再斟酌处理。

希望弟弟能够教导家中的子侄们，都要早起劳动、学习，不轻易服食药物，一切按照星冈公在世时的规矩行事。至嘱至嘱。

同治元年十二月初四日

二八　致澄弟：累世俭朴之风不可尽改

【原文】

澄弟左右：

接弟三月二十五日县城发信，知已由长沙归，带陈婿夫妇回门。希庵之病，

不知近日何如？此间望之真如望岁矣。

六安州以初六日解围，闻伪忠王因太仓州为少荃中丞所克，遂率大股回援苏州，不复上犯湖北。鄂之幸，亦余之幸也。鲍军现由庐州进攻巢县，萧为则与彭杏南初九日攻破铜夸闸，毛竹丹、刘南云初七日攻破东关，北岸之事大有转机。苗沛霖复叛，攻围寿州已半月，尚能坚守。城中仅五百人，苗之伎俩实不足畏也。南岸芜湖、金柱关、宁国皆极平稳，徽州近日亦松，江西之北边亦不致被贼冲入，皆可喜之事。饷银虽极缺乏，然米粮充足，除度五、六、七荒月外，大约可剩谷二万余石。

余身体平安，入夏瞌睡甚多。欧阳凌云于初八日赴金陵，晓岑于十一日抵皖。泽儿果起行东来否？如其来营，必约金二外甥与袁婿同来。甥到此读书可豁眼界，婿亦可略就范围耳。闻弟居家用费甚奢，务宜收啬，累世俭朴之风，不可尽改。至嘱至嘱。

即问近好。

兄国藩手草

同治二年四月十四日

【译文】

澄弟左右：

我已经收到你三月二十五日从县城发出的信，从信中得知你已从长沙回来，并带陈婿夫妇回门。希庵的病情，不知近日如何？我在这里日夜盼望他的消息，真是度日如年啊！

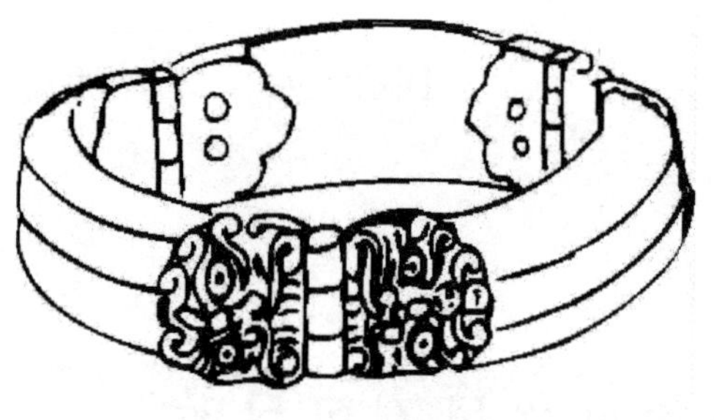

六安州于本月六日解围，听说伪忠王李秀成因为太仓州被少荃中丞攻克，于是率领大部兵力回救苏州，无力再向上游进犯湖北了。这是湖北的幸运，也是我的幸运。鲍军现在从庐州进攻巢县，本月九日，萧为则与彭杏南攻下了桐城闸，毛竹丹、刘南云在初七那天攻破东关，北岸的局势有了很大的转机。苗沛霖又再次叛变了，围攻寿州已半月有余，城中军兵还能够坚守。城中只有五百士兵，苗的伎俩根本不足为惧。南岸芜湖、金柱关、宁国都很平安，徽州近几天也可以稍稍松一口气了，江西的北边近期内不会被敌军攻占，这些都是让人高兴的事。目前饷银虽然十分短缺，但是粮食储备还很充足，除了可以度过五、六、七三个荒月之外，估计还可以剩下两万多石谷子。

我身体平安，入夏后瞌睡很重，总爱睡觉。本月八日，欧阳凌云到达金陵，十一日，晓岑到达安徽。泽儿是否确实起程向东而来？如果他果真要到营中来，务必让他约金二外甥与袁婿一同前来。外甥到这里来读书，可以扩展一下他的眼界，在这里袁婿也可以稍微规矩些。听说你现在日常家居很是奢侈，一定要严加收敛。我们家世代承袭勤俭朴素的家风，无论何时也不能背离。再三嘱咐此事。

即问近好。

兄国藩手草

同治二年四月十四日

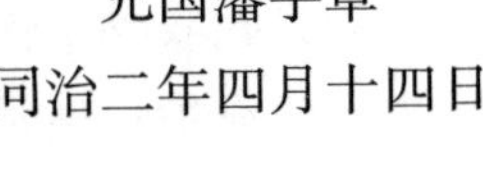

二九　谕纪瑞：勿忘专心读书、勤俭持家

【原文】

字寄纪瑞侄左右：

前接吾侄来信，字迹端秀，知近日大有长进。纪鸿奉母来此，询及一切，知侄身体业已长成，孝友谨慎，至以为慰。

吾家累世以来，孝悌勤俭。辅臣公以上吾不及见，竟希公、星冈公皆未明即起，竟日无片刻暇逸。竟希公少时在陈氏宗祠读书，正月上学，辅臣公给钱一百，为零用之需。五月归时，仅用去一文，尚余九十九文还其父。其俭如此。星冈公当孙入翰林之后，犹亲自种菜收粪。吾父竹亭公之勤俭，则尔等所及见也。今家中境地虽渐宽裕，侄与诸昆弟切不可忘却先世之艰难，有福不可享尽，有势不可使尽。勤字工夫，第一贵早起，第二贵有恒；俭字工夫，第一莫着华丽衣服，第二莫多用仆婢雇工。凡将相无种，圣贤豪杰亦无种，只要人肯立志，都可以做得到的。侄等处最顺之境，当最富之年，明年又从最贤之师，但须立定志向，何事不可成？何人不可作？愿吾侄早勉之也。

荫生尚算正途功名，可以考御史。待侄十八九岁，即与纪泽同进京应考。然

侄此际专心读书，宜以八股试帖为要，不可专恃荫生为基，总以乡试会试能到榜前，益为门户之光。

纪官闻甚聪慧，侄亦以立志二字，兄弟互相劝勉，则日进无疆矣。顺问近好。

涤生手示

同治二年十二月十四日

【译文】

字寄纪瑞侄左右：

近日我收到了侄儿的来信，只见字体端庄清秀，可知近来你的学问有很大的进步。纪鸿护送他母亲来到这里，我向他询问了一切，得知侄儿已长大成人，孝友谨慎，我很是欣慰。

我家世世代代孝悌勤俭。辅臣公以上的老人我没见过，竟希公、星冈公都是天没亮就起床，一天到晚没有片刻闲暇。竟希公年少时在陈氏宗祠读书，正月里开学，辅臣公给他铜钱一百文作零用钱，到五月份回家时，只用去一文钱，还剩九十九文又交还其父，可见他年幼时就是如此节俭。星冈公更是以身作则，在他的孙子入了翰林之后，他仍勤于家务，竟然依旧亲自种菜收粪。我父亲竹亭公的勤俭，则是你们已经看到的。如今我们家境虽然逐渐宽裕，侄儿和各位兄弟切不可忘记先人的艰难，有福不可享尽，有势不可使尽。勤字功夫，第一贵早起，第二贵有恒心；俭字功夫，第一不穿华丽的衣服，第二不多用仆婢雇工。凡将相都不是天生的，豪杰圣贤也不是天生的，只要立志奋斗，克己守身，都是可以做得到的。侄儿们如今正身处顺遂之境，正值年轻有为之际，明年又要跟随最好的老师学习，若立定志向，还有什么事做不成？什么样的人做不到呢？希望侄儿早早努力。

荫生也还是正途功名，可以考御史。等侄儿十八九岁了，就与纪泽一同进京应考。但现在侄儿要专心读书，应以八股试帖为主要功课，不能专恃荫生的功名，总要乡试会试能名列榜上，才更添门户光彩。

听说纪官天资聪颖，侄儿你也应该用“立志”二字与兄弟们互相勉励，以求互相学习，日日进步。顺问近好。

涤生手示

同治二年十二月十四日

三〇　致四弟：惜福贵乎勤俭

【原文】

澄弟左右：

正月四日接弟十二月二十日排递之函，初七日接弟二十日函（由谢绍武等人带来者）。些许寄件，何足云谢。

吾不欲多寄银物至家，总恐老辈失之奢，后辈失之骄，未有钱多而子弟不骄者也，吾兄弟欲为先人留遗泽，为后人惜余福，除却勤俭二字，别无做法。弟与沅弟能勤而不能俭，余微俭而不甚俭；子侄看大眼，吃大口，后来恐难挽回，弟须时时留心。

大雪五日，平地四尺，此间军士极苦。沅弟初二以后，尚无来信。安庆合家平安，足慰远念。顺问近好。

同治三年正月十四日

【译文】

澄弟左右：

正月四日收到贤弟十二月二十日寄来的信函，初七又收到二十日寄来的信函（由谢绍武等人捎带的信）。我只是寄去了一些小的物件而已，不值得道谢。

我不想多寄钱物回家，总是害怕老一辈失之于太奢侈、后辈失之于骄纵，过去没有钱多的人家子弟不骄奢的。我们弟兄要为先辈留下些他们的恩惠，为后人珍惜一点儿他们剩余的福气，除了勤俭以外，没有别的办法。你和沅弟都能做到勤，但做不到俭。我只是有点儿俭而不是很俭。子侄们眼界看得高了，吃大了口，以后恐怕难以挽回，这一点你要时时留意啊！

这次大雪已经连下了五天，平地积雪达四尺之深，这几天士兵们吃尽了苦头。沅弟自初二之后，都没有来信。安庆家中平安无事，无须挂念。顺问近好。

同治三年正月十四日

三一　谕纪泽纪鸿：撑持门户，宜自端内教始

【原文】

字谕纪泽、纪鸿儿：

余于初四日自邵伯开行后，初八日至清江浦。闻捻匪张、任、牛三股开至蒙、亳一带，英方伯雉河集营被围，易开俊在蒙城，亦两面皆贼，粮路难通。余商昌岐带水师由洪泽湖至临淮，而自留此待罗、刘率队至乃赴徐州。

尔等奉母在寓，总以勤俭二字自惕，而接物出以谦慎。凡世家之不勤不俭者，验之于内眷而毕露。余在家深以妇女之奢逸为虑，尔二人立志撑持门户，亦宜自端内教始也。余身尚安，癣略甚耳。

涤生手示

同治四年闰五月初九日

【译文】

字谕儿纪泽、纪鸿：

初四这天我从邵伯起程，初八抵达清江浦。近日听说捻军张、任、牛三支已经侵占了蒙城、亳县一带，英方伯雉河集营被围困，易开俊在蒙城也两面受敌，粮路难通。我与昌岐商量，决定由他带水师从洪泽湖开到临淮去，而我就留下来等罗、刘率军到来再赶赴徐州。

你们在家侍奉母亲，要用“勤俭”两个字自我警惕，待人接物尤其要谦和谨慎。凡是各大世家望族中，有不勤俭、不节约的，在女眷身上体现得尤为明显，轻易就会显露出来。我在家时就很担心府中的女眷会染上奢侈安逸的恶习。你们兄弟俩如今在家中立志撑持门户，也应当从端正家风家教做起。我身体还好，只是癣疾日渐严重。

涤生手示

同治四年闰五月初九日

治军为政篇

一　禀祖父母：与英国议和事宜

【原文】

孙男国藩跪禀：

祖父母大人万福金安。

九月十三日接到家信，系七月父亲在省所发；内有叔父信及欧阳牧云致函，知祖母于七月初三日因感冒致恙，不药而愈，可胜欣幸！高丽参足以补气，然身上稍有寒热，服之便不相宜，以后务须斟酌用之，若微觉感冒，即忌用。此物平日康强时，和入丸药内服最好，然此时家中想已无多，不知可供明年一单丸药之用否？若其不足，须写信来京，以便觅便寄回。

四弟、六弟考试又不得志，颇难为怀。然大器晚成，堂上不必以此置虑。闻六弟将有梦熊之喜，幸甚！近叔父为婶母之病劳苦忧郁，有怀莫宣。今六弟一索得男，则叔父含饴弄孙，瓜瓞日蕃，其乐何如？唐镜海先生德望为京城第一，其令嗣极孝，亦系兄子承继者，先生今年六十五岁，得生一子，人皆以为盛德之报。

英夷在江南，抚局已定，盖金陵为南北咽喉。逆夷既已扼吭而据要害，不得不权为和戎之策，以安民而息兵，去年逆夷在广东曾经就抚，其费去六百万两，此次之费，外间有言二千一百万者，又有言此项皆劝绅民捐输，不动帑藏，皆不知的否？现在夷船已全数出海，各处防海之兵陆续撤回，天津亦已撤退，议抚之使，系伊里布、耆英及两江总督牛鉴三人。牛鉴有失地之罪，故抚局成后即革职拿问。伊里布去广东，代奕山为将军，耆英为两江总督。自英夷滋扰，已历二年，将不知兵，兵不用命，于国威不无少损，然此次议抚，实出于不得已，但使夷人从此永不犯边，四海晏然安堵，则以大事小，乐天之道，孰不以为上策哉！

孙身体如常，孙妇及曾孙兄妹并皆平安，同县黄晓潭鉴荐一老妈吴姓来，渠在湘乡苦请她来，而其妻凌虐婢仆，百般惨酷，黄求孙代为开脱，孙接至家住一日，转荐至方夔卿太守（宗钧）处，托其带回湖南，大约明春可到湘乡。今年进学之人，孙见题名录，仅认识彭惠田一人，不知廿三四都进人否？谢宽仁、吴光煦取一等，皆少年可慕，一等第一，题名录刻黄生平，不知即黄星平否？孙每接家信，常嫌其不详，以后务求详明，虽乡间田宅婚嫁之事，不妨写出，使游子如仍在里门。各族戚家，尤须一一示知，幸甚！

敬请祖父母大人万福金安。余容后呈。

孙谨禀

道光二十二年九月十七日

【译文】

孙儿国藩跪禀：

祖父母大人万福金安！

我于九月十二日接到七月间父亲在省城发的家信，信中还附有叔父和欧阳牧云的信函，我从信中知道祖母在七月初三日不小心着凉感冒，没有服药便自然康复，真是令人欣慰。高丽参足以补气，但如果身上稍微有点儿寒热就贸然服用就不合适，所以以后一定要反复斟酌后才可以服用。若稍觉感冒，就忌用。平日身体健康无恙时，可将它和在丸药里吃。现在家里想必也没有多少剩余了，不知是否还够供应明年一个单子的丸药？如果不够，就写信到京城，以便我找人顺便带回家。

信中说四弟、六弟考试又没有考中，很是难为情，其实大可不必。所谓大器晚成，堂上大人不必为了这件事而过多费心焦虑。听说六弟家即将生儿子的喜兆，真是我家的大幸！近来叔父为了婶母的病辛苦又忧郁，心里有苦也无处诉说，整日郁郁寡欢。如今六弟家第一胎便怀了男孩，那么叔父便可含饴弄孙，子孙满堂的晚景，该是如何美满啊！唐镜海先生在京城里有着首屈一指的品德威望，他的儿子对他十分恭顺孝敬，也是从兄长处过继过来的。先生今年 65 岁，又喜得贵子，人家都说这是他一贯积德行善所得到的报偿。

在江南一带，当局已经制定了安抚英国人的决策，英国人已经扼住了金陵北面的咽喉之地，这是个重要的军事要害，所以我方不得不从权变而采取和戎的策略，以安定百姓，平息战火。去年英国人曾经接受安抚，花了六百万两银子，这次的费用，外面传闻是二千一百万，又传说这项费用都是劝导士绅和百姓捐款，不动用国库，都不知道是否确实。现在洋船是否已经全部出海，各处海防的兵陆续撤回，天津也已撤回，和谈的使节，是伊里布、耆英以及两江总督牛鉴三个人。牛鉴有守地失守的罪过，所以和谈以后，马上要革职拿问。伊里布去广东，代替奕山为将军，耆英为两江总督。自从英国人寻衅滋事至今已有两年的时间，这两年内，我朝军中带兵的不懂得如何打仗，当兵的不努力作战，甚至不听号令，这些现象大大有损我朝的威望。这次议和，实在是情非得已，但若此次举动能够让洋人从此不侵犯边境，四海太平，那么以大事小，乐天之道，又何尝不是上策呢！

孙儿近来身体如常，孙媳妇及曾孙兄妹都平安无恙。同县黄晓潭推荐一位吴姓老妈子来，他在湘乡苦苦请这位老妈子前来，但是其妻虐待下人，十分残忍无道，因此黄求孙替他想个办法，孙儿便接她在家里住了一天，转荐到方夔卿太守家，托他带回湖南，大约明年春天就能够抵达湘乡。今年进学的人，孙儿看见题名录，只认识彭惠田一人，不知道我乡二十三四都是否有人进学？谢宽仁、吴光煦取一等，都是年少得志，真是让人羡慕，一等一名，题名录刻黄生平，不知道是不是黄星平？孙儿每次接到家中的来信，总是感觉信写得不详细，以后务必请写得详细明白，虽说是乡间田地房屋、婚姻嫁娶的事，不妨都写上，使在外的游子如同仍在家乡一样。尤其是各族亲戚家的事，一定要一一告知！

敬请祖父母大人万福金安，其余容以后再禀告。

孙儿谨禀

道光二十二年九月十七日

二　禀父母：欣喜诸弟皆得中式

【原文】

男国藩跪禀父母亲大人膝下：

五月初六日，男发第六号家信后，十七日接到诸弟四月二十二日在县所发信。欣悉九弟得取前列第三，余三弟皆取前二十名，欢慰之至。

诸弟前所付诗文到京，兹特请杨春皆改正付回。今年长进甚远，良可欣慰。向来六弟文笔最矫健，四弟笔颇笨滞，观其《为仁矣》一篇，则文笔大变，与六弟并称健者。九弟文笔清贵，近来更圆转如意。季弟诗笔亦秀雅。男再三审览，实堪怡悦。

男在京平安。十六七偶受暑，服药数帖，禁荤数日而愈，现已照常应酬。男妇服补剂已二十八帖，大有效验。医人云虚弱之症，能受补则易好。孙男女及合室下人皆清吉。

长沙馆于五月十二日演戏题名，状元南元朝元三匾，同日张挂，极为热闹，皆男总办，而人人乐从。头门对联云：同科十进士，庆榜三名元。可谓盛矣。

同县邓铁松在京患吐血病，甚为危症，大约不可挽回。同乡有危急事，多有就男商量者，男效祖大人之法，银钱则量力资助，办事则竭力经营。

严丽生取九弟置前列，男理应写信谢他；因其平日官声不甚好，故不愿谢。不审大人意见如何？我家既为乡绅，万不可入署说公事，致为官长所鄙薄。即本家有事，情愿吃亏，万不可与人构讼，令官长疑为倚势凌人。伏乞慈鉴。

男谨禀

道光二十五年五月二十九日

【译文】

男国藩跪禀父母亲大人膝下：

五月六日，儿子发出第六号家信后，十七日接到弟弟们四月二十二日在县里发的信，得知九弟取得第三名，其他三位弟弟也都名列前二十名，心中十分欣慰。

弟弟们上次寄来的诗文，现在已经特地请杨春给予细心的批改，而且悉数寄回家中。今年弟弟们的进步都很快，令人欣慰。六弟向来文笔最矫健，四弟文笔很笨拙呆滞，最近看了四弟的《为仁矣》一篇，觉得他的文笔有了很大的转变，简直可与六弟媲美，一样称得上是文笔矫健了。九弟文笔清贵，近来更加圆润婉转，令人欣慰。季弟诗笔还是如此秀雅。儿将他们的文章审阅了几遍，实在是抑制不住内心的喜悦。

儿在京城很平安。十六七日偶尔中暑，吃了几服药，禁绝肉食，几天就好了，现在已经能照常工作应酬。儿妻服用二十余服补药，大有起色。医生说虚弱的症状，吃了补药能有效果就容易好。孙子们及家中仆人也都好。

长沙馆在五月十二日演戏，题名状元、南元、朝元三匾；同一天张挂，很是热闹。都是儿子一手总办的，大家都乐于听从我的安排。头门的对联是："同科十进士，庆榜三名元。"真可说是兴盛啊！

同县的邓铁松在京城近日大口吐血，状况十分危险，估计性命已经无法挽回了。同乡们遇上危急的事情，大多愿意来找我商量对策。儿仿效祖父大人的做事原则，根据自己的经济状况，量力而行，给予帮助；办事则竭尽全力，救人于危难之中。

严丽生将九弟列于前几名，儿理应写信谢谢他，但此人平日做官并无美名，影响不好，所以儿子不打算给他写信表示谢意。不知大人如何看待这件事？我家既然是乡绅，万万不可到衙门里去谈论公事，那会招致当地官员的轻视。就是家中确实有事，也情愿自己吃亏，万万不可与人纠缠，惹上官司，那样即使我们有理，当地官员也会怀疑我们仗势欺人。恳乞父母亲大人明鉴。

儿谨禀

道光二十五年五月二十九日

三　致诸弟：不可以为有损架子而不为

【原文】

澄侯、温甫、子植、季洪四弟足下：

久未遣人回家，家中自唐二、维五等到后亦无信来，想平安也。

余于二十九日自新堤移营，八月初一日至嘉鱼县。初五日自坐小舟至牌洲看阅地势，初七日即将大营移驻牌洲。水师前营、左营、中营自又七月二十三日驻扎金口。二十七日贼匪水陆上犯，我陆军未到，水军两路堵之。抢贼船二只，杀贼数十人，得一胜仗。罗山于十八、廿三、廿四、廿六等日得四胜仗。初四发折俱详述之，兹付回。

初三日接上谕廷寄，余得赏三品顶戴，现具折谢恩。寄谕并折寄回。余居母丧，并未在家守制，清夜自思，局蹐不安。若仗皇上天威，江面渐次肃清，即当奏明回籍，事父祭母，稍尽人子之心。

诸弟及儿侄辈务宜体我寸心，于父亲饮食起居十分检点，无稍疏忽，于母亲祭品礼仪必洁必诚，于叔父处敬爱兼至，无稍隔阂。兄弟姒娣总不可有半点不和之气。凡一家之中，勤敬二字能守得几分，未有不兴；若全无一分，未有不败。和字能守得几分，未有不兴；不和未有不败者。诸弟试在乡间将此三字于族戚人家历历验之，必以吾言为不谬也。

诸弟不好收拾洁净，比我尤甚，此是败家气象。嗣后务宜细心收拾，即一纸一缕、竹头木屑，皆宜捡拾伶俐，以为儿侄之榜样。一代疏懒，二代淫佚，则必有昼睡夜坐、吸食鸦片之渐矣。四弟、九弟较勤，六弟、季弟较懒。以后勤者愈勤，懒者痛改，莫使子侄学得怠惰样子。至要至要。子侄除读书外，教之扫屋、抹桌凳、收粪、锄草，是极好之事，切不可以为有损架子而不为也。

前寄来报笋殊不佳，大约以盐菜蒸几次，又咸又苦，将笋味全夺去矣。往年寄京有报竹，今年寄营有报盐菜。此虽小事，亦足见我家妇职之不如老辈也，因便付及，一笑，烦禀堂上大人。余不一一。

兄国藩手草

坐小舟至京口看营，船太动摇，故不成字。

咸丰四年八月十一日

【译文】

澄侯、温甫、子植、季洪四弟足下：

我已经有很长时间没有派人回家了，自从家中唐二、维五等来京之后，也再没有信来，想必家中一切都平安吧。

二十九日，我从新堤移营，八月初一到嘉鱼县，初五坐小船到牌洲察看地势，初七便把在大营移驻牌洲。水师的前营、左营、中营，自闰七月二十三日驻扎金口，二十七日敌军分水陆两路进犯，我们的陆军没有到，由水师分两路堵击，抢到敌船两只，杀敌几十人，打了个胜仗，罗山在十八、二十三、二十四、二十六日等几天中，打了四个胜仗，初四发寄奏折，详细叙述此间的经过，现一并寄回。

八月三日接到皇上谕旨，赏赐我三品顶戴。现在已准备好谢恩的奏折，而且将廷寄、上谕连同奏折一并寄回。如今我应处守母丧之时，但因公务在身，并没有在家守丧。晚上独自反省之时，内心深感局蹐不安。如果仰仗皇上天威，能够逐步肃清江面上的敌人，我便奏明皇上尽早回到家乡，以侍奉父亲，祭祀母亲，稍尽人子之责，表达自己的一片孝心。

诸位弟弟和儿、侄辈，务必体谅我这一份心意，在父亲饮食起居方面，要十分检点，不要有什么疏忽不到之处，对于母亲的祭品、礼仪，一定要清洁，要诚心诚意，对叔父那边要做到敬爱双全，没有一点儿隔阂，兄弟姑嫂之间，总不可以有半点儿不和气。凡属一个家庭，勤、敬两个字，能遵守得几分，没有不兴旺的，如果一分都没有遵守，没有不败落的；和字能遵守得几分，没有不兴旺的，不和没有不败落的。弟弟们试着在乡里把这三个字到家族亲戚中去逐一验证，就会觉得我所说的没有错。

弟弟们不爱干净，不爱收拾，比我还严重，这是败家的气象。以后务必要严加要求自己，细心收拾，就连一纸一缕、竹头木屑，都应收拾干净，为子侄们做出榜样。第一代人懒散，第二代人便淫逸，则必定会有昼睡夜坐、吸食鸦片之类的败落迹象出现。四弟、九弟较勤，六弟、季弟较懒。以后勤的越勤，懒的痛改前非，不让子侄学到怠慢懒惰的样子，这十分重要。子侄们除了读书之外，教他们扫地、擦桌凳、收粪、锄草，都是极好的事，切不可以为有损所谓的架子而不愿躬身去做。

上次寄来的报笋不如从前，大概是用盐菜蒸过几次，又咸又苦，把笋的味道全都掩住了。往年寄到京师的有泡竹，而今年寄到军营中的只有泡盐菜。这虽是小事，却足以显出我家妇女之功不如老一辈，渐渐懒散，技艺也不如往日。此事只是顺便提及，以资一笑。有烦弟弟们禀明父亲大人。其余的我不一一叙说。

兄国藩手草

由于写信时正坐小船到京口察看营地，船太摇晃，所以字写得很不像样。

咸丰四年八月十一日

四　致诸弟：为政不可骄奢淫逸

【原文】

澄、温、沅、季四位老弟左右：

廿五日着胡二等送家信，报收复武汉之喜。廿七日具折奏捷。初一日，制台杨慰农（霈）到鄂相会。是日又奏廿四夜焚襄河贼舟之捷。初七日奏三路进兵之折，其日酉刻，杨载福、彭玉麟等率水师六十余船前往下游剿贼，初九日，前次谢恩折奉朱批回鄂，初十日，彭四、刘四等来营，进攻武汉三路进剿之折，奉朱批到鄂。

十一日，武汉克复之折奉朱批、廷寄、谕旨等件，兄署湖北巡抚，并赏戴花翎。兄意母丧未除，断不敢受官职。若一经受职，则二年来之苦心孤诣，似全为博取高官美职，何以对吾母于地下？何以对宗族乡党？方寸之地，何以自安？是以决计具折辞谢，想诸弟亦必以为然也。

功名之地，自古难居，兄以在籍之官，募勇造船，成此一番事业，其名震一时，自不待言。人之好名，谁不如我？我有美名，则人必有受不美之名与虽美而远不能及之名者。相形之际，盖难为情。兄惟谨慎谦虚，时时省惕而已，若仗圣主之威福，能速将江面肃清，荡平此贼，兄决意奏请回籍，事奉吾父，改葬吾母，久或三年，暂或一年，亦足稍慰区区之心，但未知圣意果能俯从否？

诸弟在家，总宜教子侄守勤敬。吾在外既有权势，则家中子弟最易流于骄，流于佚，二字皆败家之道也，万望诸弟刻刻留心，勿使后辈近于此二字。至要至要。

罗罗山于十二日拔营，智亭于十三日拔营，余十五六亦拔营东下也，余不一一。乞禀告父亲大人、叔父大人万福金安。

咸丰四年九月十三日

【译文】

澄、温、沅、季四位贤弟：

二十五日派胡二等送家信，报告收复武汉的喜讯，二十七日写奏折上报捷。初一制台杨慰农到湖北相会，又报告了烧掉襄河里敌船的胜利消息。初七上奏了三路进军的折子，当天晚上杨载福、彭玉麟等人率领水师六十多条船前往下游剿敌。初九在湖北接到前次谢恩信的朱批。初十，彭四、刘四他们来到军营，又接到三路进剿武汉的朱批。

十一日收复武汉的奏折送上去之后，接到的朱批和宫廷寄来的谕旨中，任命我出任湖北巡抚，赏戴花翎。我的意思是现在还在为母亲守孝，无论如何不能接受官职。如果我接受了，两年来我费尽心思去做的事，好像都是为了博取高官美职似的，那我还有何脸面去面对长眠于地下的母亲呢？又何以面对宗族乡党呢？又何以能够使自己心安呢？有鉴于此，我决定写个奏折以示辞谢，想来几位弟弟也会同意我这样做吧。

求取功名之地，自古难以久留。我以一个在籍官员的名义，招募兵员，制造船舰，成就了一番事业，名震一时，自不必说。谁都喜好声名，有谁会不像我一样喜好声名呢？现在我有美名了，所以就一定有名声不美和虽有美名而不能远播者。和他们一对比，真是难为情，故而我只能谨慎谦虚，时时刻刻警醒自己不能骄傲才是。倘若能够倚仗皇上的威望和福祉，尽快将江面的敌兵肃清、荡平，我就可以奏请皇上回到老家侍奉父亲，改葬母亲。多则三年，少则一年，这样也可以使我的心稍稍得到一点儿安慰。现在就不知道皇上是否会答应我这样做？

几位弟弟在家，最重要的是教育子侄要做到“勤”“敬”二字。我在外面有了权势，家里的子侄最容易骄傲和放荡起来。可以说，“骄”和“佚”这两个字，是败家的根本原因。所以，万望几位弟弟每时每刻都要注意，不让后辈近于“骄”“佚”二字，这十分重要。

罗罗山十二日出发，智亭于十三日出发，我在十五六日也要出发，向东开去。别的就不说了。代我向父亲、叔父问好！祝他们万福金安。

咸丰四年九月十三日

五　致诸弟：但愿不张虚名，不进官阶

【原文】

澄侯、温甫、子植、季洪四位老弟足下：

廿五日遣春二、维五归家，曾寄一函并谕旨奏折二册。

廿六日，水师在九江开仗获胜。陆路塔、罗之军在江北蕲州之莲花桥大获胜仗，杀贼千余人。廿八日克复广济县城。初一日在大河埔大获胜仗。初四日在黄梅城外大获胜仗。初五日克复黄梅县城。该匪数万现屯踞江岸之小池口，与九江府城相对。塔、罗之军即日追至江岸，即可水陆夹击。能将北岸扫除，然后可渡江以剿九江府城之贼。自至九江后，即可专夫由武宁以达平江、长沙。

兹因魏荫亭亲家还乡之便，付去银一百两，为家中卒岁之资。以三分计之。新屋人多，取其二以供用；老屋人少，取其一以供用。外五十两一封，以送亲族各家，即往年在京寄回之旧例也。以后我家光景略好，此项断不可缺。家中却不可过于宽裕。处此乱世，愈穷愈好。

我现在军中，声名极好。所过之处，百姓爆竹焚香跪迎，送钱米猪羊来犒军者络绎不绝。以祖宗累世之厚德，使我一人食此隆报，享此荣名，寸心兢兢，且愧且慎。现在但愿官阶不再进，虚名不再张，常葆此以无咎，即是持身守家之道。至军事之成败利钝，此关乎国家之福，吾惟力尽人事，不敢存丝毫侥幸之心。诸弟禀告堂上大人，不必悬念。

冯树堂前有信来，要功牌一百张，兹亦交荫亭带归。望澄弟专差送至宝庆，妥交树堂为要。衡州所捐之部照，已交朱峻明带去。外带照千张，交郭云仙，从原奏之所指也。朱于初二日起行，江隆三亦同归。给渠钱已四十千，今年送亲族者，不必送隆三可也。余不一一。

兄国藩（书于武穴舟中）

咸丰四年十一月初七日

【译文】

澄侯、温甫、子植、季洪四位老弟足下：

二十五日，我派春二、维五回家，曾经寄给一封信，另外还附寄了谕旨奏折两册。

二十六日，水师在九江大获全胜。陆路塔齐布、罗罗山两军在江北蕲州的莲花桥也打了大胜仗，杀敌千余人。二十八日克复广济县城，初一在大河埔大获全胜，初四在黄梅县城外大获全胜，初五克复黄梅县城。敌军几万人，现屯踞江岸的小池口，和九江府城相对。塔、罗的军队，当日追到江岸，便可水陆同时进攻，可将北岸扫清，然后可以渡江进剿九江府之敌，自到九江后，便可有专人由武宁到达平江、长沙。

现因魏荫亭亲家近日回乡，我趁便交给他捎带回去一百两银子，作为家中年终之用。这一百两银子可分三份使用，新屋人多，取其中两份；老屋人少，取其中一份，另外还有一封五十两的银子，用来送给亲戚族人各家，可按往年在京寄回的旧例安排。待以后我家光景见好，这个惯例更要继承下去。不过家中最好不要过于宽裕，处在动乱年代，越穷越好。

如今我在军中很有威望，所过之处，百姓燃放爆竹，焚香跪拜，个个虔诚地迎接、恭送，还有送钱、米、猪、羊来犒劳军队的人，络绎不绝。因祖宗几代的积累的厚德，而使我一个人享用如此丰厚的回报，享这么大的声誉，心里真是战战兢兢，谨慎而又心存惭愧。现在只愿官阶不再晋升，虚名不再扩大，能够谨守本分不出错，就是保身守家之道。至于军事上的成败胜负，关系到国家的荣辱祸福，我唯有尽力而为，不敢存丝毫的侥幸之心。请弟弟们如实禀告父亲大人，不必为我挂念。

冯树堂不久前来信说，要一百张功牌，现在也顺带交给荫亭带回去。希望澄弟派专差送到宝庆，妥善交给树堂为要。衡州所捐的部照，已交朱峻明带去。另外带一千张执照，交给郭云仙，这是遵从原奏的意旨。朱已于初二出发，江隆三也一同回去。给他的钱已有四十千。今年送给亲戚宗族的钱，不必再给隆三。其余我不再一一叙说。

兄国藩（书于武穴舟中）

咸丰四年十一月初七日

六　致四弟：劝乱世应不露圭角

【原文】

澄侯四弟左右：

顷接来缄，又得所寄吉安一缄，具悉一切。朱太守来我县，王、刘、蒋、唐往陪，而弟不往，宜其见怪。嗣后弟于县城省城均不宜多去。处兹大乱未平之际，惟当藏身匿迹，不可稍露圭角于外。至要至要。

吾年来饱阅世态，实畏宦途风波之险，常思及早抽身，以免咎戾。家中一切，有关系衙门者，以不与闻为妙。诸唯心照，不一一。

兄国藩草

咸丰六年九月初十日

【译文】

澄侯四弟左右：

刚刚接到家中的一封来信，还有你们寄往吉安的一封信，从信中详细地知道了近来的一切。信中提到了朱太守来到我县之事，说王、刘、蒋、唐四人都前往作陪，唯澄弟未去，难怪让他见怪。无论是县城还是省城，以后澄弟都不宜多去。如今正处大乱未平之际，最好藏身匿迹，不可以经常在外显露头角。至要至要。

我近年已阅尽官场的世态炎凉，宦途风波险象环生，实在令人心生畏惧，因此常常想及早抽身退出，以免无辜获罪，惹祸上身。以后家中一切事务，如有关系到官府衙门的，最好是不闻不问，不要参与为好。望家人们能够理解我的用心良苦，其他的就不再一一叙说了。

兄国藩草

咸丰六年九月初十日

七　致九弟：交人料理文案

【原文】

沅甫九弟左右：

十一月初二日，春二、甲四归，接二十四夜来书，具悉一切。弟营中事机尚顺，家中大小欣慰。余二十二日寄第五号信，二十八日发第六号，计次第均达矣。日内四宅平安。初三日显妣江太夫人冥诞，有客四席，兰姊、蕙妹、本房皆未来，临三、昆八亦以远在云溪寺未归也。亲戚惟五舅、龙三、魏荫庭，行礼仿十月初九之例，但添歌童耳。帅逸斋之叔号小舟者，于初二日来，携有张六琴太守书缄，具告逸斋死事之惨。余具奠金五十两交小舟，为渠赴江西之旅资。又作书寄雪琴，嘱其备战船至广信，迎护逸斋之眷口，由浙来江，又备舟至省城，迎护逸斋与其侄之灵柩于南康会齐，同出湖口。由湖口段窑至黄梅帅宅，不过数十里耳。

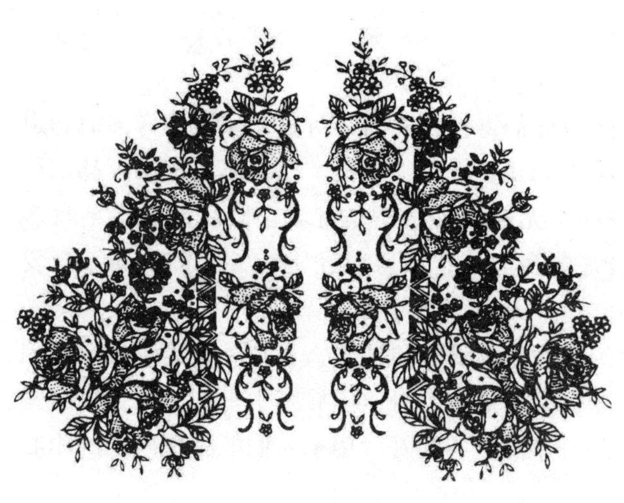

前此仙舟先生墓门，被贼掘毁，余曾寄书润芝中丞、莲舫员外，筹银三四百两，为修葺之资。此次小舟归里，可一并妥为安厝，少有余资，即以赡济逸斋之眷口，然亦极薄，难以自存矣。

东乡败挫之后，李镇军、周副将均退守武阳渡。闻耆中丞缄致长沙，请夏憩亭募勇数千，赴江应援，不知确否？自洪杨内乱以来，贼中大纲紊乱，石达开下顾金陵，上顾安庆，未必能再至江西。即使果来赴援，亦不过多裹乌合之卒，悍贼实已无几。我军但稍能立脚，不特吉安力能胜之，即临江萧军，亦自可胜之也。

邓汪琼处已专缄去请，初五接复信，已允许矣。须正月乃可上馆，且请带一子来。亦山先生于二十八日来，科一、科四、科六读书如常。胡蔚之将于初十日回省，家中以后不必请书启朋友。韩升告假回家，余文案尚繁，不可无一人料理，望弟饬王福于腊月初回家，交代后，即令韩升回省度岁。韩升正月初赴吉营，计弟处有四十日无人经营文案，即交彭椿年一手料理，决无疏失。韩升与王福二人，皆精细勤敏，无所轩轾。凌荫庭于日内赴雪琴处，若弟处再需好手，亦可令凌赴吉也。诸不详尽，顺问近好。

咸丰七年十一月初五日

【译文】

沅甫九弟左右：

十一月初二，春二和甲四回来，接到了你二十四日夜里写的信，知道你在营中的事情进展还顺遂，家中大大小小都很高兴。我在二十二日寄出第五号信、二十八日发出第六号信，想来现在已经送达了。最近家中一切平安。初三是亡母江太夫人冥诞，来了四桌客人，兰姐、蕙妹、本房都没有来，临三、昆八在云溪寺，所以也没有回来。众多亲戚中只有五舅、龙三、魏荫庭来了，行礼依然按照十月初九的先例，只是多添了歌童。帅逸斋之叔，号小舟，初二日来我这里，带了张六琴太守的信，详告逸斋死难的惨况。我备了五十两奠金，交给小舟作为他去江西的路费。又写信给雪琴，要他派战船到广信，迎接护送逸斋的家眷由浙江来江苏，另外准备船只到省城，去迎护逸斋和他侄子的灵柩到南康，和家眷会齐后一起出湖口。由湖口段窑到黄梅帅家，就只有几十里路了。

不久前，仙舟先生的墓门被敌兵掘毁，我曾写信给润芝中丞和莲舫员外，筹银三四百两作修葺费用。这次小舟回家，可一起妥善安葬。如略有余钱，便用于周济逸斋的家眷，只是太少，难以养活这一家子。

东乡大败以后，李镇军、周副将都退守武阳渡。听说耆中丞写信给长沙，请夏憩亭招兵几千到江西来增援，不知确实不确实。自从洪、杨内乱以来，敌军中大体紊乱，石达开下要顾金陵，上要顾安庆，未必能再到江西。我们的军队只要能稍微休整一下，不仅吉安有力量打败他们，就是临江萧军，也可获胜。

邓汪琼那里已经专门写信去请，五日已接到回信，信中已经答应了。不过要到正月才能上学馆教书，而且要求带一个儿子去。亦山先生二十八日可到，科一、科四、科六读书跟往常一样。胡蔚之将在初十日回湖南，家中以后不用再请书启朋友。韩升告假回家，我这里文案工作还很繁重，不能没有人帮着料理。请你叫王福在腊月初回家交代后，即让韩升回省过年。韩升正月初去吉安营中，预

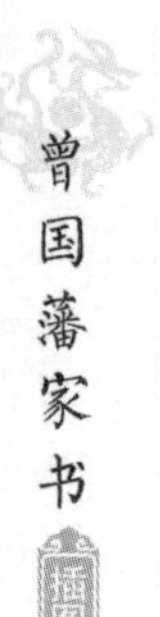

计你那里会有四十天无人经营文案，可以交给彭椿年一人料理，绝不会有疏忽过失。韩升和王福都精细勤快，不会相差很多。凌荫廷这两天就到雪琴那里去，若你这里需要能干的人，也可以叫凌到吉安去。诸不详尽，顺问近好。

咸丰七年十一月初五日

八　致九弟：带兵治军要得法

【原文】

沅甫九弟左右：

十二日正七、有十归，接弟信，备悉一切。定湘营既至三曲滩，其营官成章鉴亦武弁中之不可多得者，弟可与之款接。

来书谓意趣不在此，则兴会索然。此却大不可。凡人作一事，便须全副精神注在此一事。首尾不懈，不可见异思迁，做这样想那样，坐这山望那山。人而无恒，终身一无所成。我生平坐犯无恒的弊病，实在受害不小。当翰林时，应留心诗字，则好涉猎它书，以纷其志。读性理书时，则杂以诗文各集，以歧其趋。在六部时，又不甚实力讲求公事。在外带兵，又不能竭力专治军事，或读书写字以乱其志意。坐是垂老而百无一成。即水军一事，亦掘井九仞而不及泉，弟当以为鉴戒。

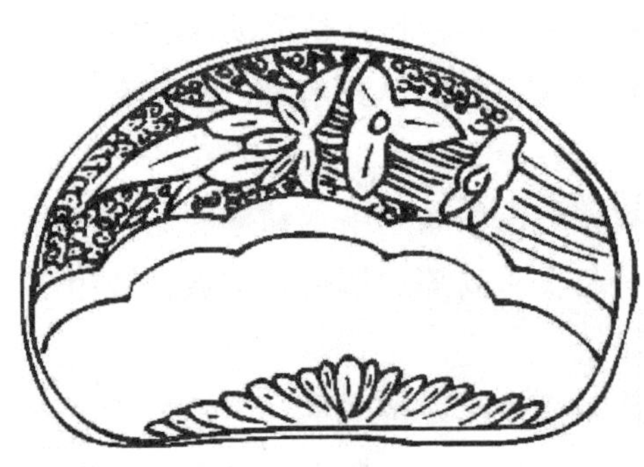

现在带勇，即埋头尽力以求带勇之法，早夜孳孳，日所思，夜所梦，舍带勇以外则一概不管。不可又想读书，又想中举，又想作州县，纷纷扰扰，千头万绪，将来又蹈我之覆辙，百无一成，悔之晚矣。

带勇之法，以体察人才为第一，整顿营规，讲求战守次之。《得胜歌》中各条，一一皆宜详求。至于口粮一事，不宜过于忧虑，不可时常发禀。弟营既得楚局每月六千，又得江局月二三千，便是极好境遇。李希庵十二来家，言迪庵意欲帮弟饷万金。又余有浙盐赢余万五千两在江省，昨盐局专丁前来禀询，余嘱其解交藩库充饷，将来此款或可酌解弟营，但弟不宜指请耳。

饷项既不劳心，全副精神讲求前者数事，行有余力则联络各营，款接绅士。身体虽弱，却不宜过于爱惜，精神愈用则愈出，阳气愈提则愈盛。每日作事愈多，则夜间临睡愈快活。若存一爱惜精神的意思，将前将却，奄奄无气，决难成事。凡此皆因弟兴会索然之言而切戒之者也。

弟宜以李迪庵为法，不慌不忙，盈科后进，到八九个月后，必有一番回甘滋味出来。余生平坐无恒流弊极大，今老矣，不能不教诫吾弟吾子。

邓先生品学极好，甲三八股文有长进，亦山先生亦请邓改文。亦山教书严肃，学生甚为畏惮。吾家戏言戏动积习，明年吾在家当与两先生尽改之。

下游镇江、瓜洲同日克复，金陵指日可克。厚庵放闽中提督，已赴金陵会剿，准其专折奏事。九江亦即日可复。大约军事在吉安、抚、建等府结局，贤弟勉之。吾为其始，弟善其终，实有厚望。若稍参以客气，将以斁志，则不能为我增气也。营中哨队诸人气尚完固否？下次祈书及。家中四宅平安。澄弟十四日赴县吊丧。余无它事，顺问近好。

兄国藩草

咸丰七年十二月十四日夜

【译文】

沅甫九弟左右：

十二日，正七、有十回来，收到你的信，知道了一切。定湘营已经到了三曲滩，它的营官成章鉴是武官中不可多得的人才，你可以和他联系。

你在信上说志趣不在这里，就会感到没有什么意思，这种情绪万万不可有。一个人做事，要集中全部精力在你所做的事情上，从头到尾不能有一点儿松懈。不能见异思迁，做这样，想那样，坐在这山，望着那山。人要是没有恒心，终其一生也不会有所成就。我向来就有缺乏恒心的毛病，实在受害不小。当翰林的时候，应潜心练习诗字，我却喜欢去看别的书，分了心。在读性理书的时候，又掺杂着写诗文，走岔了路。在六部时，又不尽力去研究公事；在外带兵，又不能竭力专心地治理军事，反倒去读书写字，乱了本意，落得到老一事无成。就拿治理水军一事来说，也是掘井九仞看不到水，你应当引以为戒。

现在你既然在带兵，那就埋头苦干，找到带兵的规律，早晚不息，日间想的，夜间梦的，除了带兵以外的事，一概不管。不能又想读书，又想中举，又想做州、县之官，以致纷纷扰扰，千头万绪，以后犯了与我相同的错误，百无一成，后悔就晚了。

带兵的方法，第一要体察人才，整顿营规；讲求战守策略，是第二位的事。《得胜歌》中的各条，应当一一做到。至于口粮，不要过于忧虑，也不要老是写信催要。你们进驻湖北、湖南一带，每月从楚局得六千，又得江局每月两三千，已是很好的境遇了。李希庵十二日到家里来，说迪庵想帮助你解决饷银一万两。又有我管辖的浙盐盈余一万五千两在江西省，昨天盐局专门派人来探问，我叫他解交藩库充饷，将来这笔钱也可以考虑给你。不过，你不要指明去要。

既然饷银不用费心，全部精力都要用在前面讲的几件事上，再有多余的精力，就去联络各营，招待各方士绅。身体虽弱，但不要过于珍爱，精神是愈用愈多，阳气也是愈提愈盛，白天做的事愈多，夜里睡觉愈快活。如有爱惜精神的想法，做做停停，没有生气，一定办不成事。所有这些，都是因为你所说的“兴味索然”的话，才提醒我要求你切实提防的。

你最好学学李迪庵，不慌不忙，循序渐进，八九个月后，一定会尝到甘甜的滋味。我这一生没有恒心，这个毛病很大。现在老了，不能不把教训告诉弟弟和孩子们。

邓先生品行、学问都很好，甲三的八股文有了进步，亦山先生也请邓先生批改文章。亦山教书严肃认真，学生都对他十分畏惧。我家开玩笑成了习惯，明年我如果在家的话，一定要跟两位先生把这种习惯改掉。

下游的镇江、瓜洲，同一天攻克，金陵一两天内也可以攻克。厚庵被任命为福建提督，已去金陵会剿，而且准他专折奏事。估计九江月内也可以攻克。军事行动大概在吉安、抚、建等府结束，望你尽力而为！此事由我开始，由弟弟来圆满完成，对此我寄予了厚望并满怀信心。如果稍微掺杂些客气的成分，将败坏志气，而不能为我增气了。营中哨队那些人，士气还坚定吗？下次来信谈谈此事。家中四宅平安。澄弟于十四日前往县城吊丧。我没有其他的事情了，顺问近好。

兄国藩草

咸丰七年十二月十四日夜

九　致九弟：目前须重濠工巡逻之事

【原文】

沅甫九弟左右：

二十七日刘福一等四人者归，接弟信，并《二十二史》七十二套，金、史赙银三百两，具悉一切。此书十七史系汲古阁本，《宋》《辽》《金》《元》系宏简录，《明史》系殿本。较之兄丙申年所购者多《明史》一种，余略相类，在吾乡已极为难得矣。吾后在京亦未另买有全史，仅添买《辽》《金》《元》《明》四史及《史》《汉》各佳本而已，《宋史》至今未办，盖阙典也。

吉贼决志不窜，将来必与浔贼同一办法，想非夏末秋初不能得手。弟当坚耐以待之。迪庵去岁在浔于开濠守逻之外，间亦读书习字。弟处所掘长濠如果十分可靠，将来亦有闲隙可以偷看书籍，目前则须极力讲求濠工巡逻也。

澄弟于二十二日下县，赖明府于蝗蝻事办理极为认真，有信邀绅士去。温弟于二十五日回家。亦山先生二十二日归，二十六复来。瀛皆先生二十上学，二十二日开课，亦山亦执贽受业。甲五目疾总未甚好，右目外云如故，左目已属大好，究不能与常人一般。九弟妇体气极弱，服峻补之剂，日有起色。再过数日，应可出房照料杂事。青山二十七日暂归，余嘱其初一复来。二十八日夕接弟二十二日信，亦请青山在此多住月余，二月内必坚留之也。

周济受害绅民，非泛爱博施之谓，但偶遇一家之中杀害数口者、流转迁徙归来无食者、房屋被焚栖止靡定者，或与之数十金，以周其急。先星冈公云济人须济急时无，又云随缘布施，专以目之所触为主，即孟子所称“是乃仁术也”。若目无所触而泛求被害之家而济之，与造册发赈一例，则带兵者专行沽名之事，必

为地方官所讥，且有挂小漏万之虑。弟之所见，深为切中事理。余系因昔年湖口绅士受害之惨，无力济之，故推而及于吉安，非欲弟无故而为沽名之举也。

金、史谢信此次未写，少迟再寄。李雨苍二十九日到家。孙朗青、吴贯槎均来。初四日系先大夫初周年忌辰，敬办小祥祭事。俟日内再行详布。即问近好，诸惟心照。

兄国藩手草

咸丰八年正月廿九日

【译文】

沅甫九弟左右：

二十七日，刘福一行四人回来之后，我接到了弟弟的来信，另外还有《二十二史》七十二套，金、史的祭银三百两，信中的一切事宜也都已明了。这些书中的“十七史”是汲古阁本，《宋史》《辽史》《金史》《元史》是宏简录，《明史》是殿本。比我在丙申年所购买的多了一种《明史》，其他各部都没什么区别，这样的版本在我们乡间已经是极难得的了。后来我到了京城之后，也没有再另外购买全史，只是增添了《辽史》《金史》《元史》《明史》四史及《史记》《汉书》的各种佳本。而《宋史》至今尚未买到，是尚缺的典籍。

吉安敌决计不逃，将来必然与浔阳敌取同一办法，看来非到夏末秋初不能得手，弟弟要坚持，忍耐地等待，迪庵去年在浔阳，在开濠守城巡逻之外，间或也读书习字。弟弟那边所挖壕沟，如果十分可靠，将来也有空闲，可以尽力抽出时间来看书，目前却要极力讲求濠工巡逻之事。

澄弟于二十二日到县里。赖县令对蝗虫一事办事极为认真，有书信邀约士绅去。温弟于二十五日回家。亦山先生二十二日回去，二十六日又回来了。瀛皆先生二十日入学，二十二日开课，亦山也跟随一同学习。甲五的眼病总是没有大的改善，右眼依然如故，左眼已大大好转，只是看东西不能如正常人一样清晰。九弟的妻子最近身体虚弱多病，因为不间断地吃了很多大补的药剂，近日稍有起色，估计再过数日，应该能出屋照料一些家中的杂事了吧。青山二十七日暂时回去，我嘱咐他初一再来。二十八日晚接到弟弟二十二日的来信，也请青山在这里多住些时日，二月一定要坚持把他留住。

我主张周济受灾的乡绅百姓，并不是说要泛爱博施，只是偶尔遇到一家之中被杀数人的，或者辗转迁徙归来而没有粮食的，房屋被烧无处安身的，等等，可以适当地赠予数十金，以周济他们急用。从前星冈公曾说“济人须济急时无”。

又说“随缘布施，专以目之所触为主”，这就是孟子所说的“是乃仁术也”。如果没有亲见真实的情景，而是盲目地征寻受灾人家，广泛地予以周济，那和造册发放救济款有何区别呢？这样不仅达不到真正的效用，反而只会被别人看作带兵的人沽名钓誉，定会因此被地方官员讥笑。另外还会造成只能是少数人得到恩惠，真正需要帮助的人却被遗漏的现象。弟弟的见解，深深地切中了事理的要害。因为去年湖口士绅受害很惨，而我却无力救济他们，所以才推论于吉安，并不是要弟弟无故施恩，被误解为沽名钓誉之举。

这次没有写好给金、史感谢的回信，只好过些时间再寄。李雨苍二十九日到家。孙朗青、吴贯槎也都一同而至。初四是先大夫一周年忌辰，敬办小祥祭奠仪式。等来日再详细叙述此事。顺问近好，诸唯心照。

兄国藩手草

咸丰八年正月二十九日

一〇　致九弟：注意平和二字

【原文】

沅甫九弟左右：

春二、安五归，接手书，知营中一切平善，至为欣慰。次青二月以后无信寄我，其眷属至江西不知果得一面否？弟寄接到胡中丞奏伊入浙之稿，未知果否成行？顷得耆中丞十三日书，言浙省江山、兰溪两县失守，调次青前往会剿。是次青近日声光亦渐渐脍炙人口。广信、衢州两府不失，似浙中终无可虑，未审近事究复如何？

广东探报，言逆夷有船至上海，亦恐其为金陵余孽所攀援。若无此等意外波折，则洪杨股匪不患今岁不平耳。九江竟尚未克，林启容之坚忍实不可及。闻麻城防兵于三月十日小挫一次，未知确否？弟于次青、迪、厚、雪琴等处须多通音问，俾余亦略有见闻也。

家中四宅大小眷口清吉。兄病体已愈十之七八，日内并未服药，夜间亦能熟睡，至子丑以后则醒，是中年后人常态，不足异也。纪泽自省城归，二十五日到家。尧阶二十六日归去。澄侯二十七日赴永丰，为书院监课事。湘阴吴贞阶司马于二十六日来乡，是厚庵嘱其来一省视，次日归去。

余所奏报销大概规模一折，奉朱批："该部议奏。"户部奏于二月初九日。复奏言"曾（国藩）所拟尚属妥协"云云。至将来需用部费不下数万，闻杨、彭在华阳镇抽厘，每月可得二万，系雪琴督同凌荫庭、刘国斌等经纪其事，其银归水营杨、彭两大股分用。余偶言可从此项下设法筹出部费，贞阶力赞其议，想杨、彭亦必允从。此款有着，则余心又少一牵挂。

郭意诚信言四月当来乡一次。胡莲舫信言五月当来一次。余前荐许仙屏至杨军门处，系厚庵专人来此请荐作奏者。余荐意诚、仙屏二人，闻胡中丞荐刘小钺（芳蕙，袁州人），已为起草一次，不知尚须再请仙屏否？余因厚庵未续有缄来，故未先告仙屏也。仙屏上次有一信与余，尚未复信。若已来吉营，乞先为致意。季高处此次匆遽，尚未作书，下次决不食言。

温弟尚在吉安否？前胡二等赴吉，余信中未道及温弟事。两弟相晤时，日内必甚欢畅。温弟丰神较峻，与兄之伉直简憺虽微有不同，而其难于谐世，则殊途而同归。余常用为虑。大抵胸多抑郁，怨天尤人，不特不可以涉世，亦非所以养德；不特无以养德，亦非所以保身。中年以后，则肝肾交受其病。盖郁而不畅，则伤木；心火上烁，则伤水。余今日之目疾及夜不成寐，其由来不外乎此。故于两弟时时以平和二字相勖，幸勿视为老生常谈。至要至嘱。

朱云亭妹夫二十七日来看余疾，语及其弟存七尚无功名。兹开具履历各条，望弟即为玉成之。亲族往弟营者人数不少，广厦万间，本弟素志。第善觇国者，睹贤哲在位，则卜其将兴；见冗员浮杂，则知其将替。善觇军者亦然。似宜略为分别：其极无用者，或厚给途费遣之归里，或酌赁民房令住营外，不使军中有惰漫喧杂之象，庶为得宜。至顿兵城下为日太久，恐军气渐懈，如雨后已弛之弓，三日已腐之馔，而主者晏然，不知其不可用。此宜深察者也。附近百姓果有骚扰情事否？此亦宜深察者也。

目力极疲，此次用先大夫眼镜，故字略小，而蒙蒙者仍如故。温弟未及另缄，谅之。

兄国藩手草

咸丰八年三月三十日

【译文】

沅甫九弟左右：

春二、安五已经回来了，我也已经接到你的手书，得知营中一切平安稳定，心里非常欣慰！自从二月以来，次青一直都没有寄信给我，他的家眷已经到达江西，不知道他们是否见过一面？弟弟寄来胡中丞奏请他入浙的文稿，不知是否去了？刚得耆中丞十三日的信，说浙省江山、兰溪两县失守，调次青前去会剿。看来次青近来的名声，已脍炙人口。广信、衢州两府不失，似乎浙中并没有什么可忧虑的了，只是不知近来的具体情形究竟怎么样？

根据广东送来的探报，说洋人有船开到上海，只怕那是金陵余孽请来的援兵。如果没有这些意外的波折，那洪、杨之祸，今年定可以彻底平定。九江至今还没有攻克，可见林启容的坚忍，实在是常人难以企及的。听说麻城防守的兵，在三月十日小败一次，不知是否确实？对于次青、迪庵、雪琴等处，弟弟要常与他们通信，使我也能了解一些他们的情况。

家中四宅大小平安。愚兄的病已好了十之七八，近来并没有吃药，晚上也可以熟睡。只是到子丑以后便自然会醒来，这也是人过中年的正常现象，一点儿也不奇怪。纪泽从省城回来，二十五日到家。尧阶二十六日回去，澄侯二十七日去永丰，为的是书院监课事。湘阴吴贞阶司马，在二十六日来乡，是厚庵嘱咐他来看望一次，第二天就离开了。

我所写的关于报销的事，大致拟了一份奏折，奉朱批由户部议奏，户部随即在二月初九上奏，复奏说曾国藩所拟的还比较妥当。将来需要动用部费，不少于几万两。听说杨、彭在华阳镇抽厘金，每月可得二万两，是雪琴督责凌荫庭、刘国斌等经办这件事，抽的厘金归水营杨、彭两军分用。我偶尔说可以从这个项目下设法筹出部费，贞阶很赞成，我想杨、彭也会允许的。这笔钱有了着落，我心里又少了一层牵挂。

郭意诚在信中说，四月准备来乡一次。胡莲舫打算五月来一次。我曾经推荐过许仙屏到杨军门处，是厚庵专门派人来请求推荐作奏折的人。我推荐意诚、仙屏二人，听说胡中丞推荐刘小钺（芳蕙，袁州人），而且已经代他起草过一次奏折了，不知道是否还需要再请仙屏来否？因为厚庵没有再写信给我，所以也没有事先写信告诉仙屏此事。仙屏上次给我写了一封信，我还没有回信给他。如果他已抵达吉营，请先代我向他表示感谢。因为时间太紧，所以还没有给季高写信，下次绝不会食言。

温弟是否还在吉安？上次胡二等人前往吉安，我的信中没有提到关于温弟的事情。两弟相见时，想来一定十分欢畅。温弟的风采神奇外露而严峻，与我的率直简单虽然略有不同，但不善处世，却是殊途同归。我为此常常感到忧虑。大抵胸中忧郁，怨天尤人，不仅不能处世，也不能养性修身；不仅不能养性修身，也不能保护自身。中年以后，由于肝肾有病，凡是忧郁心情不畅，则伤木；心火旺盛，则伤水。我现在的眼病和夜里失眠的原因也是来源于此。所以对两位兄弟常常以平和二字告诫，别认为这些只是老生常谈。至要至嘱。

二十七日朱云亭妹夫来探望我的病情，说到他的弟弟存七至今还没有取得功名。现开下履历各条，希望弟弟能玉成此事。亲族中前往弟营中投军的人数不少，广厦万间，招贤纳士，是弟弟素来的志愿。观察历代兴亡，若看到贤哲在位，那么国家将兴旺；若看到冗员浮杂，那么王朝就会出现更替。仔细体察军队的情况同样如此。对前来投军的人应该有所区别，没有一点儿才能的，或者多给路费命他们回家，或者租赁些民房，让他们住在营外，这样才可以保证军中没有懈怠、散漫、喧哗、杂乱的现象。至于屯兵城下时日过久，恐怕军心士气会逐渐懈怠，就像经雨水浸淫已松弛的弓，放了三天已经腐烂的食物，但是使用的人还不知道它们已经失去了作用，这种情况需要慎重对待。附近的百姓里真有来骚扰军队的吗？这件事情也要谨慎处理。

最近眼睛极为疲倦，这次用的是先大夫的眼镜，所以字显得略小，眼睛还是和以前一样模糊。来不及另写信给温弟了，请谅解。

兄国藩手草

咸丰八年三月三十日

一一　致九弟：宜以求才为急

【原文】

沅甫九弟左右：

四月初五日得一等归，接弟信，得悉一切。

兄回忆往事，时形悔艾，想六弟必备述之。弟所劝譬之语，深中机要，“素位而行”一章，比亦常以自警。只以阴分素亏，血不养肝，即一无所思，已觉心慌肠空，如极饿思食之状，再加以憧扰之思，益觉心无主宰，怔悸不安。

今年有得意之事两端：一则弟在吉安声名极好，两省大府及各营员弁、江省绅民，交口称颂，不绝于吾之耳；各处寄弟书，及弟与各处禀牍信缄，俱详实妥善，犁然有当，不绝于吾之目。一则家中所请邓、葛二师，品学俱优，勤严并著。邓师终日端坐，有威可畏，文有根柢，又曲合时趋，讲书极明正义，而又易于听受。葛师志趣方正，学规谨严，小儿等畏之如神明，而代管琐事亦甚妥协。此二者，皆余所深慰，虽愁闷之际，足以自宽解者也。第声闻之美，可恃而不可恃。兄昔在京中颇著清望，近在军营，亦获虚誉。善始者不必善终，行百里者半九十里，誉望一损，远近滋疑。弟目下义名望正隆，务宜力持不懈，有始有卒。

治军之道，总以能战为第一义。倘围攻半岁，一旦被贼冲突，不克抵御，或致小挫，则令望隳于一朝。故探骊之法，以善战为得珠，能爱民为第二义，能和协上下官绅为第三义。愿吾弟兢兢业业，日慎一日，到底不懈，则不特为兄补救前非，亦可为吾父增光于泉壤矣。

精神愈用而愈出，不可因身体素弱，过于保惜，智慧愈苦而愈明，不可因境遇偶拂遽尔摧沮。此次军务，如杨、彭、二李、次青辈，皆系磨炼出来，即润翁、罗翁亦大有长进几于一日千里。独余素有微抱，此次殊乏长进。弟当趁此增番识见，力求长进也。

求人自辅，时时不可忘此意。人才至难，往时在余幕府者，余亦平等相看，不甚钦敬。洎今思之，何可多得？弟当常以求才为急，其阘冗者，虽至亲密友，不宜久留，恐贤者不愿共事一方也。

澄侯弟初九日晋县，系刘月槎、朱尧阶等约去清算往年公帐。璞山先生近日小疾，服黄芪两余，尚未痊愈，请甲五在曾家坳帮同背书。如再数日不愈，拟令科四来从郑先生读，科六则仍从甲五读；若渐愈，则不必耳。纪泽近亦小疾，初八日两人皆停课未作。纪泽出疹，咳嗽亦难遽期全瘳。余自四月来，眠兴较好，近读杜佑《通典》，每日二卷，薄者三卷。惟目力极劣，余尚足支持。四宅大小眷口平安。定三舅爹三月十六来，四月初六归去，在新宅住四天，余住老宅。王福初十赴吉安，另有信，兹不详。

再，弟前请兄与季高通信，兹写一信，弟试观之尚可用否？可用则便中寄省，不可用则下次再写寄可也。又行。

迪庵嘱六弟不必进京，厚意可感。弟于迪、厚、润、雪、次青五处，宜常常通问。恽廉访处，弟亦可寄信数次，为释前怨。《欧阳文忠集》，吉安若能觅得，请先寄回。

兄国藩草

咸丰八年四月初九日

【译文】

沅甫九弟左右：

四月初五，得一他们回来，接到你的信，得知一切。

我回忆往事，不管是时间上事业上都有很多悔恨的地方，我想六弟一定都跟你说了。你的劝告都深中要害，按照我现在所处的地位，“素位而行”这一章，我也经常用来警惕自己。只因我阴分素亏，血不养肝。即使是一点儿事不想，也觉得心慌腹空，就像饿极了想吃东西的样子，再加上忧心忡忡，更觉得心里没有了主张，烦躁不安得很。

今年有两件事使我很得意，一是你在吉安的名声很好。两个省的官长和各营的将士，江西省的士绅，对你的称赞没有在我耳边断过。各处寄给你的信，还有你给各处写的信，都翔实妥善，我经常看到。二为家中请的邓、葛两位教师，品行学问都是优等，勤谨严厉，都很有名望。邓老师终日端坐，威仪可畏，文章有根底，又能切合时尚，讲书能讲明正义，而又深入浅出。葛老师志趣方正，学规谨严，小孩们怕他像怕神明一样，而且代管琐碎之事也很妥当。这两件事，都使我很欣慰，即使是愁闷不乐的时候，也足以自宽自解了。好名声，只可以追求，不可自满。我以前在京中，也很有声望，近来在军营，也有些虚名。善始的人不一定能善终，若走一百里路则有一半人走了九十里就不能坚持下去了，声望一旦下降，远近的人都会产生怀疑。你目前名望正高，务必要坚持不懈，有始有终。

治军总要以能战为第一义，如果围攻半年，一旦被敌人冲破，不能取胜，或者受到小挫折，那么你的名声在一个早晨的时间便下落了。所以按照探骊得珠的方法，善战就是得到的珠。能够爱民为第二义，能和谐上下官绅的关系为第三义。希望你兢兢业业，日慎一日，凡事做到底、绝不松懈，这不仅为我补救了从前的过失，也可以为父亲增光于九泉之下。

精神是愈用愈增加，不要因为身体一向很弱而过分地保养；智慧是愈苦练愈明智，不可以因为偶然遇到挫折便急忙放弃。这次的军务使杨、彭、二李、次青等人，都磨炼出来了，即使是润翁、罗翁也一日千里地长进着。只有我向来有自满的毛病，这次没有什么长进。你定要趁着这次军务增长见识，力求进步。

求人要自助，随时记住这个道理。人才难得，以前在我幕府中的人，我只是平等相待，不很钦佩。现在想起来，在哪里还能找到像他们那样的人才啊！你应当把求才作为当务之急，军营中的庸碌多余的人，就算是至亲密友，也不宜久留，那样做恐怕真正的贤者不肯前来共事。

澄弟九日去晋县，是刘月槎、朱尧阶等人约去清算往年的公账。圣山先生近日身患小病，服了一两多黄芪，至今尚未痊愈，请甲五在曾家坳代他督促学生们认真学习。如再过几天圣山先生的病情还不见好，打算让科四随邓老师读书，科

六还跟甲五读书。如果病情得以缓解，就无须如此了。纪泽近日也有点儿小毛病，八日两人都停课，没有写文章。纪泽出疹，咳嗽无法立即痊愈。我从四月以来，睡眠较好。近日读杜佑的《通典》，每天读两卷，薄的读三卷。就是眼力太差，别的还可支持。家中四宅大小平安。定三的舅父三月十六到这里来了一趟，四月六日回去，在新房子住了四天，其余时间都住在老房子。王福十日到达吉安，关于此事另外有信，这里就不一一细说了。

还有，弟弟之前曾请我与季高书信往来，现在我就写了一封信，你试一下看还能不能寄去？能用就寄到省城，不能用就下次写好了再寄也行，又行。

迪庵叮嘱六弟不必进京城，厚意让人感动。弟对于迪、厚、润、雪、次青五人，要常常通信来往，互相问候。恽廉访那里，弟也可以寄几次信，以消释从前的误会。在吉安如果能够找到《欧阳文忠集》，希望先寄回来。

兄国藩草

咸丰八年四月初九日

一二　致沅弟：为政优于统兵

【原文】

沅弟左右：

昨信书就未发，初五夜玉六等归，又接弟信，报抚州之复，他郡易而吉州难，余固恐弟之焦灼也。一经焦躁，则心绪少佳，办事不能妥善。余前年所以废弛，亦以焦躁故尔。总宜平心静气，稳稳办去。

余前言弟之职以能战为第一义，爱民第二，联络各营将士、各省官绅为第三。今此天暑困人，弟体素弱，如不能兼顾，则将联络一层少为放松，即第二层亦可不必认真，惟能战一层，则刻不可懈。目下濠沟究有几道？其不甚可靠者尚有几段？下次详细见告，九江修濠六道，宽深各二丈，吉安可仿为之否？

弟保同知花翎，甚好甚好。将来克复府城，自可保升太守。吾不以弟得升阶为喜，喜弟之吏才更优于将才，将来或可勉作循吏，切实做几件施泽于民之事，门户之光也。阿兄之幸也。

龙翰臣方伯与弟信，内批胡中丞奏折，言有副本，勿与他人看。是何奏也？并问。余续具。

兄国藩

咸丰八年五月初六日

【译文】

沅弟左右：

我昨天已经将信写好了，还没来得及发出。初六夜里，玉六自外面返回，于是又接到了弟弟的来信，信中报告抚州已经被克复，其他各郡也很容易收复，只有收复吉安的难度较大，我唯恐弟弟心中过于焦虑。若焦躁不安，则心绪不宁，办事就会纷乱无序，自然不够妥当。前些年我之所以虚度了光阴，浪费了很多大好机会，都要归因于焦躁。无论发生了多大变故，总还是要平心静气、稳妥地办事。

我前次说弟弟的职责，以能战斗为第一要义；爱民第二；联络各营将士、各省官绅为第三。现在天气暑热，弟弟身体素来虚弱，如不能兼顾，那么把联络这一点略为放松。爱民也可不必认真。只有能战斗一点，那是时刻不能放松的。现在壕沟究竟有几道？其中不可靠的还有几段？下次来信详细告诉我。为战事所需，九江修了六道壕沟，宽深各两丈，不知道吉安可不可以仿照九江的做法？

弟弟得保同知花翎，真是可喜可贺之事。将来攻下府城，一定可以保升太守。我并不以弟弟得到升阶为喜事，喜的是弟弟做官的才能更优于统兵的才能，将来努力成为一个廉洁公正的称职官吏，切实做几件对老百姓有益处的善事，以光耀曾家的门楣，对为兄来说，也是天大的幸事。

龙翰臣方伯在给弟的信中，有胡中丞的奏折，说另有副本，而且不能让他人看见。到底是什么内容的奏折要如此保密呢？顺便问一下，详情以后再谈。

兄国藩

咸丰八年五月初六日

一三　致两弟：目前敌势尚不足制

【原文】

澄侯、沅甫两弟左右：

二十一日接两弟手书并纪泽一禀。沅弟信中有分关田单，一一读悉。我于家中毫无补益而得此厚产，亦惟学早三爹频称“多多谢”而已。余敬澄弟八杯酒，曰：劳苦最多，好心好报，又敬沅弟八杯酒，才大心细，家之功臣。都要吃个满斟硬刮。

祖考妣改葬事竟能于去冬办到，何其神速也！余贺澄弟迁居，亦系御赐福字一个、红缎对一副、挂屏二副、桌椅全堂（内桐木桌二十张，太师椅三十张，平头椅三十张，凳六十条。仍用嫁装之法：女家出钱，请男家自行代做代漆）。自营中带回之件，且俟二月与送沅弟之件一并专人送回。叔父大人病已渐愈否？正月四日寄回之辽东参曾试服否？

此间军事如常。十三日自宿松派张胜禄、张光明、朱宽义，十五日自太湖派朱、唐等四营赴前敌助战。至今十日，尚未开仗。山内金、余二军十九日开仗。金因雨雪先收，余军小挫。目下贼以全力上趋，官军三万余人似尚不足制贼，实深焦灼。季弟于二十二日太湖城下开仗，尚属平安，来信寄阅。余已屡信属弟不轻出队矣。余俟续布，顺问近好。

兄国藩手草

咸丰十年正月廿四日

【译文】

澄侯、沅甫两弟左右：

二十一日收到两位弟弟的手书和纪泽寄来的一封信。沅弟信中所列的分田清单，我全都一一过目。我多年在外，家中之事很少贡献力量，如今却分到这样丰厚的田产，我所能做的也只有摹仿早三爹，多说几声“多多谢”而已。在此我敬澄弟八杯酒，敬你劳苦最多，愿你好心好报。我再敬沅弟八杯酒，敬你才大心细，堪称家中的大功臣。这八杯酒你两人都要一一领受，要一滴不剩地喝完。

祖父祖母改葬的事居然在去年冬天就办妥了，真是神速啊！我祝贺澄弟迁居的礼物是：朝廷赏赐的福字一个、红缎对联一副、挂屏两副、满堂桌椅（包括二十张桐木桌、二十张太师椅、三十张平头椅、六十条凳子。仍然采用置办嫁妆的办法：女家出钱，请男家自行代做代漆）。从军营中带回的物品，暂且等到二月跟送沅弟的物品一起派专人送回去。叔父大人的病是不是已慢慢痊愈了？正月四日寄回去的辽东人参是不是服用了？

这里的军情跟往常一样。本月十三日从宿松派张胜禄、张光明、朱宽义，十五日从太湖派朱、唐等四营赶赴前线助战，到现在有十天了，还没有开战。山内金、余两军于本月十九日开战。金军由于雨雪的缘故先收兵，余军小败。现在敌军全力进攻，三万多官军看来还不足以打败敌军，我非常焦虑不安。季弟于本月二十二日在太湖城下同敌军开战，还算得上平安，他寄来的信我现在寄给你们看。我已多次写信告诫他不要轻易出战。其余的事情等以后再说。顺问近好。

兄国藩手草

咸丰十年正月二十四日

一四　致四弟：心无愧悔可生可死

【原文】

澄侯四弟左右：

接弟闰月二十四夜手缄，得悉五宅平安。魏承祉之事，吾家尽可不管，别人家信本不应拆阅也。孙大人名昌国号栋臣，系衡州协兵丁。吾调出保至副将向导营之官。上年雪琴将伊营官革去，派管船厂。曹级珊名禹门，广西知县，船厂委员也。吾将彼信已焚化，以后弟不必提及。

金陵大营于闰月十六日溃退镇江，旋复退守丹阳。二十九日丹阳失守，和春、何桂清均由常州退至苏城外之浒关。张国梁不知下落。苏州危如垒卵，杭州亦恐再失。大局决裂，殊不可问。

余此次出外两年，于往年未了之事概无甚愧悔，可东可西，可生可死，襟怀甚觉坦然，吾弟尽可放心。前述祖父之德，以书、蔬、鱼、猪、早、扫、考、宝八字教弟，若不能尽行，但能行一早字，则家中子弟有所取法，是厚望也，顺问近好。

国藩手草

咸丰十年四月十四日

【译文】

澄侯四弟左右：

我刚接到弟弟于闰月二十四所写的信，从信中得知五宅平安。至于魏承祉的事，我家完全可以不过问，而且别人的家信本来不该私自拆阅。孙大人名昌国，号栋臣，是衡州协兵丁，我把他调出来，并保举为向导营的副将。去年雪琴将他的营官革除，派去管理船厂。曹级珊，名禹门，乃广西知县，本是船厂委员。现在我已将彼信烧掉，以后此事不必再提及。

闰月十六日，金陵大营溃退至镇江，之后又退守丹阳。二十九日，丹阳失守，和春、何桂清二人已从常州退到苏州城外的浒墅关。张国梁下落不明。苏州已危如累卵，恐怕杭州也会在不久后再次失陷。现在大局已成崩溃之势，已不可问了。

我外出已两年有余，对于往年未了却的事，也没有什么惭愧悔恨的了。万事可东可西，一切可生可死，已能够做到襟怀坦然，弟尽可以放心。上次在论及祖父的德行时，以“书、蔬、鱼、猪、早、扫、考、宝”八字来教导弟弟。如果不能一一做到，即使单单做到一“早”字，则家中子弟也就有可以效法的榜样了，这就是为兄的厚望。顺问近好。

国藩手草

咸丰十年四月十四日

一五　致四弟：宁国被围仍不能援救

【原文】

澄侯四弟左右：

初二日由安庆沅弟处寄到弟信一件，得知弟体微有不适，不吃不喝，头上出汗，贪睡而不能酣眠。此三者皆系阳虚之症，于参茸柱附相宜。往年内子在京曾害阳虚之病，其时力不能买参茸，惟每日用大锅煮黄耆党参，熬成极浓之汁，惟不令成膏，恐其粘锅而有烧气也。每剂桂附姜术之类，分量皆重。又以力参茸片蒸而兑之。又以大锅中煮耆党浓汁和而服之，十余日而大愈。今弟之病亦系阳虚，可照此法办理。以耆党两味各熬极浓之汁，和于诸药之中，必有奇效。但须好好经理，恐粘锅耳。

余到祁门已二十三日，身体平安。近处惟宁国被围紧急，日日告求救援。余因鲍超、张运兰等未到，不能往救，未免望极生怨，谤议日滋。浙江之事尚属平稳。弟现在不管闲事，省费许多精神，将来大愈之后，亦可将闲事招牌收起，专意莳蔬养鱼，生趣盎然也。

咸丰十年七月初四日

【译文】

澄侯四弟左右：

初二那天，我从安庆沅弟那里收到了你写的一封信，从此信中得知你近来身体不适，常常不想进食，而且头上直冒冷汗，昏昏欲睡却又总不能睡得安稳踏实。以上这三种情形，很明显都是阳虚的主要症状，弟弟应多服用参茸桂附等补品才好。前几年在京城居住之时，内子就曾经患有阳虚病，那时财力不济，负担不起参茸等补药的费用，只好每天用大锅把黄芪党参等熬成很浓很浓的汤汁，恐怕它粘锅而有焦煳味，所以没有熬制成膏。所熬制的每一服药里都有分量很重的桂附姜术掺入，再加上力参、茸片蒸熟和在一起，然后再把它与大锅中熬好的黄芪党参浓汁一道服用，十多天便痊愈了。你现在所得之病也属于阳虚，可以依照

上述的方法熬制药汤治疗。如果能把黄芪党参两味药各熬成浓汁，混合在其他药之中，效果会更加神奇。不过要切记一定要细心熬药，以免药物粘锅变味变质。

我到达祁门已有二十三天了，身体平安无事。周边地区只有宁国被围困，而且情形十分危急，所以日日求救，天天催兵。但是鲍超、张运兰等将领还未赶到军营，所以目前还不能派兵前往救援。这样一来，他们难免会心生怨恨，以致闲言碎语与日俱增。浙江方面的战况还算平稳。现在你正处病中，不可劳心费神，多管闲事，要尽量节省自己的精神与体力。即使将来病痊愈以后，也要收起多管闲事的心，专心致志种菜养鱼，沉浸一片生趣盎然之景，该是多么惬意呀！

咸丰十年七日初四日

一六　致沅弟季弟：随时推荐人才

【原文】

沅、季弟左右：

初七日接沅弟初三日信、季弟初二日信，旋又接沅弟初四日信。所应复者，条列如左：

辅卿而外，又荐意卿、柳南二人，甚好。柳南之笃慎，余深知之。意卿谅亦不凡。余告筱辅观人之法，以有操守而无官气、多条理而少大言为主。又嘱其求润帅、左、郭及沅荐人。以后两弟如有所见，随时推荐，将其人长处短处，一一告知阿兄，或告筱荃，尤以习劳苦为办事之本。引用一班能耐劳苦之正人，日久自有大效，无以“不敢冒奏”四字塞责。

季弟言出色之人断非有心所能做得，此语确不可易。名位大小，万般由命不由人，特父兄之教家、将帅之训士不能如此立言耳。季弟天分绝高，见道甚早，可喜可爱，然办理营中小事，教训弁勇，仍宜以勤字作主，不宜以命字谕众。

润帅先几陈奏以释群疑之说，亦有函来余处矣。昨奉六月二十四日谕旨，实授两江总督兼授钦差大臣。恩眷方渥，尽可不必陈明。所虑考，苏、常、淮、扬无一枝劲兵前往。位高非福，恐徒为物议之张本耳。余好出汗，沅弟亦好出汗，似不宜过劳，宜常服密耆。京茸已到，日内专人送去。

咸丰十年七月初八日

【译文】

沅、季二位贤弟：

初七接到沅弟写于初三的一封信和季弟写于初二的一封信，紧接着又收到了沅弟写于初四的一封信，其中所应该答复的，都列在下面：

你们在辅卿之外，又荐意卿、柳南二人，很好！柳南笃实谨慎，我很了解，意卿看来也不同凡响。我告诉筱荃观察人的方法，主要是爱憎分明，有原则而没有官气，办事有条理而不是口出狂言。又让他求润帅、左、郭和沅推荐人。以后你如见到符合这个条件的人，随时推荐给我。推荐时要把这个人的长处短处，一一告诉我，或告诉筱荃。能耐劳苦是办事的根本条件，用一些能耐劳苦的正直人，日子久了自然可以看见大的效果，不要以“不敢冒奏”四个字来搪塞。

季弟说，出色的人，绝不是只要有心就能出色的，这话确实不错。名位的大小，都是由天命而不由人定的。可是做父兄的教育家里的人，做将帅的教训官兵，可不能这样说。你的天分绝高，看透这个道理很早，非常叫人高兴。可是，你在办理军营中的事务时，教训下面的官兵，仍然要以劝导为主，不适宜以命令口吻来训谕大家。

润帅几次陈奏以释大家疑团的说法，也有信到我这里。昨天接到六月二十四日谕旨，派我任两江总督兼任钦差大臣，恩宠正厚，尽可以不必陈明。我忧虑的是，苏、常、淮、扬一带，没有一支强有力的部队前往。地位高了可不是件好事，恐怕只能为日后众人批评提供材料。我爱出汗，沅弟也是这样，似乎不适宜过分劳累，最好经常服用蜜芪。京茸已经运到，我会尽快派专人送去。

咸丰十年七月初八日

一七　致九弟季弟：以勤字报君、以爱民报亲

【原文】

沅、季弟左右：

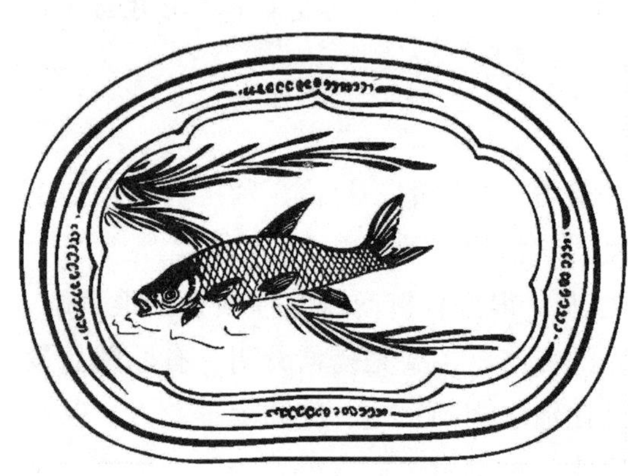

十二早接弟贺信，系初七早所发，嫌到此太迟也。兄膺此巨任，深以为惧。若如陆、何二公之前辙，则诒我父母羞辱，即兄弟子侄亦将为人所侮。祸福倚伏之几，竟不知何者为可喜也。

默观近日之吏治、人心及各省之督抚将帅，天下似无戡定之理。吾惟以一勤字报吾君，以爱民二字报吾亲。才识平常，断难立功，但守一勤字，终日劳苦，以少分宵旰之忧。行军本扰民之事，但刻刻存爱民之心，不使先人之积累自我一人耗尽。此兄之所自矢者，不知两弟以为然否？愿我两弟亦常常存此念也。沅弟多置好官、遴选将才二语，极为扼要，然好人实难多得，弟为留心采访。凡有一长一技者，兄断不敢轻视。

谢恩折今日拜发。宁国日内无信，闻池州杨七麻子将往攻宁，可危之至！

咸丰十年七月十二日

【译文】

沅、季二位贤弟：

十二日一早接到弟弟寄来的贺信，是初七一早发出的，我觉得到达的时间有些迟了。我担负着这么重大的任务，深感恐惧。如果我也走陆、何二人的老路，那会给父母带来羞辱，就是兄弟子侄也会被人看不起，祸和福联系得这样紧密，使人不知道什么是可喜的事。

细看近来官吏的作风和人心，以及各省的督抚将帅的所作所为，天下好像不会有安定的一天。我只有用一个“勤”字来报效皇上，用“爱民”二字来报答亲人。我这个人的才能和见识都很平常，肯定是难得立功的，但我能遵照勤字的要求，终日劳苦，大概能多少为皇上分一些忧虑。行军本来是骚扰百姓的事，如果时时刻刻能有爱民之心，不让祖先积累的德泽从我一人手中消耗殆尽，这就是我的一点心愿，不知你们认为对不对？希望你们也和我一样有这种想法。

沅弟“多置好官、遴选将才”两句话非常扼要。可是好人实在不容易多得。你帮我留心查访，凡有一技之长的都推荐给我，我定不会轻视。

谢恩的奏折今天发走了。宁国这两天没有消息，听说在池州的杨七麻子要攻打宁国，情势极其危险。

咸丰十年七月十二日

一八　谕纪泽：若克复大局必有转机

【原文】

字谕纪泽儿：

正月十四发第二号家信，谅已收到。日内祁门尚属平安。鲍春霆自初九日在洋塘获胜后，即追贼至彭泽。官军驻牯牛岭，贼匪踞下隅坂，与之相持，尚未开仗。日内雨雪泥泞，寒风凛冽，气象殊不适人意。

伪忠王李秀成一股，正月初五日围玉山县，初八日围广丰县，初十日围广信府，均经官军竭力坚守，解围以去，现窜铅山之吴坊、陈坊等处。或由金溪以窜抚、建，或经由东乡以扑江西省城，皆意中之事。余嘱刘养素等坚守抚、建，而省城亦预筹防守事宜。只要李逆一股不甚扰江西腹地，黄逆一股不再犯景德镇等，三四月间，安庆克复，江北可分兵来助南岸，则大局必有转机矣。目下春季必尚有危险迭见，余当谨慎图之，泰然处之。

余身体平安，惟齿痛时发。所选古文，已抄目录寄归。其中有未注明名氏者，尔可查出补注，大约不出《百三名家全集》及《文选》《古文辞类纂》三书之外。

尔问《左传》解《诗》《书》《易》与今解不合。古人解经，有内传，有外传。内传者，本义也；外传者，旁推曲衍，以尽其余义也。孔子系《易》，小象

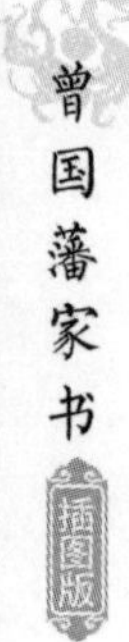

则本义为多，大象则余义为多。孟子说《诗》，亦本子贡之因贫富而悟切磋，子夏之因素绚而悟礼后，亦证余义处为多。《韩诗外传》，尽余义也。《左传》说经，亦以余义立言者多。

袁臾生之二百金，余去年曾借松江二百金送季仙九先生，此项只算还袁宅可也。树堂先生送尔三百金，余当面言只受百金。尔写信寄营酬谢，言受一壁二云云。余在营中备二百金，并尔信函交冯可也。此字并送澄叔一阅，此次不另作书矣。

涤生手示

咸丰十一年正月廿四日

【译文】

字谕纪泽儿：

我正月十四寄出了第二封家信，想来应该收到了吧。现在祁门还算平安无事。九日，鲍春霆在洋塘大胜一场之后，接着立即追击敌军到达彭泽。官军驻扎在牯牛岭，敌军据守下隅坂与我军两相对峙，目前还没有正面交战。日内雨雪泥泞，寒风凛冽，天气总是不遂人愿。

李秀成率领的一股敌军，正月初五围困玉山县，八日又围困广丰县，初十围困广信府，都经过官军顽强坚守，解围后四散退去，现在已经流窜到铅山的吴坊、陈坊等地。我估计这股敌军也许会由金溪流窜至抚、建地区，也可能由东乡直扑江西省城，这些可能性都在考虑的范围之内。我嘱咐刘养素等人坚守抚、建，而省城也开始准备筹办防守战事。只要李秀成所率的敌军不很扰乱江西腹地，黄文金也不再侵犯景德镇等地，估计三四月间收复安庆之后，江北地区的官军就可分出一些兵力援助南岸，那么大局定会有所转机。目前尚处春季，危险还会不断出现，我必须谨慎考虑，泰然处之。

我近来身体平安，唯有牙痛让我心烦。我已经为你选好了古文目录，而且已抄好并寄回去了。其中没有注明作者姓名的，你可以查出来补上，大概不会超出《百三名家全集》和《文选》《古文辞类纂》三本书的范围。你在信中提到《左传》中解《诗》《书》《易》和现在的解有差异的问题，我来给你解释一下。古人解经，有内传、外传之分。内传是本义，外传是旁推曲衍，以说明余意。孔子解《易》，小象是以本义为主，大象是以余意为主。孟子说《诗》的，也是根据子贡因贫富而领会切磋，子夏因为朴素和绚丽之分而领会礼法之后，也论征余意。《韩诗外传》全部都是余意。《左传》说经，也以余意立言的比较多。

至于给袁臾生的二百两银子，是我去年为了赠送季仙先生，曾经借松江的二百两银子，现在的这二百两就算作是还给袁宅的。树堂先生送你三百两银子，我当面推辞说只收一百两。你要写信寄给营中以示酬谢，还要说些受一璧二之类的话。我在军营中已经备好了二百两银子，可以连同给你的信一起交给冯。这封信送给澄叔看一看，我就不再另外给他写信了。

涤生手示

咸丰十一年正月二十四日

一九　致四弟：愿死疆场，不愿死于牖下

【原文】

澄侯四弟左右：

上次送家信者，三十五日即到。此次专人，四十日未到。盖因乐平、饶州一带有贼，恐中途绕道也。

自十二日克复休宁后，左军分出八营在于甲路地方小挫，退扎景镇。贼幸未跟踪追犯，左公得以整顿数日，锐气尚未大减。目下左军进剿乐平、鄱阳之贼。鲍公一军，因抚、建吃紧，本调渠赴江西省，先顾根本，次援抚、建。因近日鄱阳有警，景镇可危，又暂留鲍军不遽赴省。胡宫保恐狗逆由黄州下犯安庆沅弟之军，又调鲍军救援北岸。其祁门附近各岭，二十三日又被贼破两处。数月以来，实属应接不暇，危险迭见。而洋鬼又纵横出入于安庆、湖口、湖北、江西等处，并有欲来祁门之说。看此光景，今年殆万难支持。然余自咸丰三年冬以来，久已以身许国。愿死疆场，不愿死牖下。本其素志。近年在军办事，尽心竭力，毫无愧怍，死即瞑目，毫无悔憾。

家中兄弟子侄，惟当记祖父之八个字，曰：“考、宝、早、扫、书、蔬、鱼、猪。”又谨记祖父之三不信，曰：“不信地仙，不信医药，不信僧巫。”

余日记册中又有八本之说，曰：“读书以训诂为本，作诗文以声调为本，事亲以得欢心为本，养生以戒恼怒为本，立身以不妄语为本（即不扯谎也），居家以不晏起为本，作官以不要钱为本，行军以不扰民为本。”此八本者，皆余阅历而确有把握之论，弟亦当教诸子侄谨记之。

无论世之治乱，家之贫富，但能守星冈公之八字与余之八本，总不失为上等人家。余每次写家信，必谆谆嘱咐。盖因军事危急，故预告一切也。

余身体平安。营中虽欠饷四月，而军心不甚涣散，或尚能支持，亦未可知，家中不必悬念。顺问近好。

兄国藩手草

咸丰十一年二月廿四日

【译文】

澄侯四弟左右：

上次送家信的人三十五天就到了，这次派专人送信，已经四十天了却仍未送到。大概是乐平、饶州一带有盗贼出没，中途绕道而行的原因吧。

自十二日攻克休宁后，左军分出的八个营在于甲路受到小挫，后退驻扎在景德镇。幸好敌军没跟踪追犯，左公才能够整顿几日，军中锐气还没大减。现在左军进剿乐平、鄱阳的敌人。鲍公的部队，因为抚州、建州吃紧，原本要调他来江西省，先顾根本，再援救抚州、建州。因为近日鄱阳有警，景德镇危险，所以又暂时留鲍军不动，不要他来省。胡宫保担心李秀成从黄州向下攻击安庆沅弟之军，又调鲍军救援北岸。祁门附近各岭，二十三日被敌军打破两处。数月以来，军事确实应接不暇，危险迭见。而且洋鬼子又在安庆、湖口、湖北、江西等地方出没纵横，并且有想要来祁门的说法。看这光景，今年恐怕很难支持了。但我从咸丰三年冬季以来，就已经以身许国。愿战死疆场，不愿老死窗下，是我的夙愿。近年我在军中办事，尽心竭力，毫无惭愧，死也瞑目了，没有丝毫的后悔遗憾。

家里兄弟子侄们，应当谨记祖父留下的八字遗训：考、宝、早、扫、书、蔬、鱼、猪。又谨记祖父的三不信：不信地仙；不信医药；不相僧、巫。我的日记里，还有“八本”的说法：读书以训诂为本；作诗文以声调为本；事亲以得欢心为本；养身以戒恼怒为本；立身以不妄语为本；居家以不晚起为本；做官以不要钱为本；行军以不扰民为本。这个“八本”，都是从我自己经历的事情中归纳出来、很有把握的理论，弟弟也应当教子侄们谨记在心。不管世道是治是乱，家庭是富是贫，只要能够谨守星冈公的八个字和我的“八本”，总不会失掉上等人家的地位。我每次写家信，必然谆谆嘱咐。因为战事危急，所以要预告你们一切。

我近来身体安康。营中虽然欠饷有四个多月了，但军心并不涣散，或许还继续支持下去，也未可知，家中不必为此过于挂念。顺问近好。

兄国藩手草

咸丰十一年二月二十四日

二〇　致两弟：目下不可言战，应勉守待机

【原文】

沅、季弟左右：

十四日接十一日来信，具悉一切。此间十二日再攻徽州，过于持重。以八千余众之实在队伍，不能遵札直攻东门，列队竟日，不一交锋。是夜贼匪焚村劫营，我军惊溃者八营，完全无恙者十四营。此次伤亡虽不满百人，而士气日减，贼氛大长，目下不可言战，但能勉守，专盼左、鲍二军攻克景镇，或两弟攻克安庆，移师东、建，庶有转危为安之一日。

家信一件，与初四信相仿，弟阅后封好派人同送。自去冬以来，实无生人之趣。季弟劝我之言，外人亦有言之者，而不知局中度日之难也。看书久荒，下棋则毫无间断，甚至一日八九局之多。九弟劝我月攘一鸡，我今乃日攘九鸡矣。左公日内无信来，不知足以自立否？顺问近好。

咸丰十一年三月十四日巳刻

【译文】

沅弟、季弟左右：

十四日我收到了十一日的来信，一切都已得悉。

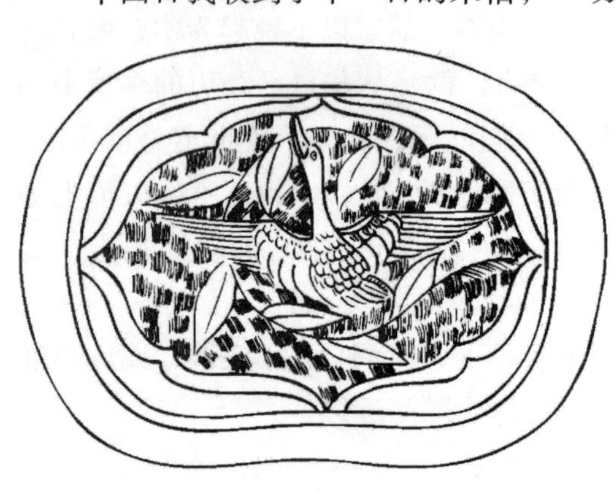

至于信中所提到的十二日再攻徽州一事，显得过于持重。以八千余名精兵强将，未能按照命令直接进攻东门，竟然在城门外列队一日，没有出现过一次交锋。这天夜里敌人放火劫营，我军震惊，有八个营在火中溃散，完全没什么损失的有十四营。虽然伤亡人数不满一百人，但由于此次突袭事件导致我军士气大减，敌人气焰高涨，所以目前不适宜进攻，只能勉强守住阵营。希望左、鲍两军能够早日攻克景德镇，或两弟之军能够尽快攻克安庆，移师东、建，也许我军还可能会有转危为安之时。

现有家信一件，与初四所写的信内容相仿，弟弟粗阅之后，封好派人一同送出。自去年冬天以来，总是觉得人生无趣，生于世上也失去了意义。季弟劝我的话，别人也曾这么劝过我，只是你们不知道当事者的度日之难，无法理解我心中的感受。我已经很久没有看过书了，而下棋却一直没有间断，有时甚至一天下八九局之多。九弟在来信中曾劝我“月攘一鸡”减少下棋次数，我却已“日攘九鸡”了。左公最近都没有来信了，不知是否足以自立？顺问近好。

咸丰十一年三月十四日巳刻

二一　谕纪泽：不急得失，寻转旋之机

【原文】

字谕纪泽儿：

三月卅日建德途次接澄侯弟在永丰所发一信，并尔将去省时在家所留之禀。尔到省后所寄一禀，却于二十八日先到也。

余于二十六日自祁门拔营起行，初一日至东流县。鲍军七千余人于二十五日自景德镇起行，三十日至下隅坂。因风雨阻滞，初三日始渡江，即日进援安庆，大约初八九可到。沅弟、季弟在安庆稳守十余日，极为平安。朱云岩带五百人，二十四自祁门起行，初二日已至安庆助守营濠，家中尽可放心。

此次贼救安庆，取势乃在千里以外，如湖北则破黄州，破德安，破孝感，破随州、云梦、黄梅、蕲州等属，江西则破吉安，破瑞州、吉水、新淦、永丰等属，皆所以分兵力，亟肆以疲我，多方以误我。贼之善于用兵，似较昔年更狡更悍。吾但求力破安庆一关，此外皆不遽与之争得失。转旋之机，只一二月可决耳。

乡间早起之家，蔬菜茂盛之家，类多兴旺。晏起无蔬之家，类多衰弱。尔可于省城菜园中，用重价雇人至家种蔬，或二人亦可。其价若干，余由营中寄回。此嘱。

涤生手示（东流县）

此次未写信与澄叔，尔禀告之。

咸丰十一年四月初四日

【译文】

字谕纪泽儿：

我三月三十日前往建德，途中接到澄侯弟于永丰发出的一封信，还有你临去省城时在家中留下的禀文。你抵达省城后寄出的禀文，已经于二十八日提前收到。

二十六日，我从祁门拔营出发，初一全军开至东流县。二十五日，鲍军七千多人从景德镇出发，三十日到达下隅坂。因为遇上了狂风暴雨，无法前行，以致

初三才得以渡江。当天军队就开往安庆增援，估计初八初九便可以到达。沅弟、季弟已经稳守了安庆十多天，极为平安。朱云岩带领五百人，二十四日从祁门出发，初二已到安庆，协助守卫营寨壕沟，家中尽可放心。

此次敌人援救安庆，采取的攻势却在千里之外，如在湖北破黄州、德安、孝感、随州、云梦、黄梅、蕲州等地，在江西破吉安、瑞州、吉水、新淦、永丰等地，其所以分散兵力（四处攻城略地），目的无非是想分散我军的兵力，以使我军疲惫，想方设法地算计我们。敌人越来越精于用兵之道，似乎比前几年更为狡诈凶悍。现在我们只求能过安庆一关，其他的都不急于和他们争得失。估计战况的转机，一两个月内即可决定。

乡里早起之家，蔬菜茂盛之家，大多兴旺，家中富足。晚起，又不种蔬菜的人家，则家境大多衰弱。你可到省城菜园中，用高价雇人到家里种菜，或许两人就可以了。用多少钱，由我从营中寄回，此嘱。

涤生手示（东流县）

此次没有写信给澄叔，你可向他禀告此事。

咸丰十一年四月初四日

二二　致沅弟：公牍中须有一记事册

【原文】

沅弟左右：

专人至，接来信，城池未克，而遽索犒赏之古文，未免揭盖太早。湖南主考放王浵、胡家玉。毛公之奏停，系听胡恕堂言浙江之失，由先年借办江南乡试，招引奸细入城云云。兹将毛信抄寄一阅。虽不免士子之讥议，而为慎守省城起见，毛固不失为贤者耳。润公专人守候，余因作《箴言书院记》，勉强交卷，文不称意，抄寄弟阅。

四伪王究由宿松至怀、桐否？查明见告。日内闻池州之贼已退，不知确否？即问近好。

再，望溪先生之事，公私均不甚惬。公牍中须有一事实册，将生平履历，某年中举中进士，某年升官降官，某年得罪，某年昭雪，及生平所著书名，与列祖褒赞其学问品行之语，一一胪列，不作影响约略之词，乃合定例。

望溪两次获罪：一为戴名世《南山集》序入刑部狱；一为其族人方某（忘其名）挂名逆案，将方氏通族编入旗籍，雍正间始准赦宥，免隶旗籍。望溪文中所云因臣而宥及合族者也。今欲请从祀孔庙，须将两案历奉谕旨一一查出，尤须将国史本传查出，恐有严旨碍眼者，易干驳诘。从前入祀两庑之案，数十年而不一见，近年层见迭出，几于无岁无之。去年大学士九卿等议复陆秀夫从祀之案，声明以后外间不得率请从祀，兹甫及一年，若遽违新例而入奏，必驳无疑。右三者，公事之不甚惬者也。

望溪经学勇于自信，而国朝巨儒多不甚推服，《四库书目》中于望溪每有贬词，《皇清经解》中并未收其一册一句。姬传先生最推崇方氏，亦不称其经说。其古文号为一代正宗，国藩少年好之。近十余年，亦别有宗尚矣。国藩于本朝大儒，学问则宗顾亭林、王怀祖两先生，经济则宗陈文恭公，若奏请从祀，须自三公始。李厚庵与望溪，不得不置之后图。右私志之不甚惬者也。

咸丰十一年六月廿九日

【译文】

沅弟左右：

你所派的专人已经抵达，我也收到了你的来信，得知城池还未攻克，却要急于索要犒赏的古文，未免太心急了。此次湖南主考由王澎、胡家玉担任。毛公之所以会奏请朝廷停止这次科举考试，是因为他听胡恕堂说浙江官军出战失利，还有早年主办江南乡试时，招引了奸细入城等，可见还是有具体原因的。现将毛公寄来的信抄一份给你看。虽然免不了士人的讥议，但他的初衷乃是为了谨慎守卫省城，由此可见他仍不失为贤者。润公现有专人在旁守候，我写了一篇《箴言书院记》应付，只能算勉强交卷，因为文章实在不能令人满意，现在抄写一份寄给弟弟。

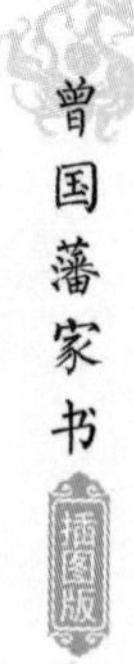

四个伪王是不是打算从宿松迁到怀、桐？尽快将此事查明后报告给我。近日听说池州的敌军已经退却，不知是否属实？顺问近好。

另外，关于望溪先生的事，公私都很不如意。公文中必须有一本记事册，将生平履历，某年中举中进士，某年升官降官，某年得罪，某年平反昭雪，及生平所著书名，和各位先人前辈夸赞其学问品行的话等等，都一一罗列出来，不可含混不清，要符合定例。

望溪先生两次获罪：一是为戴名世的《南山集》作序，被刑部逮捕入狱；二是为了他的族人方某（忘记了他的名字）挂名逆案，将方某的全族编入了旗籍。直到雍正年间才获准赦免，免去了旗籍。望溪文中所说的“因臣而宥及合族也”，指的就是这件事。现在想请求以他从祀孔庙，必须将两案历次所奉圣旨一一查出，尤其必须将国史中的“本传”查出，深恐有严厉的圣旨所限，所以不利于望溪的记录要一律审查出来，以免轻易就被驳斥诘问。从前入祀两庑的事，几十年也难得一见，而近年来层出不穷，每年都有类似的事。去年大学士九卿等人议论答复陆秀夫从祀之案，声明以后外面不得再轻率地提出请求从祀。现在离这件事仅有一年的时间，如果马上违背新例而急于上奏，毫无疑问会被驳回。以上三个方面，是公事中让我很不顺心的。

望溪精通经学而且颇为自信，但是当朝的大儒们对他却很不以为然，几乎没有推崇佩服他的。《四库书目》中有很多对望溪的贬抑之词，《皇清经解》中也并未收录他的一册一句。姬传先生对方氏最为推崇，但对他的经学也无称赞之词。他的古文号称是一代正宗，我从小就十分爱好，不过近十多年来，也另有所崇尚了。国藩对本朝的大儒，学问上宗师于顾亭林、王怀祖先生；治国上宗师于陈文恭先生。如果奏请从祀，必须从这三公开始。李厚庵与望溪两人，只好被安排在三公之后。这些都是我自己心中很不顺心的地方。

咸丰十一年六月二十九日

二三　致沅弟：极盛之后应加倍小心

【原文】

沅弟左右：

接丁家洲舟次信，具悉一切。今日接官帅信，知余蒙恩赏加宫保，弟蒙恩赏穿黄马褂。一家沐非常之宠，感激惶悚。谕旨尚未接到，原信寄阅。多礼堂日内来信二次，原信及复信均寄弟阅。

东征局解饷四万，二十八起行。赣洲解饷三万，初六起行。大约日内可到。泥汉贼墙不破，陆兵断不可进；泥汉即破，进否尚宜详酌。极盛之后，当加倍小心也。下游水师请增兵，不知贼船果悍乎？抑我军怯乎？请弟细查。

季弟今日大呕吐，暂未写信，言明日必写信，诸弟放心。即问近好。

咸丰十一年九月十五日夜

【译文】

沅弟左右：

我已经收到了你在丁家洲船上寄来的信，从信中详细地知道了一切情况。今天又收到官帅的信，得知我蒙受恩宠，被朝廷赏加宫保衔，你也蒙恩被赐予黄马褂。一家人受到如此荣耀的恩宠，使我既感动不已又惶恐不安。皇上的旨意还没有正式下达，现把官帅的原信寄给你看。多礼堂这段日子写来两封信，我把原信与我的回信都寄给你看。

东征局发出四万饷银，二十八日起程。赣州解送饷银三万，本月六日起程。大概这几天内就可以送达。泥汉敌军堡垒尚未攻破，陆军切不要莽撞进军，即使攻破了泥汉，进军与否也需要详细地商讨之后再作决定。我军取得大胜之后，更需要加倍小心。下游水师请求增兵，难道敌军的水兵当真如此强悍吗？还是我军水师胆怯之故？请沅弟详查后来信告知。

季弟今日总是呕吐不止，病得很严重，所以暂时不能给你写信，他说明天一定写信给你，请弟弟放心，不必挂念。即问近好。

咸丰十一年九月十五日夜

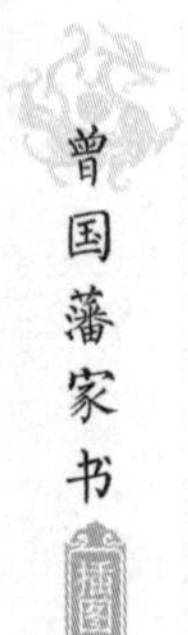

二四 致季弟：询巢县贼是否有意投诚

【原文】

季弟左右：

五舅父归，接弟信，辩“爱人以德”四字之不确。十二日又接十二夜两信。俱悉一切。

吾兄弟三人在外，一人归尚不着迹，两人归则嫌太多。吾心中恐弟遽归，故以希帅之批待沅来为是。油纸摹帖，初为之，则写次行而首行未干，揩摩墨迹，狼藉满纸，迨摹习称久，则手腕不甚粘滞，纸上墨迹自少矣。弟习油纸，即以此自试效验可也。巢县铜林闸之贼果有投诚之意否？余身上痒尚未愈并告。即问近好。

咸丰十一年十一月十四日

【译文】

季弟左右：

五舅已经如期归来，我也接到了你的信，辩“爱人以德”四个字不确切。十二日又收到十二日晚上的两封信，现在一切都已经知晓。

我们兄弟三人总是常年在外，一个人回家尚不着痕迹，若两个人一同回去就有些嫌多了。我恐怕你想尽快回家，所以关于希帅的批令还是等沅弟来了以后再决定为好。用油纸临摹字帖，刚开始写第一行的时候还好，写第二行时第一行的墨迹未干，手不经意间抹上了墨迹，便会弄得满纸狼藉不堪。待练习的时间久了之后，手腕就不会再总与纸粘连不断了，纸上的墨迹自然就不会凌乱不堪了。你在练习用油纸摹写字帖时可以亲自体验到这个效果。巢县铜林闸的敌军投诚到底有没有诚意？我身上的癣疾还没有治愈。即问近好。

咸丰十一年十一月十四日

二五　致沅弟：可分可合，不伤和气

【原文】

沅弟左右：

十七日钦奉谕旨，兄拜协办大学士之命，弟拜浙江按察使之命。一门之内，迭被殊恩，无功无能，忝窃至此，惭悚何极！惟当同心努力，仍就“拚命报国，侧身修行”八字上切实做去。前奉旨赏头品顶戴，尚未谢恩，此次一并具折叩谢。

到省后，或将新营交杏南等带来，而弟坐轻舟先行，兼程赴营，筹商一切，俾少荃得以速赴上海。至要至要。少荃现有四千五百人，望弟再拨一二营与之，便可独当一路。渠所部淮扬水师，余嘱其留两营在上游归弟调遣。弟将来若另造炮船，自增水师，此二营仍退还黄、李，弟自有水师两营。其余大处仍请杨、彭协同防剿，庶几可分可合，不伤和气。

同治元年正月十八日

【译文】

沅弟左右：

我十七日接到谕旨，得知自己被任命为协办大学士，弟弟被任命为浙江按察使。一家之内，接连地受到朝廷的特殊的恩宠，何德何能，竟能位居如此高位，心中实在有愧，惶恐不安！我们应当同心努力，继续在“拼命报国，侧身修行”八个字上切切实实地去做。不久前奉旨赏头品顶戴，还没有谢恩，这次一并写奏折叩谢吧。

你抵达省城后，可以将新营交给杏南等人带领前来，你要只身坐轻舟提前先来，最好是日夜兼程来营，以便来营后筹商一切，这样少荃也可以迅速赶赴上海，此事至关重要！少荃手下现有四千五百人，希望弟弟再另外调配一两个营由他统领，那样他就可以独当一面。他所率的淮扬水师，我已嘱咐他留下两个营在上游由弟弟调遣。弟弟将来如果另造炮船，自己增设水师，这两个营就仍退还给黄、李，弟弟自己有两个营的水师。其他地方的防守和清剿仍命杨、彭协同作战，也许可分可合，不会伤了和气。

同治元年正月十八日

二六　谕纪泽：责任重大，如履薄冰

【原文】

字谕纪泽儿：

二月十三日接正月二十三日来禀并澄侯叔一信，知五宅平安。二女正月二十日喜事诸凡顺遂，至以为慰。

此间军事如恒。徽州解围后贼退不远，亦未再来犯。左中丞进攻遂安，以为攻严州保衢州之计。鲍春霆顿兵青阳，近未开仗。洪叔在三山夹收降卒三千人，编成四营。沅叔初七日至汉口，十五后当可抵皖。李希帅初九日至安庆，三月初赴六安州。多礼堂进攻庐州，贼坚守不出。上海屡次被贼扑犯，洋人助守，尚幸无恙。

余身体平安。今岁间能成寐，为近年所仅见。惟圣眷太隆，责任太重，深以为危，知交有识者亦皆代我危之，只好刻刻谨慎，存一临深履薄之想而已。

今年县考在何时？鸿儿赴考，须请寅师往送。寅师父子一切盘费，皆我家供应也。共需若干，尔付信来，由营寄来。

七十侄女于归，寄去银百两、褂料一件并裹裙料一件。尔所需笔墨等件付回，照单查收。

此信并呈澄叔一阅，不另具。

涤生手示

同治元年二月十四日

【译文】

字谕纪泽儿：

我于二月十三收到了你正月二十三寄来的信，同时收到的还有你澄侯叔的一封信，从信中得知家中五宅平安，二女儿正月二十日的喜事办得很顺利，我深感欣慰。

这里的战况一切如常。徽州的围困解除之后，敌军并未彻底退却，而是在不远的地界虎视眈眈，不过目前还没有再次进犯。左中丞进攻遂安，用这个计策来攻取严州保住衢州。鲍春霆屯兵青阳，近日并没有战事。你洪叔在三山夹收编降敌三千人，编成了四个营。你沅叔初七到达汉口，十五日后可到达安徽。李希帅初九到达安庆，三月初到六安州。多礼堂进攻庐州，敌人坚守不出战。上海已经屡遭敌人猛扑，幸亏洋人帮助防守，目前还没有危险。

我身体无恙。今年也能安然入睡了，这样的情况近年来很是少见。只是心中总觉得自己承恩太厚，责任压肩，时时自认为处在危境之中。知心朋友中有些有识之士也都替我担忧，但还是要靠自己。因此只好时刻心存谨慎之心，如临渊履冰般小心翼翼。

今年县考何时举行？鸿儿若要前往赴考，必须请寅师送他一同去。寅师父子路途上所需的一切用费，都由我家提供。共需多少钱，你来信告诉我，我从营中如数寄去。

七十侄女出嫁，现在给家里寄去一百两银、一件褂料、一块裙料。你需要的笔墨等东西已经一并寄回去了，记得照单查收。

你把这封信呈给澄叔看看，我就不再另写了。

涤生手示

同治元年二月十四日

二七　致九弟季弟：述筹办粤省厘金

【原文】

沅、季弟左右：

复奏朱侍御一疏，定于五日内拜发。

请钦派大员专抽广东全省厘金。余奏派委员随同筹办，专济苏浙皖鄂四省之饷。大约所得每月在二十万上下，胜于江西厘务也。此外实无可生发，计今年春夏必极穷窘，秋冬当渐优裕。

马队营制，余往年所定，今阅之，觉太宽而近于滥，如公夫、长夫之类是也。然业已久行，且姑仍之。弟新立营头，即照此办理。将来裁减，当与华字、顺字等营并裁，另行刻新章也。

上海派洋船来接少荃一军，花银至十八万两之多，可骇而亦可怜。不能不令少荃全军舟行，以顺舆情。三月之内，陆续拔行。

其黄昌岐水军，则俟三四月之交，遇大顺风直冲下去。弟到运漕，可告昌岐来此一晤也。

同治元年三月初三日

【译文】

沅弟、季弟左右：

复奏朱侍御的疏折，我已经定在五日内拜发。

请求皇上钦派大员，再抽广东全省厘金。我还向朝廷奏请，派委员随同筹办，专门接济苏、浙、杭、皖四省的军饷。大约所收的厘金每月在二十万上下，胜过江西厘务。除此之外，其他地方实在拿不出这么多钱来，预计今年春夏一定很窘迫，到秋冬便可逐渐宽裕了。

我往年定的马队营的制度，现在看起来，觉得有些太宽松，甚至近于滥了，如公夫、长夫这些职位。但是，因为已实行了多年，暂且保持不变。弟弟新建的营，就照这些制度办，将来裁减，应当与华字、顺字两营一起裁减，另外制定新章程。

上海派洋船来接少荃一军，花银两竟达十八万之多，真是让人难以置信，可怕又让人可怜！因此不能不叫少荃全军坐船走，才能不违逆舆论。三月以内，陆续开拔。

他的黄昌岐水军，等三四月之间，遇上大顺风，直冲下去。弟弟到运漕，可告诉昌岐到我这里见一次面。

同治元年三月初三日

二八　致九弟：述抽本省之厘税

【原文】

沅弟左右：

接信知弟目下将操练新军，甚善甚善。惟称欲过江斜上四华山扎营，则断不可。四华山上逼芜湖，下逼东梁，若一两月不破此二处，则我军无势无趣，不得不退回北岸矣。

弟军南渡，总宜在东梁山以下采石、太平一带。如嫌采石下面形势太宽，即在太平以上渡江，总宜夺金柱关，占内河江面为主。余昨言妙处有四：一曰隔断金陵、芜湖之气，二曰水师打通泾县、宁国之粮路，三曰芜贼四面被围，四曰抬船过东坝可达苏州，犹妙之小者耳。又有最大者，金柱关可设厘卡，每月进款五六万；东坝可设厘卡，每月亦五六万。二处皆系苏皖交界，弟以本省之藩司，抽本省之厘税，尤为名正言顺。弟应从太平关南渡，毫无疑义，余可代作主张，其迟速则仍由弟作主耳。西梁上下两岸，从三山起至采石止，望弟绘一图寄来，至要至要。

同治元年四月初六日

【译文】

沅弟左右：

我接到你的来信后，得知你准备近日开始操练新军，很好很好。不过要过江斜上四华山扎营，是绝对不可行的。四华山上邻芜湖，下近东梁，如果一两月内不攻破这两处，那我军无势无趣，自然会军心涣散，到时不得不仓皇退回北岸。

你的部队打算渡江，最好选在东梁山以下采石、太平一带为好。如果嫌采石以下形势太宽，便在太平以上渡江，总要适宜攻夺金柱关，占内河江面为主。我昨天说妙处有四点：一是隔断金陵、芜湖的气势；二是水师可打通泾县、宁国的粮路；三是芜湖四面被包围；四是抬船过东坝，可到达苏州，这些还是小妙处。还有一件至关重要的事情，金柱关可设厘卡，每月可收入五六万，东坝可设厘卡，每月也可收入五六万，两处都是苏、皖交界，弟弟以本省的藩司，抽本省的厘税，更是名正言顺之举。弟弟应该从太平关南渡，这是毋庸置疑的，我可以代作主张，至于或迟或早，全由你自己做主。西梁上下两岸，从三山起，到采石止，希望弟弟绘出一幅地图寄来，至要至要！

同治元年四月初六日

二九　致九弟：宜多选好替手

【原文】

沅弟左右：

水师攻打金柱关时，若有陆兵三千在彼，当易得手。

保彭杏南，系为弟处分统一军起见。弟军万八千人，总须另有二人堪为统带者，每人统五六千，弟自统七八千，然后可分可合。杏南而外，尚有何人可以分统，亦须早早提拔。

办大事者，以多选替手为第一义。满意之选不可得，姑且取其次，以待徐徐教育可也。

同治元年四月十二日

【译文】

沅弟左右：

水师攻打金柱关的时候，要是有三千陆军在那里，就容易打下来。

我保荐彭杏南到你那里来分统一军，你那里共一万八千人，总要有两个可以胜任统带的人，他们每人统带五六千人，弟弟自己统带七八千人，然后可以分可以合。

除了杏南以外，还有谁可以分统，要早点儿提拔。办大事的人，多选替手是第一要义，很满意的选不到，那就选稍差一点儿的也行，以后慢慢教育培养。

同治元年四月十二日

三〇　致沅弟：宜休养锐气不遽进兵

【原文】

沅弟左右：

东梁、芜湖已克，由金柱关进兵，二险已化险为夷，四妙已验其三。至幸至幸。

各处败贼俱萃宁国，杨七麻以著名枭悍之渠，当拚命力争之际，鲍军屡胜之后，杂收降卒，颇有骄矜散漫之象，余深以为虑。目下弟与雪军、季军且坚守芜、太、金柱、南陵、黄池等处，休养锐气，不遽进兵。待鲍军札围宁国，十分稳固，多军进至九洑洲，弟与雪、季再议前进。其秣陵关、淳化镇两处，为进兵之路，须派人先去看明。弟信言从太平至金陵百四十里，中不隔水。以古书证之，则尚隔一秦淮河。余处无好图可看，弟亦须先行查明。

弟以金柱关之破，水师出力最多，厘卡当雪二季二，甚善甚善。兹定为沅五、雪三、季二，尤为惬当。

袁午帅之办事，本属浮而不实，然饷项之绌，亦足令英雄短气，且胜公欺之太甚，余当少为护持。

同治元年四月廿八日

【译文】

沅弟左右：

日前东梁、芜湖已经被攻下，之后我军从金柱关进兵，两个险关都化险为夷了，“四妙”已有三妙得到验证，真是大幸！

敌军溃败之后，各处的败敌都于宁国会集，杨七麻是出了名的枭悍之徒，一定会拼死挣扎。鲍军屡战屡胜之后，军中已经杂收了许多降兵，心里不免会很有些骄矜、散漫，这件事让我很忧虑。眼下弟弟与雪、季两军暂且坚守芜湖、太平、金柱、南陵、黄池等处，休养生息，养精蓄锐，不要急于出兵作战。待鲍军安下营寨，包围宁国之后，局面就会十分稳固了，那时便多军一同进军九洑洲，弟弟可与雪、季再合议前进。秣陵关、淳化镇两处，是进军的要道，必须派人先去探察好路线。据弟弟在信中所说，从太平至金陵共有一百四十里，中间不隔河水。但我查证古书之后发现，其间还有一条秦淮河横穿而过。我这里无地图可看，弟弟也须先查明这个情况。

弟弟认为攻克金柱关，水师所立功劳最大，厘卡收入应分属雪、季二军各两成，这么做是很合适的。我建议定为沅军五、雪军三、季军二，这样最为妥当。

袁午帅办事，本来就是华而不实，不过目前军饷欠缺，也足以使英雄气短，而且胜公对他也太过苛刻，我应当稍微护着他一些。

同治元年四月二十八日

三一　谕纪泽：推诚相与，吏治或可渐有起色

【原文】

字谕纪泽儿：

日内未接家信，想五宅平安为慰。

此间近状如常。各军士卒多病，迄未少愈。甘子大至宁国一行，归即一病不起。许吉斋座师之世兄名敬身号藻卿者，远来访我，亦数日物故。幸杨、鲍两军门皆有转机，张凯章闻亦少瘥。三公无他故，则大局尚可为也。

沅叔营中病者亦多。沅意欲奏调多公一军回援金陵。多公在秦，正当紧急之际，焉能东旋？且沅、季共带二万余人，仅保营盘，亦无请援之理。惟祝病卒渐愈，禁得此次风浪，则此后普成坦途矣。

李希庵于闰八月二十三日安庆开行，奔丧回里。唐义渠即于是日到皖。两公于余处皆以长者之礼见待，公事毫无掣肘。余亦推诚相与，毫无猜疑。皖省吏治，或可渐有起色。

余近日癣疾复发，不似去秋之甚。眼蒙则逐日增剧，夜间几不复能看字。老态相催，固其理也。余不一一。此信可送澄叔一阅。

涤生手示

同治元年八月廿四日

【译文】

字谕纪泽儿：

日内没有接到家信，想来家中五宅都还平安吧。

我这里的情况一切如常。部队里的士兵患病的越来越多，至今仍没有转好的迹象。甘子大到宁国去了一趟，回来之后就一病不起了。许吉斋座师的儿子名敬

身，号藻卿，从很远的地方来看我，也是几天就死了。幸亏杨、鲍两军门都有转机，张凯章也已初愈。三位没有什么大的变故，大局还是可以有作为的。

沅叔营中生病的士兵很多，他的意思是要上奏，请求调回多公一军援助金陵。多公目前正在陕西作战，而且情势正处于紧急状态，怎么能调回东部呢？再说沅、季两人共带兵两万余人，而且仅仅负责坚守营盘，也没有请求援兵的道理。现在只能希望士卒们的病情能够逐渐好转，安全度过这次风浪，以后就可以步入坦途了。

闰八月二十三日李希庵从安庆起程，回家奔丧。今天唐义渠抵达安徽。这两个人待我如对长者般礼遇，而且公事丝毫没有耽搁。我对他们都是坦诚相待，没有任何的猜疑。照此发展下去，安徽的吏治，可能也会逐渐有起色了。

近日我的癣病复发，不过没有去年秋天那样严重。眼花却日益严重了，夜间几乎看不见字了。可见岁月不饶人，真是人力无法抗拒的真理。其余的不再一一写了，你可以将这封信送给你澄叔看看。

涤生手示

同治元年八月二十四日

三二　致四弟：总以谦谨为主

【原文】

澄弟左右：

沅弟金陵一军危险异常，李秀成率悍贼十余万，昼夜猛扑，洋枪极多，又有西洋之落地开花炮，幸沅弟小心坚守，应可保全无虞。

鲍春霆至芜湖养病，宋国永代统宁国一军，分六营出剿，小挫一次。春霆力疾回营，凯章全军亦赶至宁国守城，虽病者极多，而鲍、张合力，此路或可保全。又闻贼于东坝抬船至宁郡诸湖之内，将图冲出大江，不知杨、彭能知之否？若水师安稳，则全局不至决裂耳。

来信言余于沅弟既爱其才，宜略其小节，甚是甚是。沅弟之才，不特吾族所少，即当世亦实不多见。然为兄者，总宜奖其所长，而兼规其短。若明知其错，而一概不说，则非特沅一人之错，而一家之错也。

吾家于本县父母官，不必力赞其贤，不可力诋其非，与之相处，宜在若远若近、不亲不疏之间。渠有庆吊，吾家必到；渠有公事，须绅士助力者，吾家不出头，亦不躲避，渠于前后任之交代，上司衙门之请托，则吾家丝毫不可与闻。弟既如此，并告子侄辈常常如此。子侄若与官相见，总以谦谨二字为主。

同治元年九月初四日

【译文】

澄弟左右：

沅弟金陵一军近来情势十分危急，李秀成率领十余万人，日夜进攻，无一时的停歇，而且敌军洋枪极多，又有西洋的落地开花炮。幸亏沅弟小心坚守，估计可以保全，也不需要太忧虑了。

鲍春霆到芜湖养病，宋国永代理统率宁国一军，分六营进攻，小败一次。春霆不顾病体，急速回营。凯章全军也赶到宁国守城，虽然病号很多，而鲍、张联合作战，这一路或许可以保全。又听说敌人在东坝抬船到宁郡附近湖内，企图冲出大江，不知道杨、彭清楚不清楚？如果水师安稳，那么全局就不至于溃败。

你的来信中，谈及我对于沅弟，说我既然爱他的才华，就无须过于计较他的小节，说得很有道理！沅弟的才能，不仅在我家族中罕见，在当今世上也是极少有的。然而，做兄长的，既要奖励他的长处，对他的短处也应该提出警示。如果明知他错了，也不闻不问，什么也不说，那便不是沅弟一人之错，而成了一家之错了。

对于本县父母官，我们不必刻意去称赞他的贤良，也不可总是批评他们的不是。与之相处，要亲疏有度，以保持若远若近、不亲不疏之间最为适宜。若他有庆吊的事，我家决不缺席；若有公事，须士绅帮助的，我家不要出头，但也无须躲避。对于前任后任的官职替换变化，上司衙门的请求委托，等等，我家都不要参与其事。弟弟不仅自己要这样做，还要告诫子侄们都要遵守。若子侄与官员相见，都要以谦、谨二字为主。

同治元年九月初四日

三三　致沅弟：积劳而使人不知其劳为佳

【原文】

沅弟左右：

排递一缄，知守局平安如常，至以为慰。大官圩等处之粮多为我军所焚，则金陵援贼之粮必难久支，城贼之粮多寡，则不敢必耳，计忠、侍引退之期必不甚远。

吾前有信嘱弟以追为退，改由东坝进兵，先剿溧阳，以至宜兴。先占太湖之西岸，水师亦由东坝进兵，俾李朝斌先在太湖西岸立住脚跟，则战船处处可到，而环湖之十四府州县处处震动，贼则防不胜防，我则后路极稳。较之株守金陵者，有死活之分，有险易之别，但无赫赫之名耳。

凡行军最忌有赫赫之名，为天下所指目，为贼匪所必争。莫若从贼所不经意之处下手，既得之后，贼乃知其为要隘，起而争之，则我占先着矣。余今欲弃金陵而改攻东坝，贼所经意之要隘也。若占长兴、宜兴、太湖西岸，则贼所不经意之要隘也。愿弟早定大计，趁势图之，莫为浮言所惑，谓金陵指日可下，株守不动，贪赫赫之名，而昧于死活之势。至嘱至嘱。

如弟之志必欲围攻金陵，亦不妨掀动一番，且去破东坝，剿溧阳，取宜兴，占住太湖西岸，然后折回再围金陵，亦不过数月间事，未为晚也。

吾兄弟誓拼命报国，然须常存避名之念，总从冷淡处着笔，积劳而使人不知其劳，则善矣。

同治元年十月初三日

【译文】

沅弟左右：

从排筏递送来的这封信中，得知金陵守局平安如常，心中很是欣慰。敌军大官圩等处的粮草多被我军焚毁，那么敌军金陵援军的粮草势必难以长久支持下去，城中敌军的粮草多还是少，我不敢肯定，估计敌援军的忠王（李秀成）、侍王（李世贤）两部撤退的日期应该是为期不远了。

在前一次的信中，我就已经嘱咐弟弟要以追为退，改从东坝进军，先行围剿溧阳，灭溧阳之敌后，在往宜兴方向行进，以占领太湖西岸，水师也由东坝进军。若使李朝斌先在太湖西岸站住脚跟，那么我军的战船处处可到，而环绕着太湖的十四个府州县也会处处震动，敌军对我们防不胜防，我军的后路就很稳固了。这一战略，比起在金陵守株待兔，形势有死活之分，险易之别，只不过是没有显赫的名声罢了。

行军打仗之时，最忌讳有赫赫之威名在外，为天下人所瞩目，为敌人小心防范。与其贪图虚名，还不如从敌人不注意的地方下手，待得势之后，敌人才悟出要害在何处，这时再奋起争夺也无济于事，因为我们已抢先一步下手，占了先机。若现在放弃金陵，改攻东坝，正是敌人注意的要害之处；若占领长兴、宜兴、太湖西岸，恰为敌人不注意的要害之处。希望弟弟早日下定决心，制定出统领大局的谋略，以便趁势攻占。千万不可被浮言所迷惑，说什么金陵指日便可攻下，为贪求赫赫大名，就死守此地不动，而不明了死活之势。至嘱至嘱。

如果贤弟的意愿一定要想围攻金陵，也不妨先就势掀动一番，先去破东坝，剿溧阳，取宜兴，占住太湖西岸，然后挥军折回再围攻金陵，这也不过是几个月内的事情，不会影响围攻金陵的大计。

我们兄弟立誓拼命报国，但也须常存避开大名声的念头，做事总要从冷淡的地方下手，积功劳而又使人不知我们的功劳，那就最好不过了。

同治元年十月初三日

三四　致沅弟：治事勤军之外须豁达冲融

【原文】

沅弟左右：

二十三日张成旺归，接十八日来缄，旋又接十九日专人一缄，具悉一切。

弟读邵子诗，领得恬淡冲融之趣，此自是襟怀长进处。自古圣贤豪杰、文人才士，其志事不同，而其豁达光明之胸大略相同。以诗言之，必先有豁达光明之识，而后有恬淡冲融之趣。如李白、韩退之、杜牧之则豁达处多，陶渊明、孟浩然、白香山则冲淡处多。杜、苏二公无美不备，而杜之五律最冲淡，苏之七古最豁达。邵尧夫虽非诗之正宗，而豁达、冲淡二者兼全。吾好读《庄子》，以其豁达足益人胸襟也。去年所讲“生而美者，若知之，若不知之，若闻之，若不闻之”一段，最为豁达。推之即舜禹之有天下而不与，亦同此襟怀也。

吾辈现办军务，系处功利场中，宜刻刻勤劳，如农之力穑，如贾之趣利，如篙工之上滩，早作夜思，以求有济。而治事之外，此中却须有一段豁达冲融气象，二者并进，则勤劳而以恬淡出之，最有意味。余所以令刻“劳谦君子”印章与弟者，此也。

无为之贼十九日围扑庐江后，未得信息。捻匪于十八日陷宿松后，闻二十一日至青草塥。庐江吴长庆、桐城周厚斋均无信来，想正在危急之际。成武臣亦无信来。春霆二十一日尚在泥汊，顷批令速援庐江。祁门亦无信来，不知若何危险。少荃已克复太仓州，若再克昆山，则苏州可图矣。吾但能保沿江最要之城隘，则大局必日振也。

顺问近好。

国藩手草

同治二年三月廿四日

【译文】

沅弟左右：

二十三日张成旺回来了，接到十八日来信，然后又收到十九日派专人送来的信，已获悉信中一切情况。

弟弟读了邵子的诗，领悟了恬淡、冲融的旨趣，这是你的襟怀长进的地方。自古以来的圣贤豪杰、文人才士，他们的志向和事业虽不相同，但他们胸怀豁达光明却是大致相同的。拿诗来说，就一定要先有豁达光明的认识，才会有恬淡、冲融的旨趣。如李白、韩愈、杜牧的诗豁达的韵味多；陶渊明、孟浩然、白居易的诗恬淡的韵味多。杜甫、苏轼二公，可以说无美不备。可是，杜的五律最恬淡，苏的七古最豁达。邵尧夫虽然不是诗的正宗，但是他的诗豁达恬淡兼有。我喜欢读《庄子》，就是因为写得豁达，能开阔人的胸襟。去年讲的“生而美的，就像知道、又不知道，就像听见、又没听见”这一段最为豁达。推想起来，舜、禹他们有天下、又没有天下，也是这种襟怀。

我们现在都在办理军务，身处功利场中，最好每时每刻都要勤劳，就像农民勤劳种地，商人勤劳谋利，又像篙工之上滩，日里操作，夜里思索，就为了求得补益。在治理事务的时候，需要有一种豁达、冲融的气质，让两者并进。这样才能从恬淡中看到勤劳是最有意味的。我之所以要刻一方“劳谦君子”的印章就是这个意思。

无为的敌人十九日围攻庐江后，到现在还没有任何的消息。十八日，捻军攻陷宿松后，听说已经于二十一日到了青草塥。庐江吴长庆、桐城周厚斋至今仍没有来信，估计正处危急之中。成武臣也没有信来。春霆二十一日还在泥汊，我马上命令他火速前往庐江增援。祁门也不见来信，不知到底有多大的危险。少荃已经克复太仓州，如果再攻克昆山，那么就可以考虑去攻打苏州。我只要能保住沿江最重要的城市和关隘，大局一定会日渐大振。

顺问近好。

国藩手草

同治二年三月二十四日

三五　致沅弟：三城可构成犄角之势坚守

【原文】

沅弟左右：

昨日专人送喜信，想已接到。弟之谢恩折，尚可由安庆代作代写代递。初膺开府重任，心中如有欲说之话，思自献于君父之前者，尽可随时陈奏。奏议是人臣最要之事，弟须加一番工夫。弟文笔不患不详明，但患不简洁，以后从简当二字上着力。

春霆由枞阳、庐江进援六安，未知现抵何处？六安守兵系蒋之纯部下二营，二十五六七业已坚守三日夜。二十六日城塌数丈，贼匪猛扑，亦能御之，或可保全。枞阳周、张二营，吾批令一面驰回裕溪口，一面禀请弟示。安庆与庐江、桐城三处犄角坚守，枞阳尽可不须陆兵，但用水师分布于枞阳、上枞阳、大纲窑、练潭等处。安庆城守十分坚固，弟可放心也。

希庵初十起行，病势加剧，十七始至县城，此最可虑。昨日接家信四件送去，本日接毛、黄二信抄阅。顺问近好。

国藩手草

同治二年四月初一日酉时

【译文】

沅弟左右：

昨日我专门派人送去的喜信，想必已经收到。弟弟谢恩所需的奏折，也可以由安庆代作、代写、代递。弟弟初次担当开府的重任，心中若有想法想要表达，想为君主贡献建议，尽可以随时上奏陈述。向皇帝提出奏议是身为人臣最重要的职责，弟弟必须这方面多下一番功夫。弟弟的文笔不患不够详细，但患不够简洁，以后应从“简当”二字上用功。

春霆由枞阳、庐江增援六安，不知现在已到何处？六安守军是蒋之纯部下两个营，二十五、二十六、二十七日已坚守了三昼夜。二十六日城墙塌了几丈长，敌人又猛烈进攻，仍然能抵挡得住，或许可以保全。枞阳的周、张两个营，我已命令他们一边返回裕溪口，一边向弟弟请示。安庆、庐江、桐城三个地方构成掎角之势坚守，枞阳完全可以不用陆军，只须将水军分布于枞阳、上枞阳、大纲窑、练潭等处作战。安庆城的守卫是坚不可摧的，弟弟尽管放心。

初十希庵动身出发，病情日渐加重，直到十七日才到达县城，这真是让人担忧的事情。昨天我一次接到了四封家信，现在一并给你送去，今天又接到毛、黄的两封信也抄给你看。顺问近好。

国藩手草

同治二年四月初一日酉时

三六　致沅弟：无形之功不宜形诸奏牍

【原文】

沅弟左右：

十五日接弟初六、初四、初十日三次信，十六日又接初八日信，具悉一切。所应复者，条列如左：

一、二浦既克，现依弟议，移韦守巢县、东关，梁、王、万三营守西梁山、桐城闸，腾出萧军分守二浦，刘军围攻九洑洲，鲍军南渡打东坝、二溧。另有公牍知会矣。

二、弟在湖南索取之药四万斤、银万两、绳十万，今日已到此间。除催令速行外，余又另解钱三万、米三千、子弹五万斤，又解还弟代济鲍营米一千九百石，均于日内成行。

三、陈氏即葬于安庆城外，已买得地一处，定于二十一日下肂。

四、靖毅公墓志，此时可写矣，日内当添数语寄去。

去年进兵雨花台，忠、侍以全力来援，俾浙沪皆大得手。今年攻克各石城，俾二浦速下，扬州、天、六之贼皆回南岸，此弟功之最大处。然此等无形之功，

吾辈不宜形诸奏牍，并不必腾诸口说，见诸书牍，此是谦字之真工夫。所谓君子之所不可及，在人之所不见也。吾时时以和为殷鉴，望弟时时以和为殷鉴。比之向忠武，并不甚劣，弟不必郁郁也。顺问近好。

国藩手草

同治二年五月十六日

【译文】

沅弟左右：

我于十五日接到弟弟初六、初四、初十的三次来信，十六日又接到初八的来信，信中一切都已知道，现将应该答复的事情，列举如下：

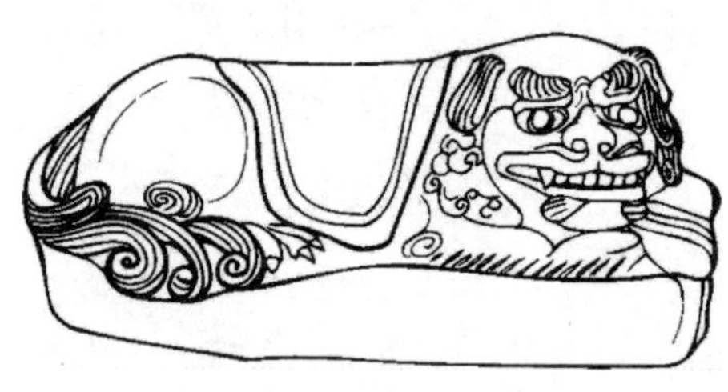

一、既然二浦已经攻下，那就依照你的建议，派韦军转移至巢县、东关把守。梁、王、万三个营守卫西梁山、桐城闸，腾出萧军守卫二浦，刘军围攻九洑洲，鲍军向南渡江打东坝、二溧，这些会有公文另行通知。

二、弟弟在湖南索要的四万斤火药、一万两白银、十万丈绳子，现在运抵营中。我已催令迅速送到你那里，另外又解送了三万钱、三千石米、五万斤子弹，除了这些之外，又解还给弟弟代济鲍军的一千九百石大米。所有的东西今天都已经出发。

三、陈氏即将被安葬在安庆城外，坟地已经买下，并定于二十一日暂殡。

四、为靖毅公所作的墓志铭，已经可以着手撰写了，近日我再添几句话即可寄去。

去年攻打雨花台之时，敌忠王、侍王尽全力援救，才使得浙江、上海都获得大胜。今年攻克各石城之后，二浦又得以迅速攻下，扬州、天长、六安的敌军都已仓皇逃回南岸，这些都是弟弟莫大的功劳。然而这些无形的功劳，我们不应该在奏折上有所炫耀，也不要总放在嘴上、写在文章里，这样做才是谦字的真功夫。这是所谓的君子无法达到的境界，也是人们无法从表面上得知的。我经常以何桂清为殷鉴，希望弟弟也常常以和春为殷鉴。这些与向荣相比，并没有什么根本的差别，弟弟不必因此抑郁愁闷。顺问近好。

国藩手草

同治二年五月十六日

三七　致沅弟：商军情并鼓励磨炼文笔

【原文】

沅弟左右：

二十一日接弟十三日信，盖连日南风极大，故到省极迟。应商事件，条列如左：

一、十七晚有轮舟自金陵经过，亲见九洑洲实已克复。宜以萧军守二浦，南云酌留二营守九洑，非畏长毛之复来也，畏李世忠之盘踞耳。如李业已派兵扎二浦城内，则弟须商之厚、雪与萧，用蛮教驱之使去（李最欺善怕恶），令萧军速入，占守二城。李见我军威方盛，必不敢违抗。李有牍来，报渠兵克复桥林、二浦，余当批斥之，不准渠部再入二浦城也。

二、二浦、九洑即克，霆军日内必已南渡，或竟围扎孝陵卫一带，或先打二溧，均听弟与厚、雪、霆四人商办，余不遥制。昨已函告弟处，顷又函告雪琴矣。余平日本主先攻二溧、东坝，不主合围之说。今见事机大顺，忠酋又已回苏，金陵城贼必甚惊慌，亦改而主合围之说。且天气太热，霆军奔驰太苦，不如令扎金陵东北，以资休息。待七月半间伏过暑退，弟与霆军各抽行队去打东坝、二溧，尚不为晚。届时江、席、李三军亦可由广德、建平以达东坝矣。

三、合围之道，总以断水中接济为第一义。百余里之城，数十万之贼，断非肩挑陆运所能养活。从前有红单船接济，有洋船接济，今九洑洲既克，二者皆可力禁。弟与厚、雪以全副精神查禁水次接济，则克城之期，不甚远矣。九洑洲可设一厘卡，弟处有贤员可派否？樊沛仁声名极坏，当严行查办。

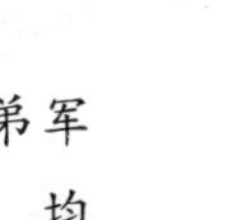

四、余批折稿中，有一条不当于事理，弟亦不必怄气。余之意，不过想弟军常常有一大支活兵在外耳。今江北既一律肃清，则大局已好，或合围或游击，均无不可，余兄弟议论不至参差矣。

至于云仙之意，则当分别观之。渠不以弟疏稿为然，诚所不免；谓渠遵例回避，愿入弟幕草奏尽出客气，却又不然。胡文忠八年初丁艰时，屡函称遵旨夺

情，不愿作官，愿入迪庵幕中草奏帮办。人人皆疑其矫，余则知其爱迪敬迪出于至诚。云仙之爱弟敬弟，亦极诚挚，弟切莫辜负其意也。往时咸丰三、四、五年间，云仙之扬江、罗、夏、朱而抑鄙人，其书函言词均使我难堪，而日久未尝不谅其心。

至弟之文笔亦不宜过自菲薄，近于自弃。余自壬子出京，至今十二年，自问于公牍书函、军事吏事、应酬书法无事不大长进。弟今年四十，较我壬子之时尚少三岁，而谓此后便无长进，欺人乎？自弃乎？弟文有不稳之处，无不通之处；有不简之处，无不畅之处，不过用功一年二载便可大进。昔温弟谏余曰："兄精神并非不足，便吝惜不肯用耳。"余今亦以此谏弟也。顺问近好。

国藩手草

同治二年五月廿一日

【译文】

沅弟左右：

我于二十一日接到弟弟十三日来信，可能是因为这几天南风刮得很厉害，所以推迟了信件到达省城的日期。现在我把应该回复的事情，列举如下：

一、十七日晚上有轮船从金陵路过时，亲见九洑洲确实已经被攻克。我认为应该考虑派出萧军守二浦，留南云两个营守九洑洲，这样做不是害怕敌人会突然反扑，而是怕李世忠盘踞在那里。如果李已派兵驻扎在二浦城内了，那么弟弟就应该和厚、雪、萧商量，用蛮把他轰走（李最欺善怕恶），之后命萧军尽快占领并守住这两个城地。李若看见我军军威振奋，一定不敢有反抗的举动。李在来信中说，他所率领的军队已经攻下了桥林、二浦两地，我会严厉斥责他，不许他的军队再进二浦城一步。

二、二浦、九洑已经被攻克，近几日霆军必定开始南渡，或者在孝陵卫一带驻扎，也可以先攻打二溧，这些可以由弟弟和厚、雪、霆你们四个人来商量办理，我就不再过问了。我昨天已经写信告诉弟弟，接着又写信给雪琴告知他。我本来认为应该先攻打二溧、东坝，不赞成合围的策略。如今战况进展得如此顺利，李秀成又已退回苏州，金陵城里的敌人一定惊慌不已，正是合围的大好时机，所以我也赞成合围的策略。再加上目前天气炎热，霆军连日奔走作战，将士们都很辛苦，不如令他们驻扎在金陵东北，稍加休整，以备再战。待七月中旬伏天过去天气凉爽之后，弟弟和霆军再各自调配一队人马攻打东坝、二溧，也为时未晚。到那时，江、席、李三军也可以从广德、建平攻打东坝了。

三、合围的办法，总的来说应该以截断水中的接济为关键。一百多里的城池，几十万的敌军，若靠肩挑、陆运肯定不能存活的。从前有红单船、洋船接济，如今九洑洲已被夺回，这两种接济已被切断。弟弟和厚、雪三人要尽全力查禁水中的接济，这样不日便可攻克金陵城。九洑洲可设一厘卡，贤弟那里是否有干将可以任用吗？樊沛仁作恶多端，声名狼藉，应当严加查办。

四、我批改的折稿，如果一条不合事理的建议，弟弟不必因此而有怨气。我的意思不过是希望弟弟能长期拥有一支规模较大的机动部队可供灵活调遣。如今江北的敌军已经全部肃清，大局已渐趋好转，或合围或游击，都是可行的，所以我们兄弟两人的看法应该是基本一致，没有很大的分歧。

至于云仙的意见，就应当区别对待了。他认为弟弟的疏稿有不当之处，那是必然的；说他遵守惯例回避，愿到弟弟幕下起草奏折全是出于客气，却又不完全如此。胡文忠咸丰八年初兵力困难的时候，多次写信说遵从圣旨而违背自己的心愿，不愿做官，愿加入迪庵的幕下任帮办起草奏折。人人都怀疑他的做法是虚伪的矫揉造作，但我知道他对迪庵的爱护之心完全是发自内心的。云仙爱你敬仰你，也是出于诚挚之心，弟弟万万不要辜负他的一片真心。咸丰三、四、五年间，云仙赞扬江、罗、夏、朱，反而鄙视我，他的书信言辞都令我难堪不已。不过日久见人心，现在我倒理解他的做法了。

至于弟弟的文笔，也不要一味地过于妄自菲薄，甚至自暴自弃。我自壬子年离京以来，到如今已有十二年了，自问无论是公文书信、军事吏事、应酬书法，都大获长进。弟弟今年才四十岁而已，比我壬子年时还小三岁，却说已经没有长进的可能，这是骗人呢？还是自暴自弃呢？弟弟的文章虽有不够稳妥之处，但还没有不通顺的地方；虽有不够简练之处，但还没有不畅达的地方。我相信若用心学习，不过一两年的时间便能有大的长进。以前温弟曾规劝我说：“兄精神不是不够，只是吝惜不用而已。”直到如今我还清晰记得，并用这句话来规劝弟弟。顺问近好。

国藩手草

同治二年五月二十一日

三八　致沅弟：一字攸关生死荣辱

【原文】

沅弟左右：

接廿六日巳刻来信，具悉一切。

奏折一事，弟须用一番工夫。秋凉务闲之时试作二三篇，眼界不必太高，自谦不必太甚。上次惠甫、次卿二稿，只须改润一二十字，尽可去得。目下外间咨来之折，惟浙沪湘三处较优，左、李、郭本素称好手也。此外如官、骆、沈、严、僧、吴、都、冯之折，弟稍一留心即优为之。以后凡有咨送折稿到弟处者，弟皆视如学生之文，圈点批抹。每折看二次。一次看其办事之主意、大局之结构，一次看其造名下字之稳否。一日看一二折，不过月余，即可周知时贤之底蕴。然后参看古人奏稿，自有进益。每日极多不过二三刻工夫，不可懒也。二十五日拜发之件，尽可咨行邻省。

金眉生与鹤侪积怨甚深，吾辈听言，亦须独具权衡。权位所在，一言之是非，即他人之荣辱予夺系焉。弟性爽快，不宜发之太骤。顺问近好。

兄国藩手书

同治二年七月初一日

【译文】

沅弟左右：

我接到二十六日巳刻的来信后，已经得知一切。

关于奏折的事，贤弟确实要好好下一番功夫。秋高气爽，事务清闲之时，可试着写二三篇，眼界不要太高，也不可过于自谦。上次赵烈文、李元度写的两个稿子，只要改写润色一二十个字，完全能够交代了。眼下外面咨送过来的章折，只有浙江、上海、湖南三处较优，左宗棠、李鸿章、郭嵩焘向来就是写奏折的好手。此外如官文、骆秉章、沈葆桢、严信愿、僧格林沁、吴煦、都兴阿、冯子材的奏折，你稍为留心就能写得比他们的好了。以后凡是咨送到弟处的折子稿件，你都可把它当作学生的文章，适当地圈点批抹。每个折子稿件看上两次，头一次看人家办事的主意，了解折稿的大致结构，然后再看人家遣词造句是否稳妥。一天看一二个折稿，不出一个月的时间，完全可以摸清当代俊杰所写奏折的底蕴。然后再参读古人的奏稿，一定能够取得很大进步。细细算来，每日最多也不过耗费二三刻工夫，千万不可偷懒啊！二十五日拜送上去的信件，已经可以发送到邻近各省。

金眉生与鹤侪之间已经积下了很深的仇怨。听他人之言，也要有自己的权衡判断。尤其是像我们这样握有重权的情况，一个字的是非，就会决定他人的荣辱奖罚，很是关键。弟弟性格直爽，有些莽撞，所以对任何事情都不宜太快发表自己的见解。顺问近好。

兄国藩手书

同治二年七月初一日

三九　致九弟：只问积劳不问成名

【原文】

沅弟左右：

初五夜地道轰陷贼城十余丈，被该逆抢堵，我军伤亡三百余人，此盖意中之事。城内多百战之寇，阅历极多，岂有不能抢堵缺口之理？

苏州先复，金陵尚遥遥无期，弟切不必焦急。

古来大战争，大事业，人谋仅占十分之三，天意恒居十分之七。往往积劳之人非即成名之人，成名之人非即享福之人。此次军务，如克复武汉、九江、安庆，积劳者即是成名之人，在天意已算十分公道，然而不可恃也。吾兄弟但在积劳二字上着力，成名二字则不必问及，享福二字则更不必问矣。

厚庵坚请回籍养亲侍疾，只得允准，已于今日代奏。苗逆于二十六夜擒斩，

其党悉行投诚，凡寿州、正阳、颍上、下蔡等城一律收复，长、淮指日肃清，真堪庆幸！

弟近日身体健否？吾所嘱者二端：一曰天怀淡定，莫求速效；二曰谨防援贼城贼内外猛扑，稳慎御之！

同治二年十一月十二日

【译文】

沅弟左右：

接到你初五晚寄来的信，得知我军用地道轰陷敌城十余丈，但被敌人抢先堵塞，以致我军伤亡三百多人。虽伤亡惨重，但也是意料之中的事情。城里的敌人都身经百战，阅历丰富，岂有坐以待毙、不去抢堵缺口的道理！

苏州已经被攻克，只是攻克金陵的日子还遥遥无期，不过弟弟切不可过于焦急。

古来大战争，大事业，人的谋划只占十分之三，天意恒占十分之七，往往劳累日久的人，不是成名的人；成名的人，却又不是享福的人。这次军务，如克复武汉、九江、安庆，积劳的人就是成名的人，就天意而论，已经算是十分公道的了，但是却不能单纯地依仗天意。我们兄弟在积劳二字上下功夫，成名两个字不必过分在意，至于享福二字，更无须计较。

厚庵坚决要求回家养亲侍疾，我无法回绝，只好答应，并且今天已经代他奏告朝廷。苗逆已在二十六日晚被擒斩首，他的党徒全部投降，寿州、正阳、颍上、下蔡诸城，一律收复，长、淮也在日内可以肃清，真值得庆幸！

弟弟近日身体好吗？我要嘱咐的是两条：一是胸怀淡定，不要贪图速成；一是谨防援敌，避免城内外敌人一起猛扑，防御工事一定要稳妥慎重。

同治二年十一月十二日

四〇　谕纪泽：查明战功，论功行赏

【原文】

字谕纪泽儿：

初九接尔初六申刻之禀，知二十三日之折，批旨尚未到皖，颇不可解。岂已递至官相处耶？各处来信皆言须用贺表，余亦不可不办一份。尔请程伯敷为我撰一表，为沅叔撰一表。伯敷前后所作谢折太多，此次拟另送润笔费三十金，盖亦仅见之美事也。

得五等之封者似无多人。余借人之力而窃上赏，寸心深抱不安。从前三藩之役，封爵之人较多，求阙斋西间有《皇朝文献通考》一部，尔试查《封建考》中三藩之役共封几人？平准部封几人？平回部封几人？开单寄来。

伪幼主有逃到广德之说，不知确否？此谕。

涤生手示

同治三年七月初九日

【译文】

字谕纪泽儿：

我于初九日接到你初六申刻写来的信，从而得知我二十三日所上奏折的批旨至今还没有到达安徽，心中很是疑惑，不可理解。难道是已经递送到官相那里了？在各地来信中，都说要用贺表上奏，所以我也不得不提前准备一份。你请程伯敷替我撰写一份贺表，顺便也帮沅叔撰写一份。近来伯敷前前后后为我们代作的谢恩奏折实在太多，所以这次我准备另送他润笔费三十两，这应该也是少见的美事吧。

这次得到五等爵封赏的人似乎没有几个。我凭大家的力量而获得上等的封赏，心里很是有愧。从前平定三藩的战役之后，封爵的人相对要多一些。求阙斋

的西屋有一部《皇朝文献通考》，你试着查一下其中的《封建考》，看三藩之役以后一共封爵几人，平准部封爵几人，平回部封爵几人，开列一张单子寄来。

最近听说伪幼主已经逃到广德的说法，不知是否属实？此谕。

涤生手示

同治三年七月初九日

四一　谕纪泽：酬庸之典，此次最隆

【原文】

字谕纪泽儿：

十九日接尔十七日禀，知十一日之信至十七早始赶到安庆。哨官疲缓如此，不能不严惩也。余于十九日回拜富将军，即起程回皖，约行七十里乃至棉花堤。今日未刻发报后，长行顺风，行七十里泊宿，距采石不过十余里。

接奉谕旨，诸路将帅督抚均免造册报销，真中兴之特恩也。顷又接尔十八日禀，抄录封爵单一册。我朝酬庸之典，以此次最隆，愧悚战兢，何以报称！尔曹当勉之矣。

涤生手示

同治三年七月廿日

【译文】

字谕纪泽儿：

我于十九日收到了你十七日的来信，从信中得知我十一日发出的信直到十七日早上才送抵安庆。送信的哨官如此拖沓，耽误时间，务必要严加惩治。十九日那天，我回拜富明阿将军，之后就起程回安徽了，大约行进了七十里，到达棉花堤。今天未刻发报后，恰逢顺风，疾速而行，行七十里后停泊住宿，此处距采石已不过十多里。

近日接到皇上谕旨，各路将帅督抚都免于造册报销开支的费用，这真是本朝中兴的特殊恩典。刚刚又接到你十八日的来信，收到你抄录的封爵名单一册。我朝酬谢功臣的典礼，要数这一次最为隆重。承受如此重恩，内心实在惭愧，不禁战战兢兢，我们能用什么来报答朝廷的如此厚重的恩典呢？你们这一代人更是要尽力报国啊。

涤生手示

同治三年七月二十日

四二　谕纪泽：皖南闹饷，竟日忧灼

【原文】

字谕纪泽儿：

接尔十一、十五日两次安禀，具悉一切。尔母病已痊愈，罗外孙亦好，慰慰。

余到清江已十一日，因刘松山未到，皖南各军闹饷，故尔迟迟未发。雉河、蒙城等处日内亦无警信。罗茂堂等今日开行，由陆路赴临淮。余俟刘松山到后，拟于二十一日由水路赴临淮。

身体平安。惟廑念湘勇闹饷，有弗戢自焚之惧，竟日忧灼。蒋之纯一军在湖北业已叛变，恐各处相煽，即湘乡亦难安居。思所以痛惩之之法，尚无善策。

杨见山之五十金，已函复小岑在于伊卿处致送。邵世兄及各处月送之款，已有一札，由伊卿长送矣。惟壬叔向按季送，偶未入单，刘伯山书局撤后，再代谋一安砚之所。该局何时可撤，尚无闻也。

寓中绝不酬应，计每月用钱若干？儿妇诸女，果每日纺绩有常课否？下次禀复。

吾近夜饭不用荤菜，以肉汤炖蔬菜一二种，令其烂如糜，味美无比，必可以资培养（菜不必贵，适口则足养人），试炖与尔母食之（星冈公好于日入时手摘鲜蔬，以供夜餐。吾当时侍食，实觉津津有味，今则加以肉汤，而味尚不逮于昔时）。后辈则夜饭不荤，专食蔬而不用肉汤，亦养生之宜，且崇俭之道也。

颜黄门（之推）《颜氏家训》作于乱离之世，张文端（英）《聪训斋语》作于承平之世，所以教家者极精。尔兄弟各觅一册，常常阅习，则日进矣。

涤生手草（清江浦）

同治四年闰五月十九日

【译文】

字谕纪泽儿：

近日已经接到了你十一、十五日的两次禀帖，从中得悉一切。听说你母亲病已痊愈，罗氏外孙也已安好无恙，心中很是欣慰。

我抵达清江浦至今已经有十一天的时间了，因刘松山的部队至今还没有行进到这里，再加上皖南各部为军饷生事，所以迟迟没有发兵。雉河、蒙城等地这几天情势稍缓，没有告急。罗茂堂等人今天出发，由陆路到临淮。我准备等刘松山到了以后，于二十一日走水路去临淮。

我身体平安，只是挂念湖南士兵闹饷的事，怕他们无力及时平息此事，以致引火烧身，整日为此焦虑不已。蒋之纯军在湖北已经叛变，我担心各地恶势力趁机互相煽动，若果真如此，恐怕湘乡之地也难以安居乐业。我现在正在想如何彻底解决这件事，打破这个不利的局面，只是目前还没有想出妥善处理的办法。

至于杨见山的五十两，我已经在给小岑回信中作了答复，可通过伊卿送去给他。邵世兄以及各处按月送去的钱，已有一道札文，都由伊卿按期送达。只是壬叔处一向按季送的，没有列入名单。刘伯山书局撤销以后，可再为他找一个以文谋生的差事。至于这个书局什么时候才会被撤销，如今还没有确切的消息。

金陵的寓所中绝对不要搞应酬活动，一个月共计要有多少的花费？儿媳、女儿们每天从事纺织劳作有定额工作量吗？下次回信望一一告知。

我近来吃晚饭不沾荤菜，只用肉汤炖一两种蔬菜，炖到烂如泥的程度，味道无与伦比，而且有利于养护身体（菜不一定要价格昂贵的，吃起来适口就足以养护自己的身体），你可以试着炖给你母亲吃（星冈公惯于太阳落山时亲手采摘新鲜蔬菜，供晚饭食用。我当时陪星冈公一起吃饭，真是津津有味，现在加上肉汤炖菜，而味道却无法与当年相比）。年轻人晚饭不宜吃荤腥，专吃蔬菜，不用配肉汤熬炖，这样的吃法也适合于养生，而且也是节俭之道。

颜之推的《颜氏家训》书于离乱之世，张英的《聪训斋语》著于太平之时，两部家训教导家人都有精到独特的见解。你们兄弟要每人各去找一册来放在身边，常常拿来阅读，就会天天进步不断了。

同治四年闰五月十九日

交友处世篇

一　致诸弟：告兄弟相处之道

【原文】

诸位老弟足下：

正月十五日接到四弟、六弟、九弟十二月初五日所发家信。四弟之信三叶，语语平实。责我待人不恕，甚为切当。谓月月书信徒以空言责弟辈，却又不能实有好消息，令堂上阅兄之书，疑弟辈粗俗庸碌，使弟辈无地可容云云。此数语，兄读之不觉汗下。

我去年曾与九弟闲谈，云为人子者，若使父母见得我好些，谓诸兄弟俱不及我，这便是不孝；若使族党称道我好些，谓诸兄弟俱不如我，这便是不弟。何也？盖使父母心中有贤愚之分，使族党口中有贤愚之分，则必其平日有讨好的意思，暗用机计，使自己得好名声，而使其兄弟得坏名声，必其后日之嫌隙由此而生也。刘大爷、刘三爷兄弟皆想做好人，卒至视如仇雠。因刘三爷得好名声于父母族党之间，而刘大爷得坏名声故也。今四弟之所责我者，正是此道理，我所以读之汗下。但愿兄弟五人，各各明白这道理，彼此互相原谅。兄以弟得坏名为忧，弟以兄得好名为快。兄不能使弟尽道得令名，是兄之罪；弟不能使兄尽道得令名，是弟之罪。若各各如此存心，则亿万年无纤芥之嫌矣。

至于家塾读书之说，我亦知其甚难，曾与九弟面谈及数十次矣。但四弟前次来书，言欲找馆出外教书。兄意教馆之荒功误事，较之家塾为尤甚。与其出而教馆，不如静坐家塾。若云一出家塾便有明师益友，则我境之所谓明师益友者，我皆知之，且已夙夜熟筹之矣。惟汪觉庵师及阳沧溟先生，是兄意中所信为可师者。然衡阳风俗，只有冬学要紧，自五月以后，师弟皆奉行故事而已。同学之人，类皆庸鄙无志者，又最好讪笑人（其笑法不一，总之不离乎轻薄而已。四弟若到衡阳去，必以翰林之弟相笑。薄俗可恶）。乡间无朋友，实是第一恨事。不惟无益，且大有损。习俗染人，所谓与鲍鱼处，亦与之俱化也。兄尝与九弟道及：谓衡阳不可以读书，涟滨不可以读书，为损友太多故也。今四弟意必从觉庵师游，则千万听兄嘱咐，但取明师之益，无受损友之损也。

接到此信，立即率厚二到觉庵师处受业。其束脩，今年谨具钱十挂。兄于八月准付回，不至累及家中。非不欲从丰，实不能耳。兄所最虑者，同学之人无志嬉游，端节以后放散不事事，恐弟与厚二效尤耳。切戒切戒。凡从师必久而后可以获益。四弟与季弟今年从觉庵师，若地方相安，则明年仍可从游；若一年换一处，是即无恒者，见异思迁也，欲求长进难矣。

此以上答四弟信之大略也。

六弟之信，乃一篇绝妙古文。排奡似昌黎，拗很似半山。予论古文，总须有倔强不驯之气，愈拗愈深之意。故于太史公外，独取昌黎、半山两家。论诗亦取傲兀不群者，论字亦然。每蓄此意，而不轻谈。近得何子贞意见极相合，偶谈一二句，两人相视而笑，不知六弟乃生成有此一枝妙笔。往时见弟文，亦无大奇特者。今观此信，然后知吾弟真不羁才也。欢喜无极，欢喜无极！凡兄所有志而力不能为者，吾弟皆可为之矣。

信中言兄与诸君子讲学，恐其渐成朋党。所见甚是。然弟尽可放心。兄最怕标榜，常存暗然尚絅之意，断不至有所谓门户自表者也。信中言四弟浮躁不虚心，亦切中四弟之病。四弟当视为良友药石之言。

信中又有“荒芜已久，甚无纪律”二语，此甚不是。臣子与君亲，但当称扬善美，不可道及过错；但当谕亲于道，不可疵议细节。兄从前常犯此大恶，但尚是腹诽，未曾形之笔墨。如今思之，不孝孰大乎是？常与阳牧云并九弟言及之，以后愿与诸弟痛惩此大罪。六弟接到此信，立即至父亲前磕头，并代我磕头请罪。

信中又言：“弟之牢骚，非小人之热中，乃志士之惜阴”。读至此，不胜惆然，恨不得生两翅忽飞到家，将老弟劝慰一番，纵谈数日乃快。然向使诸弟已入学，则谣言必谓学院做情。众口铄金，何从辩起！所谓塞翁失马，安知非福。科名迟早，实有前定，虽惜阴念切，正不必以虚名萦怀耳。

来信言看《礼记》疏一本半，浩浩茫茫，苦无所得，今已尽弃，不敢复阅，现读朱子《纲目》，日十余叶云云。说到此处，兄不胜悔恨。恨早岁不曾用功，如今虽欲教弟，譬盲者而欲导人之迷途也，求其不误难矣。

然兄最好苦思，又得诸益友相质证，于读书之道，有必不可易者数端：穷经必专一经，不可泛骛。读经以研寻义理为本，考据名物为末。读经有一耐字诀。一句不通，不看下句；今日不通，明日再读；今年不精，明年再读。此所谓耐也。读史之法，莫妙于设身处地。每看一处，如我便与当时之人酬酢笑语于其间。不必人人皆能记也，但记一人，则恍如接其人；不必事事皆能记也，但记一事，则恍如亲其事，经以穷理，史以考事。舍此二者，更别无学矣。

盖自西汉以至于今，识字之儒约有三途：曰义理之学，曰考据之学，曰词章之学。各执一途，互相诋毁。兄之私意，以为义理之学最大。义理明则躬行有要而经济有本。词章之学，亦所以发挥义理者也。考据之学，吾无取焉矣。此三途者，皆从事经史，各有门径。吾以为欲读经史，但当研究义理，则心一而不纷，是故经则专守一经，史则专熟一代，读经史则专主义理。此皆守约之道，确乎不可易者也。

若夫经史而外，诸子百家，汗牛充栋。或欲阅之，但当读一人之专集，不当东翻西阅。如读昌黎集，则目之所见，耳之所闻，无非昌黎。以为天地间，除昌黎集而外，更别无书也。此一集未读完，断断不换他集，亦专字诀也。六弟谨记之。

读经、读史、读专集、讲义理之学，此有志者万不可易者也。圣人复起，必从吾言矣。然此亦仅为有大志者言之。若夫为科名之学，则要读四书文，读试帖、律赋，头绪甚多。四弟、九弟、厚二弟天质较低，必须为科名之学。六弟既有大志，虽不科名可也，但当守一耐字诀耳。观来信言读《礼记》疏似不能耐者，勉之勉之。

兄少时天分不甚低，厥后日与庸鄙者处，全无所闻，窍被茅塞久矣。及乙未到京后，始有志学诗古文并作字之法，亦洎无良友。近年得一二良友，知有所谓经学者、经济者，有所谓躬行实践者，始知范、韩可学而至也，司马迁、韩愈亦可学而至也，程、朱亦可学而至也。慨然思尽涤前日之污，以为更生之人，以为父母之肖子，以为诸弟之先导。无如体气本弱，耳鸣不止，稍稍用心，便觉劳顿。每自思念，天既限我以不能苦思，是天不欲成我之学问也。故近日以来，意颇疏散。计今年若可得一差，能还一切旧债，则将归田养亲，不复恋恋于利禄矣。粗识几字，不敢为非以蹈大戾已耳，不复有志于先哲矣。吾人第一以保身为要。我所以无大志愿者，恐用心太过，足以疲神也。诸弟亦须时时以保身为念，无忽无忽。

来信又驳我前书，谓必须博雅有才，而后可明理有用。所见极是。兄前书之意，盖以躬行为重，即子夏“贤贤易色”章之意。以为博雅者不足贵，惟明理者乃有用，特其立论过激耳。六弟信中之意，以为不博雅多闻，安能明理有用？立论极精，但弟须力行之，不可徒与兄辩驳见长耳。来信又言四弟与季弟从游觉庵师，六弟、九弟仍来京中，或肄业城南云云。兄之欲得老弟共住京中也，其情如孤雁之求曹也。自九弟辛丑秋思归，兄百计挽留，九弟当能言之。及至去秋决计南归，兄实无可如何，只得听其自便。若九弟今年复来，则一岁之内忽去忽来，不特堂上诸大人不肯，即旁观亦且笑我兄弟轻举妄动。且两弟同来，途费须得八十金，此时实难措办。弟云能自为计，则兄窃不信。曹西垣去冬已到京，郭云仙明年始起程，目下亦无好伴。惟城南肄业之说，则甚为得计。兄于二月间准付银二十两至金竺虔家，以为六弟、九弟省城读书之用。竺虔于二月起身南旋，其银四月初可到。

弟接到此信，立即下省肄业。省城中兄相好的如郭云仙、凌笛舟、孙芝房，皆在别处坐书院。贺蔗农、俞岱青、陈尧农、陈庆覃诸先生皆官场中人，不能伏案用功矣。惟闻有丁君者（名叙忠，号秩臣，长沙廪生），学问切实，践履笃诚。兄虽未曾见面，而稔知其可师，凡与我相好者，皆极力称道丁君。两弟到省，先到城南住斋，立即去拜丁君（托陈季牧为介绍），执贽受业。凡人必有师；若无师，则严惮之心不生。即以丁君为师，此外择友则慎之又慎。昌黎曰：“善不吾与，吾强与之附；不善不吾恶，吾强与之拒。”一生之成败，皆关乎朋友之贤否，不可不慎也。

来信以进京为上策，以肄业城南为次策，兄非不欲从上策，因九弟去来太速，不好写信禀堂上。不特九弟形迹矛盾，即我禀堂上亦必自相矛盾也。又目下

实难办途费。六弟言能自为计，亦未历甘苦之言耳。若我今年能得一差，则两弟今冬与朱啸山同来甚好。目前且从次策，如六弟不以为然，则再写信来商议可也。此答六弟信之大略也。

九弟之信，写家事详细，惜说话太短。兄则每每太长，以后截长补短为妙。尧阶若有大事，诸弟随去一人帮他几天，牧云接我长信，何以全无回信？毋乃嫌我话太直乎？扶乩之事，全不足信。九弟总须立志读书，不必想及此等事。季弟一切皆须听诸兄话。此次折弁走甚急，不暇抄日记本。余容后告。

冯树堂闻弟将到省城，写一荐条，荐两朋友。弟留心访之可也。

兄国藩手草

道光二十三年正月十七日

【译文】

诸位老弟足下：

正月十五日接到四弟、六弟、九弟十二月五日所发出的家信。其中四弟的三页信中，句句平实，尤其是批评我待人不够宽恕这一点，说得恳切恰当。说每月写信只是以空话责备弟弟们，却又几乎从未有什么具体实际的好消息，令长辈们阅信后疑心弟弟们整日碌碌无为，不务正业，不思上进，让弟辈们陷入无地自容的境地，等等。这些话，为兄的看了很惭愧，不觉汗颜。

去年我与九弟闲谈之时，曾说为人子者，若使父母过分地偏爱，觉得别的兄弟都不如自己，这就是不孝；若使家族同乡极力地夸赞自己，而贬低众兄弟，认为都不如自己出色，这就是对兄弟不友爱。原因是什么呢？那是因为如果使父母心中有了贤能愚蠢的分别，使族人同乡口中有了贤能愚蠢的区别，那么平时必有刻意讨好的意思，以致暗用心计，落得个虚无的好名声，而让他的兄弟身负恶名，自然以后的矛盾就会不断发生。比如刘大爷、刘三爷都想做好人，最后却闹得如同仇敌一般。就因为刘三爷在父母面前、族人同乡之间得好名声，而刘大爷却得到了坏名声。现在四弟所责备我的，也是这个道理，所以我读着不禁汗颜。但愿我们兄弟五人，各自都明白这个道理，彼此相互原谅。当兄长的以弟弟得坏名声而忧虑，弟弟为兄长得好名声而快乐。兄不能让弟尽孝道得美名，是兄的罪；弟不能让兄尽孝道而得美名，是弟的罪。若彼此都能有这样的想法，那么什么时候都不会有一点儿矛盾了。

至于在家塾中读书做学问，我知道也并非易事。我曾经就此事与九弟面谈数十次。但四弟前一次来信，说想找个地方边教边学，为兄认为这样做实在是浪费时间，比在家塾更甚。与其外出教书，不如静坐家塾。至于说一离开家塾就有良师益友，那么所谓家乡的良师益友，我都了解，且彻夜筹划，认为只有汪觉庵先生和欧阳沧溟先生，是为兄心中值得信赖的老师。按衡阳的风俗，只有冬学要紧，从五月以后，师生都只是应付走过场而已。同学的人，几乎都是些平庸无大志的人，又最爱嘲笑人（其笑法不一，总之不离轻薄。四弟如果到衡阳去，定要笑你是翰林之弟，薄俗可恶）。乡间无朋友，实在是第一恨事。不只是没有好处，而且大有害处。习俗染人，所谓入鲍鱼之肆也与其同化了。我曾经与九弟谈起，说衡阳不可以读书，涟滨也不可以读书，因为坏朋友太多了。如今四弟已打定主意跟随衡阳觉庵先生学习，那就务必听为兄之言，牢记嘱托，只须吸取良师的好处，千万不可受劣友的负面影响。

接到这封信之后，望四弟立即带厚二到觉庵处受业。至于所需之学费，我今年已经准备了十挂钱，将于八月寄回，不会误时，以免拖累家里。我也想多准备一些钱物寄回家，实在是心有余而力不足。为兄最为忧虑的事情，是同学中大都胸无大志，而只知道嬉笑玩耍，至端午节放散后无所事事，怕四弟与厚二照着坏样子去做。切记切记。跟从老师学习，时间长久了才会有收获。四弟与季弟今年跟觉庵老师学习，如地方安定，则明年还可以跟觉庵学习；如一年换一处，就是没恒心的人，若见异思迁，便很难求得长进。

以上所说是简略地答复四弟的回信。

六弟的信，可称得上是一篇精妙绝伦的古文。其文笔矫健有力，颇有韩昌黎之风，而奔放不羁的风格又与半山很是相像。在我看来，古文就应该具有倔强不驯的文风、愈拗愈深的意境，所以除了太史公外，唯独昌黎、半山两家可当此殊荣。论诗要取孤兀不群的人，论字也是这样。这些我早已于心中思虑良久，只是不轻易谈论而已。近来与何子贞意气相投，才偶尔说一二句，两人相视而笑。我还真不知六弟有如此妙笔。以前读六弟的文章，也没令人觉得很特别。现在看到这封信，才知六弟竟然是个不羁之才。此事真是太让人高兴了！凡是我有志去做而力不从心，我的弟弟都可以做到。

信中说到我与各位君子共同讲学，也许会渐渐形成一个朋党。这种看法是很对的。不过六弟尽管放心，我最怕招摇，常想着要时时留意，绝不会以门户之言来标榜自己。信中说到四弟浮躁不虚心，我认为这正切中了四弟的毛病，四弟应把这视作良友药石之言。

信中还有“荒芜已久，甚无纪律”这样的话。这就是非常不对的了。身为大臣的，就应敬爱国君，称赞他善良美好的地方，不应乱说国君的过错；应用道理来使亲人觉悟，而不应议论些小事。我以前常犯这样的大毛病，但只是在心里想，没把它写下来。如今想来，还有比这更不孝的吗？经常与欧阳牧云和九弟说到这些，以后我愿与各位兄弟一起痛惩这种大罪。六弟接到这封信之后，要立即到父亲跟前磕头谢罪，并代我磕头。

信中又说到弟弟经常会满腹牢骚，不过并不是小人热衷功名而不得的牢骚，而是有志者珍惜光阴而生出的感叹。读到此处，为兄不禁心生惘然，恨不得生出两翅飞回家中，用心劝慰老弟一番，长谈数日才痛快。不过倘若各位兄弟已入学，则必有小人造谣说是学院做的人情，以致众口铄金，无法分辩！所谓塞翁失马，安知非福。科名迟早，实为前世注定，即使珍惜时间的念头再强烈，也不必一天到晚都想着那些虚名。

来信中还说看《礼记》疏一本半，浩浩茫茫，苦无所得，现在已全部放弃，不敢再读，现正读朱子《纲目》，每日十余页等。说到这里，为兄不胜悔恨。恨早年没有用心苦读，现在就是有心指点弟弟一二，也生怕如盲人带路一般，不走错路才怪！

不过我自幼喜欢用心思索，再加上得益于各位好友相互的验证和启发，深谙读书之道，有几条固定不变的原则：研究经书必定先专通一经，不可泛读。读经以研究寻求义理为本，考据名物为末。读经书有一“耐”字口诀：一句不通，不看下句；今日不通，明日再读；今年不精，明年再读。这就是耐心。读史书的办法，最好莫过于设身处地地去思考。每看一处，就好比我曾与当时人物一起饮酒畅谈一般。不必人人都能记住，要记一个人，就恍如与此人直接接触认识一样；不必事事都要熟记，要牢牢地记住其中一件事，就恍如亲身经历过这件事。研究经书的过程是可以寻求道理的，研究史书是可以考证历史的。抛开这两条，就没有其他更有价值的学问了。

自西汉至今，读书人做学问一般有三条途径：一是义理之学，二是考据之学，三是辞章之学。只是三者之间历来是各执一端，相互诋毁。我个人认为，三者之中义理之学学问最大。义理清楚则身体力行有原则，对人处事有根基。辞章之学，是用以发挥义理的工具。考据之学，我并没有从中得到什么收获。这三条途径，都可为研习经书史学服务，各有门径。但我认为，要读好经书史学，首先就应当研究义理，才会专一而不致心绪烦乱。因而学经则应专守一经，学史则当专熟一代，读经书史学则专心致志于义理。这些都是做学问要用心专一的道理，无论什么时候也不会改变。

至于经史，诸子百家之学，各家的著作汗牛充栋。如果想阅读，只应读一个人的专集，不应东翻西翻。比如读昌黎集，则眼睛所看见的，耳朵所听见的，无非就是昌黎，以为天地间除了昌黎集以外，再没有其他书了。一个人的集子没读完，千万不可换别人的集子，这也是“专”字秘诀。以上所说六弟要用心牢记。

读经、读史、读专集、讲义理之学，有志向的人要终生致力于此，不可有丝毫的更改和转移。就是圣人再生，也会按我的话去做。不过这些也只是对那些胸怀远大志向的人而言。如果是为了科举功名，那就要读四书，读试帖、律赋等，途径会更多。四弟、九弟、厚二弟智力差些，最好是做可以考取科举获得功名的学问。六弟既然胸怀大志，就是不参加科举考功名也可以，但应牢记一耐字诀，平心静气的读书做学问。从来信中可见，读《礼记》疏时就好像已经有些不耐烦，这可是万万不行的，一定要克制自己，继续用心努力。

我年少时天分不差，只是后来每天与不学无术之人整日无所事事，以致见识短浅，学问上难以开窍。待到乙未年进京后，才开始用心研习诗文和书法，遗憾的是当时还是没有可以共同进步的良友。最近有幸结交一两位良友，知道有经学、经济和躬行实践的说法，才知道范、韩二人的境界是可以通过学习达到的，司马迁、韩愈的境界，也是可以通过学习而不断接近的，程、朱也是这样。得知此道理后，我慨然兴起，打算扫尽前日之污点，以为再生之人，做父母的好儿子、各位兄弟的先导。无奈身体虚弱，耳鸣不止，稍微用心，就觉得劳累。每次想到这些，觉得是老天在捉弄我，让我不能努力思考，不想成全自己研究学问的心愿。正因如此，近日来总是心灰意冷，对任何事都没有什么兴趣，只是计划今年如何得一官职，以还清一切旧债，之后就回老家侍奉父母，不再留恋在京为官。粗识几个字，懂些道理，也只是不敢为非作歹犯下大错而已，不敢再奢望能达到前贤的境界。我这人以保重身体为第一，之所以无大志，是怕用心太多，劳神以致病。各位兄弟也要时时以保重身体为主，千万不要不把自己的身体当回事。

诸弟在这次的来信中还驳斥了我的上封信，认为必须博学多才，以后才能明理致用，我承认这个看法是对的。我上封信的意思，是强调身体力行、实践的重要性，即子夏“贤贤易色”章的意思。认为博学不足贵，只有明理才有用，也许观点有些过激。六弟信中的意思，是说不博学多才，怎么能明理有用？立论极精，但弟须身体力行，不能只是与我辩驳对错争个长短。来信又说四弟与季弟从觉庵老师受业，六弟九弟仍然来京，或修业城南，等等，兄长想跟弟弟们共住京城，这种感情好比孤雁求群。自从九弟辛丑秋想回家，兄长百计挽留，九弟可以证明这一点。及到去年秋决计南归，兄长实在没有办法，只得听他自便。如果九弟今年再来，则一年之内，忽去忽来，不仅堂上大人不肯，就是旁观者也会笑我兄弟轻举妄动。并且两弟同来，路费要花八十金，现在实在难以筹办，六弟说能够自己解决，为兄我不敢相信。曹西垣去年冬天已到京城，郭云仙明年才上路，眼下也没有好同伴。只有城南修业一说，还比较切合实际。我于二月里一定送银二十两到金竺虔家，当作六弟、九弟省城读书的费用。竺虔于二月动身去南方，这笔银子四月初可收到。

弟接到这封信，可即刻前往省城修业。省城中有我的好友，如郭云仙、凌笛舟、孙芝房，都在别处的学院教书。贺蔗农、俞岱青、陈尧农、陈庆覃诸先生都是官场中人，没有时间伏案用功。只听说有丁君（名叙忠，号秩臣，长沙廪生）学问深厚扎实，为人老实忠厚。我虽然未曾谋面，但早就知道这个人是可以为师的。凡是我的朋友，都极力称赞丁君。两弟到省城之后，先到城南安身，然后立即去拜访丁君（托陈季牧介绍），执贽受业，拜为老师。凡为人必有师；若是无老师，就不知道严格要求自己。就以丁君为师吧。另外，交友一定要谨慎，昌黎说："善不吾与，吾强与之附；不善不吾恶，吾强与之拒。"一个人一生成败与否，与朋友是否贤能关系重大，千万不可掉以轻心，要慎重行事。

来信中以进京为上策，以在城南学习为次策。为兄不是不想从上策，是因为九弟来去间隔太短，不好写信禀告长辈。不仅九弟形迹矛盾，就是我告知长辈也必前后矛盾，再则眼下实在难筹办路费。六弟说自己去想办法，也是没吃过苦头的说法。如果今年我求得一官职，则两位弟弟冬天与朱啸山一起来更好。目前暂且从次策，如六弟认为不可，再写信来商量。以上是简略回复六弟的来信。

九弟的信，将家中的详细情形一一告知，不过言语太过简略，话说得太短。我写信又总是太长，而九弟又太短，今后应以截长补短为妙。尧阶如果有大事，兄弟可去一人帮他几天。牧云接到我的长信，不知为什么至今不见回音？不会是嫌我说话过于直率吧？扶乩之事，全不足信。九弟只需专心读书做学问，无须对这些事费心。季弟一切要听各位哥哥的话。这次送信的走得太仓促，没时间将日记抄于其中了，容日后去信时再说吧。

冯树堂听说弟弟将要起身前往省城，便写了一封推荐信，推荐两个朋友给你认识。弟可留心访求。

兄国藩手草

道光二十三年正月十七日

二　致诸弟：交友拜师以专一为要

【原文】

四位老弟左右：

正月二十三日接到诸弟信，系腊月十六在省城发，不胜欣慰。四弟女许朱良四姻伯之孙，兰姊女许贺孝七之子，人家甚好，可贺。惟蕙妹家颇可虑，亦家运也。

六弟、九弟今年仍读书省城，罗罗山兄处附课甚好。既在此附课，则不必送

诗文与他处看，以明有所专主也。凡事皆贵专。求师不专，则受益也不入；求友不专，则博爱而不亲。心有所专宗，而博观他途以扩其识，亦无不可。无所专宗，而见异思迁，此眩彼夺，则大不可。罗山兄甚为刘霞仙、欧晓岑所推服，有杨生（任光）者，亦能道其梗概，则其可为师表明矣，惜吾不得常与居游也，在省用钱，可在家中支用（银三十两则够二弟一年之用矣，亦在吾寄一千两之内）。予不能别寄与弟也。

我去年十一月二十日到京，彼时无折差回南，至十二月中旬始发信，乃两弟之信骂我糊涂。何不检点至此！赵子舟与我同行，曾无一信，其糊涂更何如耶？余自去年五月底至腊月初未尝接一家信。我在蜀可写信由京寄家，岂家中信不可由京寄蜀耶？又将骂何人糊涂耶！凡动笔不可不检点。

陈尧农先生信至今未接到。黄仙垣未到京。家中付物，难于费心，以后一切布线等物，均不必付。

九弟与郑、陈、冯、曹四信，写作俱佳，可喜之至。六弟与我信字太草率，此关乎一生福分，故不能不告汝也。四弟写信语太不圆，由于天分，吾不复责。

余容续布，诸惟心照。

兄国藩手草

道光二十四年正月廿六日

【译文】

四位老弟左右：

正月二十三日接到诸弟于腊月十六在省城寄出的来信，看了之后，心中非常欣慰。来信中说，四弟的女儿许配给朱良四姻伯的孙子，兰姐的女儿许配给贺孝七的儿子，这两户人家甚好，实在是可喜可贺之事！遗憾的是蕙妹的境况实在令人忧虑，这也是家运啊。

六弟、九弟今年仍然在省城，跟随罗山兄听课学习，这很好。既然在此上课，就不必再将诗文送给别人指正，以表明心有所专。凡事贵在一个专字，若求师不专一，则受益也不会有多深；若求友不专一，也只能是平淡的交往，不会有亲近之感。心里有专一的东西，在此基础上博览群书，以增长见识，也无不可；心中没有专一的东西，却见异思迁，变来变去，则大不可。刘霞仙、欧阳小岑对罗山兄很是推崇佩服，杨生（名任光）也能随口说出他的大致情形。由此可见，罗山兄可为人师表是毋庸置疑的，可惜我不能够常与他住在一起交流切磋。至于两个弟弟在省城的用度，可由家中支出（三十两银则够两弟一年的费用，这也在我寄回家的一千两银之内），我就不再另外寄钱给你们了。

我去年十一月二十日到京，那时没有信差回湖南，到十二中旬才发信，结果，两个弟弟来信，骂我糊涂，为何这样不检点！赵子舟和我同路，一封信也没有写，那他的糊涂更如何？我自去年五月底到十二月初，没有接过一封家信。我在四川，可以写信由京城寄家里，难道家里不可以写信由京城转寄四川吗？那又该骂谁糊涂呢？凡动笔之时，要考虑周全，不可不检点。

陈尧农先生的信至今还未收到。黄仙垣也没有到京。家里托人带东西进京，实在太麻烦了，以后一切布线等东西，均不必托人捎带。

九弟写给郑、陈、冯、曹四人的书信，书法文笔都好，真是可喜。只是六弟寄给我的信，字体潦草，这关系到一个人一生的福分，所以我不能不给你指出来。四弟的信中，话说得太过生涩，不够圆润，由于此关天分，我也不再责备你。

余容续布，诸唯心照。

兄国藩手草

道光二十四年正月二十六日

三　致诸弟：良友须殷勤接近

【原文】

四位老弟左右：

四月十六日曾写信交折弁带回，想已收到。十七日朱啸山南归，托带纹银百两、高丽参一斤半、书一包计九套。

兹因冯树堂南还，又托带寿屏一架，狼兼毫笔二十枝，鹿胶二斤，对联条幅一包（内金年伯耀南四条，朱岚暄四条，萧辛五对一幅，江岷山母舅四条，东海舅父四条，父亲横披一个，叔父折扇一柄），乞照单查收。前信言送江岷山、东海高丽参六两，送金耀南年伯参二两，皆必不可不送之物，惟诸弟禀告父亲大人送之可也。

树堂归后，我家先生尚未定。诸弟若在省得见树堂，不可不殷勤亲近。亲近愈久，获益愈多。

今年湖南萧史楼得状元，可谓极盛。八进士皆在长沙府。黄琴坞之胞兄及令嗣皆中，亦长沙人也，余续具。

兄国藩手草

道光二十五年四月廿四日

【译文】

四位老弟左右：

四月十六日，我曾写了一封家信，交由信差带回，估计已经收到了吧。十六日，逢朱啸山回湖南，我顺便托他带回一百两银子，一斤半高丽参，一包书共九套。

现因冯树堂也回湖南，又托他带寿屏一架，狼兼毫笔二十支，鹿胶二斤，对联、条幅一包（其中，金年伯耀南四条，朱岚暄四条，萧辛五对一副，江岷山母舅四条，东海舅父四条，父亲横批一个，叔父折扇一柄），请照单查收。前不久的信上说送江岷山、东海高丽参六两，送金耀南年伯参二两，都是一定不可不送的，只是弟弟们要禀告父亲大人再送。

树堂回去后，我家老师还没有定，弟弟们如果在省城遇见树堂，不可不殷勤亲近，亲近越久，自然就会感觉从中获益匪浅。

今年湖南萧史楼得了状元，可说极盛，八个进士都在长沙，黄琴坞的胞兄及其儿子都考中，也是长沙人，其余以后再写。

兄国藩手草

道光二十五年四月二十四日

四　致诸弟：常存谦虚敬畏之心

【原文】

四位老弟足下：

四月十六日，余寄第三号交折差，备述进场阅卷及收门生诸事，内附寄会试题名录一纸。十七日朱啸山南旋，余寄第四号信，外银一百两、书一包计九函，高丽参一斤半。二十五日冯树堂南旋，余寄第五号家信，外寿屏一架，鹿胶二斤一包、对联条幅扇子及笔共一布包。想此三信，皆于六月可接到。

树堂去后，余于五月初二日新请李竹坞先生（名如篦，永顺府龙山县人，丁酉拔贡，庚子举人）教书。其人端方和顺，有志性理之学，虽不能如树堂之笃诚照人，而已为同辈所最难得者。

初二早，皇上御门办事。余蒙天恩，得升詹事府右春坊右庶子。次日具折谢恩，蒙召见于勤政殿，天语垂问共四十余句。是日同升官者：李菡升都察院左副都御史，罗惇衍升通政司副使，及余共三人。余蒙祖父余泽，频叨非分之荣，此次升官，尤出意外，日夜恐惧修省，实无德足以当之。诸弟远隔数千里之外，必须匡我之不逮，时时寄书规我之过，务使累世积德不自我一人而堕。庶几持盈保泰，得免速致颠危。诸弟能常进箴规，则弟即吾之良师益友也。而诸弟亦宜常存敬畏，勿谓家有人作官，而遂敢于侮人；勿谓已有文学，而遂敢于恃才傲人。常存此心，则是载福之道也。

今年新进士善书者甚多，而湖南尤甚。萧史楼既得状元，而周荇农（寿昌）去岁中南元，孙芝房（鼎臣）又取朝元，可谓极盛。现在同乡诸人讲求词章之学者固多，讲求性理之学者亦不少，将来省运必大盛。

余身体平安，惟应酬太繁，日不暇给，自三月进闱以来，至今已满两月，未得看书。内人身体极弱，而无病痛。医者云必须服大补剂，乃可回元。现在所服之药与母亲大人十五年前所服之白术黑姜方略同，差有效验。儿女四人皆平顺如常。

去年寄家之银两，屡次写信求将分给戚族之数目详实告我，而至今无一字见

示，殊不可解。以后务求四弟将帐目开出寄京，以释我之疑。又余所欲问家乡之事甚多，兹另开一单，烦弟逐条对是祷！

兄国藩草

道光二十五年五月初五

【译文】

四位老弟左右：

四月十六日，我把第三号家信交给信差，信中详细叙述了进场阅卷及收门生等事的详情，信内还附有会试题名录一份。十七日朱啸山南归，我托他带回第四号信，另外有一百两银子，书一包计九函，还有一斤半高丽参。二十五日冯树堂又回南方，我趁机托他带回第五号家信，外加一架寿屏，一包重两斤的鹿胶，对联条幅扇子及笔共一个布包。估计以上三封信，到六月大概都可以收到。

自树堂离开之后，我于五月二日新请到李竹坞先生（名如篦，永顺府龙山县人，丁酉年的贡生，庚子年的举人）教书。此人仪表端庄，性情温顺和善，有志于性理之学，虽然不似树堂那样有笃朴诚实的品质来感染人，但在同辈中已算是非常难得的人了。

初二一大早，到皇上的御门办事，我蒙受天恩，得升为詹事府右春坊右庶子。第二天写折子去谢恩，又蒙在勤政殿召见，皇上笑着问了我四十多句话。当日一同升官的还有：李菡升为都察院左副都御史；罗惇衍升为通政司副使。我蒙祖父余泽，多次得到超过我应得的荣耀，这次升官，尤其出乎意料，日夜都细心地反省自己，发现自己实在是没有什么德行能够让我接受这样的荣耀。弟弟们远隔千里之外，要纠正我做得不好的地方，常常写信来规诫我的过错，务必使我家历代积累的德行，不从我这儿开始衰落。在一帆风顺时小心谨慎，也许能避免过快地翻船。诸弟若能常进规箴，那么弟弟就是我的良师益友。而弟弟们也要时刻存有一种敬畏的心理，不要认为家里有人做官，就敢欺侮人；不要认为自己有学问，就敢恃才傲物。常常谨记这一点才是获得福气之道。

今年的新进士，字写得好的人很多，湖南的更多。萧史楼得了状元，周荇农（寿昌）去年中了南元，孙芝房（鼎臣）又得了朝元，可说是盛极一时了。现在同乡中很多人喜欢研究辞章学问，研究性理的人也不少，将来湖南的气运一定还会更加兴盛。

我的身体健康，只是应酬太多，没有空暇的时间，从三月进考场以来，到现在已经两个月，一直没有时间读书。你们嫂子的身体很弱，不过并没有什么大病。医生说：必须吃些补药才能复元。现在吃的药，与母亲大人十五年前所吃的白术黑姜方大体相同，有点儿效果。儿女四人都平顺如常。

去年寄到家里的钱，曾叫你们把分给戚族的数目详细地告诉我，而到如今没有一个字写来，实在不知道是为什么。请你们以后务必将账目寄来，以解除我的疑虑。还有，我很想知道家乡的事，已列出一个清单，烦请弟弟逐条解答为盼。

兄国藩草

道光二十五年五月初五

五　禀叔父：不辞劳苦料理朋友的丧事

【原文】

侄国藩谨启叔父大人座下：

八月二十二日发十二号家信，想已收到。九月十五、十七连到两折差，又无来信，想四弟、六弟已经来京矣。若使未来，则在省，还家时，必将书信寄京。

侄身上热毒，近日头面大减。请一陈姓医生，每早吃丸药一钱，又小有法术，已请来三次，每次给车马大钱一千二百文。自今年四月得此病，请医甚多，服药亦五十余剂，皆无效验。惟此人来，乃将面上治好，头上已好十分之六，身上尚未好，渠云不过一月即可痊愈。侄起居如常，应酬如故，读书亦如故，惟不做诗文，少写楷书而已。侄妇及侄孙儿女皆平安。

陈岱云现又有病，虽不似前年之甚，而其气甚馁，亦难骤然复元。湘乡邓铁松孝廉于八月初五出京，竟于十一月卒于献县道中，幸有江岷樵（忠源）同行，一切附身附棺，必信必诚，此人义侠之

士，与侄极好，今年新化孝廉邹柳溪在京久病而死，一切皆江君料理，送其灵榇回南。今又扶铁松之病而送其死，真侠士也。扶两友之柩行数千里，亦极难矣。

侄曾作邹君墓志铭，兹付两张回家。今年七月忘付黄芽白菜子，八月底寄出，已无及矣。请封之典，要十月十五始可颁恩诏，大约明年秋间始可寄回。闻彭庆三爷令郎入学，此是我境后来之秀，不可不加意培植，望于家中贺礼之外，另封贺仪大钱一千，上书侄名，以示奖励，余不具。

侄谨启

道光二十五年九月十七日

【译文】

侄国藩谨启叔父大人座下：

八月二十日寄出的家信，估计已经收到了吧。九月十五日、十六日这两天，已经有信差两次抵达京城，但都没有家里的来信，我想是因为四弟、六弟已经来京了吧。如果还没有来，那从省城回家之前，一定将书信寄到京城。

侄儿身上的热毒，近来已渐好转，头部康复得也很快。新近请了一位姓陈的医生，每天早上吃一钱丸药，而且此人小有法术，已请了三次，每次车马费一千二百文。自从今年四月不幸患上此病，不知请了多少个医生，药也吃了五十多剂，都不见疗效。只有这位陈医生的医术高明，才将脸上的治好，头上的也好了十分之六，身上的还不见大的起色，不过他说，不出一个月定可以痊愈。近来侄儿起居如常，应酬如常，读书也跟从前一样，只是不作诗文，少写楷书罢了。侄媳妇及侄孙儿女都平安。

不过近日陈岱云又旧病复发，虽然不像前年那么严重，但他自己的精神状态很差，心情郁闷、气馁，恐怕近期内很难复元。八月初五，湘乡邓铁松孝廉离京，竟于十一月不幸死在去献县的途中。幸亏有江岷樵（忠源）同路，一切葬衣葬棺都是他操办，必信必诚，他是侠义之士，与侄儿极要好，今年，新化孝廉邹柳溪在京城病了很久死了，一切后事都是江君料理，并送他的灵柩回湖南。现在又在铁松抱病之时送他赴任，路上死了，又给他办丧事，真是侠义之士啊！扶着两位朋友的棺木，走几千里路，也真难啊！

侄儿曾作邹君墓志铭，现寄两张回去。今年七月忘记寄黄芽白菜种子，八月底寄出，时间已来不及了。请封的恩典，要十月十五日才可颁发恩诏，大约要到秋天才可寄回。听说彭庆三的儿子入了学，这是我们家乡的后起之秀，不可不加意培养，希望在家里的贺礼之外，另外封一个一千大钱的礼包，上面写上侄儿的名字，以示奖励，其余不一一禀告。

侄儿谨启

道光二十五年九月十七日

六　致诸弟：交友须勤加来往

【原文】

澄侯四弟、子植九弟、季洪二弟左右：

二月十一接到第一、第二号来信。三月初十接到第三、四、五、六号来信，系正月十二、十八、二十二及二月朔日所发而一次收到。家中诸事，琐屑毕知，不胜欢慰！祖父大人之病竟以服沉香少愈，幸甚！然予终疑祖大人之体本好，因服补药大多，致火壅于上焦，不能下降，虽服沉香而愈，尚恐非切中肯綮之剂。要须服清导之品，降火滋阴为妙。予虽不知医理，窃疑必须如此，上次家书亦曾写及，不知曾与诸医商酌否？丁酉年祖大人之病，亦误服补剂，赖泽六爷投以凉药而效，此次何以总不请泽六爷一诊？泽六爷近年待我家甚好，即不请他诊病，亦须澄弟到他处常常来往，不可太疏，大小喜事宜常送礼。

尧阶即允为我觅妥地，如其觅得，即听渠买，买后或迁或否，仍由堂上大人作主，诸弟不必执见。上次信言予思归甚切，嘱弟探堂上大人意思何如。顷奉父亲手书，责我甚切，兄自是谨遵父命，不敢作归计矣。郭筠仙兄弟于二月二十到京。筠仙与其叔及江岷樵住张相公庙，去我家甚近。翊臣即住我家，树堂亦在我家入伙，我家又添二人服侍李、郭二君，大约榜后退一人，只用一打杂人耳。

筠仙自江西来，述岱云母之意，欲我将第二女许配渠第二子，求婚之意甚诚。前年岱云在京，亦曾托曹西垣说及，予答以缓几年再议。今又托筠仙为媒，

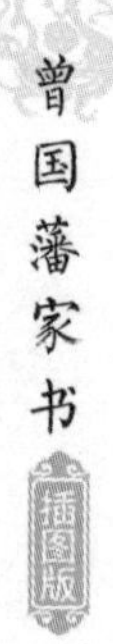

情与势皆不可却。岱云兄弟之为人与其居官治家之道，九弟在江西一一目击。烦九弟细告父母，并告祖父，求堂上大人吩咐，或对或否，以便答江西之信，予夫妇无成见，对之意有六分，不对之意亦有四分，但求直大人主张。九弟去年在江西，予前信稍有微词，不过恐人看轻耳，仔细思之，亦无妨碍，且有莫之为而为者，九弟不必自悔艾也。

碾儿胡同之屋，房东四月要回京，予已看南横街圆通观东间壁房屋一处，大约三月尾可移寓，此房系汪醇卿之宅（教习门生汪廷儒），比碾儿胡同狭一小半，取其不费力易搬，故暂移彼。若有好房，当再迁移。黄秋农之银已付还，加利十两，予仍退之。周子佩于三月三日喜事。正斋之子竟尚未归。黄茀卿、周韩臣闻皆将告假回籍，茀卿已定十七日起行。刘盛唐得疯疾，不能入闱，可悯之至。袁漱六到京数日，即下园子用功。其夫人生女仅三日即下船进京，可谓胆大。周荇农散馆，至今未到，其胆尤大。曾仪斋（宗逵）正月廿六在省起行，二月廿九日到京，凌笛舟正月廿八起行，亦廿九到京，可谓快极，而澄弟出京，偏延至七十余天始到，人事之无定如此。

新举人复试题“人而无恒，不知其可”二句，赋得“仓庚鸣”得“鸣”字，四等十一人，各罚停会试二科，湖南无之。我身癣疾，春间略发而不甚为害；有人说方，将石灰澄清水用水调桐油擦之，则白皮立去，如前年擦铜绿膏。予现二三日一擦，使之不起白皮，剃头后不过微露红影（不甚红），虽召见亦无碍，除头顶外，他处皆不擦，以其仅能济一时，不能除根也。内人及子女皆平安。

今年分房，同乡仅恕皆，同年仅松泉与寄云大弟，未免太少。余虽不得差，一切自有张罗，家中不必挂心。今日余写信颇多，又系冯、李诸君出场之日，实无片刻暇，故予未作楷信禀堂上，乞弟代为我说明，澄弟理家事之间，须时时看《五种遗规》，植弟、洪弟须发愤读书，不必管家事。

兄国藩草

道光二十六年三月初十日

【译文】

澄侯四弟、子植九弟、季洪二弟左右：

二月十一日接到第一、第二号来信。三月初接到第三、四、五、六号来信，分别是正月十二、十八、二十二及二月朔日发出的，我这里一次就全部接到了。已经知道了家里最近发生的大小事情，心中非常高兴！听说祖父大人吃了沉香之后，病竟然好了些，真是幸运。不过我总觉得祖父大人身体本来并无大碍，因为补药服太多，以致火壅在上焦，不能下降。虽说吃了沉香身体有所好转，但恐怕并不是特别对症的药，恐怕还是吃清理疏导的药，降火滋阴为妙。虽然我不懂医理，但心里觉得肯定是这样，上次信中，也曾经提到过，不知曾经和医生们商量过没有？丁酉年祖父大人的病也是误吃补药，依靠泽六爷下了凉药才好，这次为什么不请泽六爷为他治疗呢？泽六爷近年对待我家很好，就是不请他诊病，也要澄弟到他家常常往来，不要就此疏远了，每逢大小喜事，更要常送礼，不可怠慢。

既然尧阶已经答应为我找一块妥善的地，就由他做主，若找到了，就买下来。至于买后迁与不迁，仍然由堂上大人做主决定，弟弟不可武断决定，固执己见。上次信中说，我思归心切，嘱咐弟弟们征询一下堂上大人的意见，问问他们的意思如何。刚刚收到父亲的亲笔手书中，狠狠地批评了我，兄长当然谨遵父命，不敢再存有回家的想法了。二月二十日，郭筠仙兄弟到京，筠仙与他叔父以及江岷樵都住张相公庙，离我家很近。翊臣就住在我家，树堂也在我家入伙，所以又找了两个人服侍李、郭二君，估计发榜后可以退掉一个，只留下一个打杂的即可。

筠仙从江西来，转达了岱云母亲的想法，想把我二女许配给他家二少爷，而且求婚的态度很是诚恳。前年岱云在京城的时候，就曾经托曹西垣谈过此事，当时我主张等几年再商议。如今他家又托筠仙做媒，不论从感情上和道理上来看都无法再找借口推脱。再说，岱云兄弟的为人，以及为官治家之道，九弟在江西都是亲眼所见，麻烦九弟详细告诉父母，并告祖父，求堂上大人吩咐，答应与否，给个准信，以便早日给他答复。对于此事，我们夫妇倒没有成见，答应的意思有六分，不答应的意思有四分，只求堂上大人做主。九弟去年在江西，我上次信中稍许有点儿责备的意思，不过是恐怕别人看轻罢了，仔细想起来，也没有妨碍，而且也并不是故意为之，所以九弟也就不必自悔自艾了。

碾儿胡同的房东，四月要回京城，我已看了南横街圆通观东间壁的一处房子，估计三月底就要搬家了，这房子是汪醇卿的住宅（教习门生汪廷儒），比碾儿胡同的房子狭小一半，可取之处是不费力容易搬，所以暂时移居。如果有好房子，可以再作打算。黄秋农的银子已还了，所加利息十两，我退还了。三月三日周子佩办了喜事，但是正斋的儿子却还没有回来。听说黄苇卿、周韩臣都要告假

还乡了，而且苪卿已经定于十七日起行。刘盛唐不幸患上了疯病，所以无法参加这次的科举考试，真是让人生怜悯之心。袁漱六到京没多久，就开始下园子用功。他夫人生下女儿仅三天就坐船进京，胆子可真够大的。周荇农在翰林院学习期满，到现在还没有到，他的胆子更是大。曾仪斋（宗逵）正月二十六日自省城起程，二月二十九日就到达京城了，凌笛舟正月二十八日起程，二月二十九日到京城，他们都算是很快的了。不过澄弟离京之后，偏偏延至七十多天才到达目的地，人事之无定数就是这样。

新举人复试题目是“人而无恒，不知其可”二句，赋得“仓庚鸣”，得“鸣”字，四等十一人，各罚停会试两科，湖南没有。我的癣疾，春天略微发作，为害不太大，有人说，用石灰澄清水，用水调桐油擦，则白皮马上可去，就像前年擦铜绿膏的情况一样。我现在两三天擦一次，使它不起白皮，剃头后不过露点红影（不明显），即使皇上召见也没有妨碍，除头顶外，其他地方都不擦，因这方子只能治标，不能治本。我妻子及子女都平安。

今年分房，同乡只有恕皆，同年只有松泉和寄云弟，不免太少，我虽然没有得差事，一切自有张罗，家中不必挂念。今天我写信很多，又是冯、李诸君出场的日子，实在没有一点儿闲暇，所以没有用楷书写信禀告堂上，求弟弟代我告知堂上大人。澄弟在料理家事的余闲，要时刻看看《五种遗规》。植弟、洪弟只管勤奋读书，不必理会其他家事。

兄国藩草

道光二十六年三月初十日

七　致诸弟：切勿占人便宜

【原文】

澄侯、子植、季洪三弟足下：

自四月二十七日得大考谕旨以后，二十九日发家信，五月十八又发一信，二十九又发一信，六月十八又发一信，不审俱收到否？二十五日接到澄弟六月一日所发信，具悉一切，欣慰之至。

发卷所走各家，一半系余旧友，惟屡次扰人，心殊不安。我自从己亥年在外把戏，至今以为恨事。将来万一作外官，或督抚，或学政，从前施情于我者，或数百，或数千，皆钓饵也。渠若到任上来，不应则失之刻薄，应之则施一报十，尚不足满其欲。故兄自庚子到京以来，于今八年，不肯轻受人惠，情愿人占我的便益，断不肯我占人的便益。将来若作外官，京城以内无责报于我者，澄弟在京年余，亦得略见其概矣。此次澄弟所受各家之情，成事不说，以后凡事不可占人半点便益，不可轻取人财，切记切记！

彭十九家姻事，兄意彭家发泄将尽，不能久于蕴蓄，此时以女对渠家，亦若从前之以蕙妹定王家也，目前非不华丽，而十年之外，局面亦必一变，澄弟一男二女，不知何以急急订婚若此？岂少缓须臾，即恐无亲家耶？贤弟从事，多躁而少静，以后尚期三思。儿女姻缘前生注定，我不敢阻，亦不敢劝，但嘱贤弟少安毋躁而已。

成忍斋府学教授系正七品，封赠一代，敕命二轴。朱心泉县学教谕系正八品。仅封本身，父母则无封。心翁之父母乃貤封也。家中现有《播绅》，何不一翻阅？牧云一等，汪三入学，皆为可喜，啸山教习，容当托曹西垣一查。

京寓中大小平安。纪泽读书已至“宗族称孝焉”，大女儿读书已至“吾十有五”。前三月买驴子一头，顷赵炳堃又送一头，二品本应坐绿呢车，兄一切向来俭朴，故仍坐蓝呢车。寓中用度比前较大，每年进项亦较多（每年俸银三百两、饭银一百两），其他外间进项尚与从前相似。

同乡诸人皆如旧，李竹屋在苏寄信来，立夫先生许以教馆，余不一一。

兄国藩草

道光二十七年六月廿七日

【译文】

澄侯、子植、季洪三弟足下：

自四月二十七日得知皇上大考谕旨后，二十九日发一家信，五月十八日又发一信，二十九日又发一信，六月十八日再发一信，不知都收到没有？二十五日，接到澄弟六月一日所发的信，知道一切，欣慰之至！

发卷所走各家，一半是我的旧友，只是屡次打扰别人，心里很不安。我自从己亥年在外逢场作戏，至今以为恨事。将来万一做了地方上的官，或督抚，或学政，从前有恩情于我的人，或数百，或数千，当年所作所为都成了垂钓的诱饵。他若到我任所来，不答应他要办的事则失之刻薄，答应了则施一报十，还不足以满足这些人的欲望。所以我自庚子年到京城以来，至今八年，不肯轻易得人好处，情愿让人占我的便宜，断不肯我占人的便宜。将来如果做了地方上的官，京城以内没有能指望我报答的人。澄弟在京待了一年多，也都基本看见了。这一次澄弟所欠各家的情，事情能成不说了，以后凡事不可占人半点儿便宜，不可轻取人家的钱财。切记切记。

彭十九家姻事，兄长的意思彭家家运已到尽头，不可能长久了，这个时候，把女儿许配他家，也好比以前把蕙妹许配王家一样。眼前，他家也不是不华丽，但十年之后，这种局面一定会变化，澄弟只有一男二女，不知道为什么要这么急急忙忙订婚？难道稍微迟一刻，就找不到亲家？贤弟做事，毛躁不冷静，以后遇事都要三思而行。儿女姻缘，前生注定，我不敢阻止，也不敢劝说，不过嘱咐贤弟少安毋躁罢了。

成忍斋府学教授系正七品，封赠一代，皇上敕命二轴。朱心泉任县学教谕系正八品，不过只是封他本人，父母没有得到诰封。心翁的父母是貤封。家中现有《搢绅》，为什么不看一看呢？牧云考试列一等，汪三也已经入学了，这些事情都是让人高兴的。至于啸山教习的情况，待我委托曹西垣查一查。

京城家中大小平安。纪泽读书已读到"宗族称孝焉"，大女儿读书已读到"吾十有五"。三个月前买了一头驴子，不久赵炳堃又送了一头。二品官本来应该坐绿呢车，我向来一切简朴，故仍坐蓝呢车。家中花销比以前要多，每年的收入也多些（每年俸银三百两，饭银一百两），其他外头的收入尚与以前差不多。同乡人都照旧，李竹屋在我处寄住，宋立夫先生答应他在教馆任职，其余不一一写了。

兄国藩草

道光二十七年六月二十七日

八　禀父母：述接待朋友之法

【原文】

男国藩跪禀：

父母亲大人万福金安！

十二月初五接到家中十一月初旬所发家信，具悉一切。男等在京身体平安，男癣疾已痊愈，六弟体气如常，纪泽兄妹五人皆好。男妇怀喜平安，不服药。同乡各家亦皆无恙。陈本七先生来京，男自有处置之法，大人尽可放心，大约款待从厚，而打发从薄，男光景颇窘，渠来亦必自悔。

九弟信言母亲常睡不着。男妇亦患此病，用熟地、当归蒸母鸡食之，大有效验。九弟可常办与母亲吃，乡间鸡肉、猪肉最为养人；若常用黄芪、当归等类蒸之，略带药性而无药气，堂上五位老人食之，甚有益也，望诸弟时时留心办之。

老秧田背后三角丘是竹山湾至我家大路，男曾对四弟言及，要将路改于塅下，在檀山嘴那边架一小桥，由豆土排上横穿过来，其三角丘则多栽竹树，上接新塘塅大枫树，下接檀山嘴大藤包里，甚为完紧，我家之气更聚，望堂上大人细思，如以为可，求叔父于明春栽竹种树；如不可，叔父写信示知为幸。

男等于二十日期服已满，敬谨祭告，二十九日又祭告一次，余俟续具。

道光二十七年十二月初六日

【译文】

儿子国藩跪禀：

父母亲大人万福金安！

十二月初五日，我收到家中十一月上旬所发的信，从信中得悉一切。儿子及家人等在京城身体平安。儿子的癣疾已经痊愈了，六弟的身体气色也恢复往常，纪泽兄妹身体都好，儿媳妇又有身孕了，身体平安，不吃药。同乡各家也都平安无事。陈本七先生来京城，儿子自有处理安置的办法，大人尽可放心。大略也不过是款待从厚，而打发从薄，儿子的光景比较窘迫，恐怕他来了也一定会后悔的。

九弟来信说母亲经常睡不好，儿媳妇也犯这种毛病，用熟地、当归蒸母鸡吃，很有效验，九弟可经常办给母亲吃。乡下的鸡肉猪肉最有营养，如果经常和黄芪、当归等蒸着吃，稍微有点儿药性，又没有药味，堂上五位老人吃了，一定大有益处，希望弟弟们常常留心办理。

老秧田背后的三角丘，是竹山湾到我家的大路，儿子曾对四弟说过，要把路改到塝下，在檀山嘴那边架一座小桥，由豆土排上面横穿过来，在三角丘多栽竹子，上可接新塘塝的大枫树，下可接檀山嘴、大藤包里，很是完整紧密，我家的兴旺气象，便更加聚合了。希望堂上大人细细想想，如以为可以，求叔父大人在明年春栽竹种树，如以为不可以，请叔父大人来信指示。

儿子等二十日为祖母守制已满，敬谨祭告，二十九日又祭告一次，其余下次再行禀告。

道光二十七年十二月初六日

九　致九弟：劝宜息心忍耐为要

【原文】

沅甫九弟左右：

十二日申刻代一自县归，接弟手书，具审一切。

十三日未刻文辅卿来家，病势甚重，自醴陵带一医生偕行，似是瘟疫之症。

两耳聋，昏迷不醒，间作谵语，皆惦记营中。余将弟已赴营、省城可筹半饷等事告之四五次。渠而醒悟，且有喜色。因嘱其静心养病，不必挂念营务，余代为函告南省、江省等语，渠亦即放心，十四日由我家雇夫送之还家矣。若调理得宜，半月当可痊愈，复原则尚不易。

陈伯符十二日来我家，渠因负咎在身，不敢出外酬应，欲来乡为避地计。七十侄女十二上来。葵山先生十四归去，与临山皆朝南岳。临山以二十四归馆，葵山二十二夕至。科四读《上孟》至末章，明日可毕。科六读《先进》三页，近只耽搁一日也。彭茀庵表叔十一日仙逝，二十四日发引。尧阶之母十月初二日发引，请叔父题主。黄子春官声极好，听讼勤明，人皆畏之。弟到省之期，计在十二日，余日内甚望弟信，不知金八、佑九何以无一人归来，岂因饷事未定，不遽遣使归与？弟性褊激似余，恐怫郁或生肝疾，幸息心忍耐为要！二十二日郴州首世兄凌云专丁来家，求荐至弟营。据称弟已于十七日起程赴吉矣。兹趁便寄一缄，托黄宅转递，弟接到后，望专人送信一次，以慰悬悬。家中大小平安。晰箸事暂不提。诸小儿读书，余自能一一检点，弟不必挂心。

兄国藩手草

咸丰七年九月廿二日

【译文】

沅甫九弟左右：

十二日下午，代一从县里回来，收到你的信，一切都知道了。

十三日午后文辅卿到我家来，病势很重，同行的还有一位醴陵的医生。他好像是染上了瘟疫，两耳已聋，昏迷不醒，有时还说胡话，不过都是挂念营中的事情。我把你已到营中，省城可以筹一半饷银等事对他说了四五次，他醒后很是欢喜。我叫他静心养病，不必挂念营里的事，并说愿代他写信去湖南、江西，他才放下心来。十四日我家的几个用人护送他回家去了。如果调理得好，有半个月的时间，他的病就可以痊愈，但要康

复如初看来不太容易。

陈伯符十二日到我家来，因为负罪在身，不敢外出应酬，想到乡下来避风。七十侄女十二日也到我家来了。丞山先生十四日回去，和临山一起都朝拜南岳去了。二十日临山回到学馆，丞山是二十二日晚上到的。科四读《上孟》到最后一章，明日可读完。科六读《先进》三页，最近只耽搁了一天。彭茀庵表叔十一日仙逝，二十四日发葬。尧阶的母亲十月二日发葬，请叔父题神主名。黄子春做官的声望颇高，审案辛勤谨慎、明察秋毫，百姓都很敬畏他。你到省城的时间，估计在二十日。这几天我很想收到你的来信，弄清金八、佑九为什么一个也不回来，会不会是因为饷源没有定准，才不急着派人回来？你的性格偏激，很像我。我真担心你因忧郁而患肝病，要注意息心忍耐为要。二十二日郴州首世兄凌云专门派人到我家，请求我推荐他到弟的营中。听他说弟已在十七日起程赴吉安了。现趁便寄一封信给你，托黄家转送，你接到后，我希望你派人送来你的回信，以免我挂念。家中大小都平安。分家的事暂时不提。孩子们读书，我也能安排，你不必挂念。

兄国藩手草

咸丰七年九月二十二日

一〇　致九弟：患难与共勿有遗憾

【原文】

沅甫九弟左右：

十四日发第八号信，交春二等带往，并带璧还金、史两处银二百二十两，想将收到。是夕接弟初七夜信，得知一切。

贵溪紧急之说确否？近日消息何如？次青非常之才，带勇虽非所长，然亦有百折不回之气。其在兄处，尤为肝胆照人，始终可感。兄在外数年，独惭无以对渠，去腊遣韩升至李家省视，其家略送仪物。又与次青约成婚姻，以申永好。目下两家儿女无相当者，将来渠或三索得男，弟之次女、三女可与之订婚，兄信已许之矣。在吉安，望常常与之通信，专人往返，想十余日可归也。但得次青生还与兄相见，则同甘苦患难诸人中，尚不至留莫大之愧歉耳。

昔耿恭简公谓居官以耐烦为第一要义，带勇亦然。兄之短处在此，屡次谆谆教弟亦在此。二十七日来书，有云“仰鼻息于傀儡膻腥之辈，又岂吾心之所乐”，此已露出不耐烦之端倪，将来恐不免于龃龉。去岁握别时，曾以惩余之短相箴，乞无忘也。

甲三《史》《汉》、韩文二月中可看毕，三月即看《近思录》《周易折中》《四书汇参》等书。一则使略知立身行己之大要，一则有益于制艺也。

李雨苍于十七日起行赴鄂，渠长处在精力坚强，聪明过人，短处在举止轻佻，言语伤易，恐咏公亦未能十分垂青。澄侯弟于十五日上永丰，十九可归。温甫弟于二十一日起程，大约三月半可至吉安也。

九弟妇日内痊愈，业在地下照料一切。展转床褥已历弥月，亦由体气素弱之故。以后再服补剂，必有大裨，弟尽可放心。余不一一。

兄国藩手草

咸丰八年二月十七日

【译文】

沅甫九弟左右：

十四日寄出第八号信，交春二等人带回来，并带回还给金、史二人的二百二十两银子，估计快要收到了。当天晚上就接到弟弟于初七的来信，从信中得知一切。

贵溪紧急的消息确实吗？现在的情况如何？次青是个了不起的人才，虽然不擅长带兵，但也有百折不挠的气概。他在我这里时，尤其是肝胆照人，始终让人感佩！我在外面这几年，仅对他一人感到内疚。去年腊月派韩升到李家去探望，稍微送了一点儿礼物，又和次青定下了亲事，以表明两家永远交好。眼下两家儿女没有相当的人，将来他第三个孩子是男孩，你的二

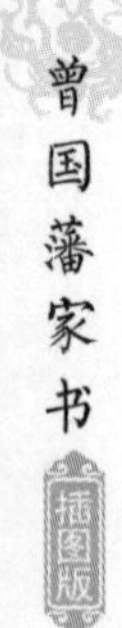

女儿或三女儿可以和他家结亲，我把这个想法也对他说过了。在吉安时，希望常常和他通信，派专人送去，往返十来天可以回来。只要次青能活着回来与我相见，那么和我同甘苦共患难的人当中，就不至于留下莫大的遗憾了。

过去耿恭简公说：做官最重要的修养是耐烦，带兵也是如此。我的短处就在这一点上，多次恳切地教导你们的也是这一点。你在二十七日的来信中说："要我在那些傀儡膻腥们的手下做事，这哪里是我心里所乐意的?"这已露出了不耐烦的眉目，将来免不了会和人发生冲突。去年我们分别时，曾把我的短处劝诫于你，希望你不要忘了。

甲三在学习《史记》《汉书》、韩文，二月中旬可以看完，三月份就看《近思录》《周易折中》《四书汇参》等书。这些书一方面可以让他知道些立身处世的基本道理，一方面对他学习写八股文也有益处。

李雨苍十七日起程去湖北，他的长处是精力旺盛，聪明过人，短处是举止不庄重，言语容易伤人，恐怕咏公未必能看中他。温甫弟十一日起程，大约三月中旬可到吉安。

九弟妇由于身体历来较弱，这次生病卧床一个多月，近几天已经痊愈，可以下地照料一切事物了。以后再服些补药，一定会有好处的。弟弟可以尽管放心。其他的就不再一一说了。

兄国藩手草

咸丰八年二月十七日

一一　致九弟：圣门教人不外敬恕

【原文】

沅甫九弟左右：

十三日安五等归，接手书，借知一切。抚、建各府克复，惟吉安较迟，弟意自不能无介介，然四方围逼，成功亦当在六七两月耳。

家中四宅眷口平安。十二日叔母寿辰，男女共九席，家人等三席。羊山先生十四日来馆，瀛皆先生十五日来馆。澄侯弟于十二晚往永丰一带吊各家之丧，均要余作挽联。余挽贺映南之夫人云：柳絮因风，阃内先芬堪继武（姓谢）；麻衣如雪，阶前后嗣总能文。挽胡信贤之母云：元女太姬，祖德溯二千余载；周姜京室，帝梦同九十三龄（胡母九十三岁）。近来精力日减，惟此事尚颇如常。澄弟谓此亦可卜其未遽衰也。

袁漱六之戚郑南乔自松江来，还往年借项二百五十两。具述漱六近状，官声极好，宪眷极渥，学问与书法并大进，江南人仰望甚至，以慰以愧。

杨家滩周俊大兄号少濂，与余同读同考，多年相好。频年先祖、先考妣之丧均来致情。昨来家中，以久试不进，欲投营博一功名，求荐至吉营。余以功牌可得，途费可赠，保举则不可必。渠若果至吉营，望弟即日填功牌送之，兼送以来往途费。如有机可假，或恰逢克复之日，则望保以从九县丞之类；若无机会，亦不勉强，以全余多年旧好。余昔在军营不妄保举，不乱用钱，是以人心不附，至今以为诟病。近日揣摩风会，一变前志。上次有孙、韩、王之托，此次又有周君之托，盖亦情之不得已者。孙、韩、王三人或保文职亦可，渠辈眼高，久已厌薄千、把也。仙屏在营，弟须优保之，借此以汲引人才。余未能超保次青，使之沉沦下位，至今以为大愧大恨之事。仙屏无论在京在外，皆当有所表见。成章鉴是上等好武官，亦宜优保。

弟之公牍信启俱大长进。上次谢王雁汀一缄，系弟一手所成，抑系魏、彭辈初稿润色？祈复示。吴子序现在何处？查明见复，并详问其近况。

余身体尚好，惟出汗甚多。三年前虽酷暑而不出汗，今胸口汗珠累累，而肺气日弱，常用惕然。甲三体亦弱甚，医者劝服补剂，余未敢率尔也。弟近日身体健否？科四、科六体气甚好，科四比弟在家时更为结实，科六则活泼如常，是为可喜。甲五目疾十愈其八，右目光总欠四分耳。余不一一，即问近好。

兄国藩手草

再者，人生适意之时不可多得，弟现在上下交誉，军民咸服，颇称适意，不可错过时会，当尽心竭力，做成一个局面。圣门教人不外敬恕二字，天德王道，彻始彻终，性功事功，俱可包括。余生平于敬字无工夫，是以五十而无所成。至于恕字，在京时亦曾讲求及之。近岁在外，恶人以白眼藐视京官，又因本性倔强，渐近于愎，不知不觉做出许多不恕之事，说出许多不恕之话，至今愧耻无已。弟于恕字颇有工夫，天质胜于阿兄一筹。至于敬字，则亦未尝用力，宜从此日致其功，于《论语》之九思，《玉藻》之九容，勉强行之。临之以庄，则下自

加敬。习惯自然，久久遂成德器，庶不至徒做一场话说，四十五十而无闻也。兄再行。

咸丰八年五月十六日

【译文】

沅甫九弟左右：

十三日，安五等人回来之后，我接到了你的来信，从信中得知一切。抚、建各府已经收复，只有收复吉安较迟，弟弟当然不能不有所不安，然而在我军的四面围攻之下，收复吉安也当在六、七两个月之内。

最近家中四宅老少都很好。十二日叔母寿辰，家中男女共开了九席，家中（用）人等开了三席。夅山先生十四日来馆，瀛皆先生十五日来馆。十二日晚，澄侯弟到永丰一带的各家吊唁，均要我作挽联。我为贺映南夫人所写的挽联是："柳絮因风，阃内先芬堪继武（姓谢）；麻衣如雪，阶前后嗣总能文。"写给胡信贤之母的挽联是："元女太姬，祖德溯二千余载；周姜京室，帝梦同九十三龄（胡母九十三岁）。"近来我的精力日见衰减，只是做这件事还像当年一样。澄弟说这表明我的精神尚好，没有急遽衰老的迹象。

袁漱六的亲戚郑南乔从松江回来，还了之前所借的二百五十两银子，并告知了漱六的近况。据他所说，漱六现在为官清廉，声誉极好，学问书法上的造诣也提高了，江南人士对他十分敬仰钦佩。这真让我欣慰，又使我感到惭愧。

杨家滩的周俊大兄，号少濂，曾与我同学同科考试，还是多年相好的朋友。这几年，先祖、先考妣去世之时，他都前来吊唁，很是诚心。昨天他来家中拜访，说因多次考试未中，想投身军营以博取一个功名，拜托我推荐他到吉安营中任职。我认为功牌可以取得，路费可以相赠，保举则大可不必了。如果他果真去了吉安营中，希望弟弟当天填好功牌送给他，并赠送来往的路费。如果恰逢好的时机，碰上攻克吉安之日，则希望弟弟为他保举个九品的县丞之类的功名；如果确实没有机会，就无须勉强，以成全我多年相交的旧友。过去在军中，我从不妄加保举、不乱用钱，所以现在人心不附，仍然是我的一块心病。近来揣摩时下风气，逐渐改变了以前的固执想法。上次有孙、韩、王三人之托，这次周君又来相托，实在是情非得已的事。孙、韩、王三人保举文职亦可，此三人眼光很高，对千总、把总之类的武职不以为意。仙屏目前在营中，弟弟必须对他尤其看重，尽力保举他，以吸引更多有用的人才。从前我没有破格提拔次青，以致他沉沦低位，得不到重用，让我至今满心的惭愧和悔恨。无论在京城还是在外地，仙屏都会有出众的表现。成章鉴是上等的好武官，也应破格保举提拔。

从信中得知，弟弟的公文、信函都有很大的进步。上次答谢王雁汀的信函，是弟弟亲自所写？还是魏、彭等人写好初稿之后由你加以润色的？请回信说明这点。吴子序如今身在何处？请详细查明，并询问他的近况，来信告知。

我身体还算康健，只是出汗很多。若在三年前，即使是酷暑天气，也不出汗，现在胸口溢满汗珠，而且肺气越显衰弱，让我忧虑万分。甲三的身体也不是很好，医生建议他常服补药，但未敢轻易实行。弟弟近来身体可好？科四、科六的身体很好，气色颇佳，而且科四比弟弟在家时更为健壮，科六则活泼如常，这些都是让人高兴的事。甲五的眼病好了十分之八九，右眼视力总差四分。其余的事就不再多说了，顺问近好。

兄国藩手草

还有，人的一生中，得意顺心的时候是很难得的。如今弟弟赢得了上下一致的交口称赞，军民拥戴，正是人生得意之时，千万不可错过机会，应当尽心竭力，为自己的人生铸就更大的辉煌。圣人教导人们不外乎“敬恕”两个字，天德王道，有始有终，性功事功，都可以涵盖在内。我生平在“敬”字上没下功夫，所以年届五十，依然碌碌无为。至于“恕”字，在京城时也曾经专门研究过，只是近年远离京城，在外为官，憎恨人们对京官的藐视，再加上本性倔强，渐渐近于刚愎自用，不知不觉做出许多“不恕”的事、说出许多“不恕”的话，至今仍然十分羞愧。弟弟在“恕”字上下了很大的功夫，在天分上也胜过我一筹。至于“敬”字，弟弟好像也未曾用心，从此以后应在这方面多下功夫。《论语》中的九思，《玉藻》中的九容，都应该努力做到。无论是对上还是对下，都应该表现得很庄重，这样下去别人才会对你发自内心地尊敬。习惯则成自然，久之则可以成大器，才不至于空话连篇，四五十岁仍然碌碌无为，一事无成。兄再行。

咸丰八年五月十六日

一二　谕纪泽：读书当勤勉，做人需忠恕

【原文】

字谕纪泽儿：

余此次出门，略载日记，即将日记封每次家信中。闻林文忠家书，即系如此办法。尔在省，仅至丁、左两家，余不轻出，足慰远怀。

读书之法，看、读、写、作，四者每日不可缺一。看者，如尔去年看《史记》《汉书》、韩文、《近思录》，今年看《周易折中》之类是也。读者，如四书、《诗》《书》《易经》《左传》诸经、《昭明文选》、李杜韩苏之诗、韩欧曾王之文，非高声朗诵则不能得其雄伟之概，非密咏恬吟则不能探其深远之韵。譬之富家居积，看书则在外贸易，获利三倍者也，读书则在家慎守，不轻花费者也；譬之兵家战争，看书则攻城略地，开拓土宇者也，读书则深沟坚垒，得地能守者也。看书如子夏之"日知所亡"相近，读书与"无忘所能"相近，二者不可偏废。

至于写字，真行篆隶，尔颇好之，切不可间断一日。既要求好，又要求快。余生平因作字迟钝，吃亏不少。尔须力求敏捷，每日能作楷书一万则几矣。

至于作诸文，亦宜在二三十岁立定规模；过三十后，则长进极难。作四书文，作试帖诗，作律赋，作古今体诗，作古文，作骈体文，数者不可不一一讲求，一一试为之。少年不可怕丑，须有狂者进取之趣，此时不试为之，则后此弥不肯为矣。

至于作人之道，圣贤千言万语，大抵不外敬恕二字。"仲弓问仁"一章，言敬恕最为亲切。自此以外，如立则见参于前也，在舆则见其倚于衡也；君子无众寡，无小大，无敢慢，其为泰而不骄；正其衣冠，俨然人望而畏，斯为威而不猛，是皆言敬之最好下手者。孔言欲立立人，欲达达人；孟言行有不得，反求诸己。以仁存心，以礼存心，有终身之忧，无一朝之患，是皆言恕之最好下手者。尔心境明白，于恕字或易著功，敬字则宜勉强行之。此立德之基，不可不谨。

科场在即，亦宜保养身体。余在外平安，不多及。

涤生手谕（舟次樵舍，下去江西省城八十里）

再，此次日记，已封入澄侯叔函中寄至家矣。余自十二至湖口，十九夜五更开船晋江西省，二十一申刻即至章门。余不多及。又示。

咸丰八年七月廿一日

【译文】

字谕纪泽儿：

我出门在外的这段时间里，简略地做了些日记，并把日记附在家信中寄回。听说林文忠所写的家信，也有类似的做法。你虽身在省城，只到丁、左两家拜访，其余时间从不随便出门，我虽远离家乡，也足以安慰了。

读书的方法，看、读、写、作四方面每天一样，缺一不可。要看的，就像你去年看《史记》《汉书》、韩文、《近思录》，今年看的《周易折中》等书；要读的，如四书、《诗》《书》《易经》《左传》等经典，《昭明文选》、李杜韩苏的诗、韩欧曾王的文章，有些一定要高声诵读，否则很难感受得到书中的雄伟气概，有些则适合低吟轻咏，不然不能领会其中深远悠然的神韵。若用富家居积来作比喻，看书就像在外做生意，获利三倍，而读书就像在家中慎守家业，不轻易花费；若拿兵家战争来作比喻，看书就是攻城略地，开拓疆土，读书就是深沟坚垒，得地后能守住。看书就与子夏所说“日知所亡”相近，读书与“无忘所能”接近，二者不可偏废。

至于写字，楷行篆隶，你都很喜欢，这很好，但是写字之功一天也不可间断。不但要求要写得好，而且也要求快。我这一生，因为写字缓慢，吃尽了苦头。你在写字的时候要力求敏捷快速，每天要能写一万字以上的楷书，达到这个程度即可。

至于写文章，也应在二三十岁时打好基础，过了三十，文章很难再有长进了。作四书文，作试帖诗，作律赋，作古今体诗，作古文，作骈体文，这些不可不一一讲求、一一试作。少年不可怕丑，要有狂者进取的志趣，这时不去尝试，

那以后再弥补就很难了。

关于做人的道理，圣贤们已经阐述了很多道理，也都不外乎“敬恕”两个字。“仲弓问仁”一章，阐述敬恕之道最为亲切。除此之外，像站着见人就要参礼于前，坐车时见人就要倚到车前横木上去；君子无论多少，无论大小，不敢怠慢，都能泰然而不骄；正衣冠后，俨然整肃，使人望而生畏，但却威而不猛。这些都是讲求“敬”字的最好方法。孔子说要立可立之人，要通达可通达之人；孟子说身体力行没有成果，就要反省自己。以仁存心，以礼存心，虽终身担忧，但绝无一朝之患。这些都是“恕”字入手的最好方法。你心里明白，在“恕”字上或许容易见效；“敬”字你则要勉力去做。以上这是立德的基础，不可不谨慎地去实行。

科举考试即将来临，须注意保重身体。我在外面很平安，其他的就不再多说了。

涤生手谕（舟次樵舍，下去江西省城八十里）

还有一件事，这次的日记，已经封在澄侯叔的信中寄到家里去了。我自从十二日到湖口，十九日夜里五更开船进入江西省，二十一日就到了章门。别的不多说了。又示。

咸丰八年七月二十一日

一三　谕纪泽：岳家凋败，宜往宽慰

【原文】

字谕纪泽：

初一日接尔十二日一禀，得知四宅平安。尔将有长沙之行，想此时又归也。少庚早世，贺家气象日以凋耗，尔当常常寄信与尔岳母，以慰其意。每年至长沙走一二次，以解其忧。耦耕先生学问文章，卓绝辈流，居官亦恺恻慈祥，而家运若此，是不可解！尔挽联尚稳妥。

《诗经》字不同者，余忘之。凡经文版本不合者，阮氏校勘记最详（阮刻《十三经注疏》，今年六月在岳州寄回一部，每卷之末皆附校勘记，《皇清经解》中亦刻有校勘记，可取阅也)。凡引经不合者，段氏“撰异”最详（段茂堂有《诗经撰异》《书经撰异》等著，俱刻于《皇清经解》中)。尔翻而校对之，则疑者明矣。

咸丰八年十二月初三日

【译文】

字谕纪泽：

初一收到你十二日寄来的一封信，得知四宅都平安。你在信中说要去一趟长沙，估计此时已经返回了。少庚早早就逝世了，贺家的家景也日渐衰落，你应当常常写信给你岳母，多安慰安慰她。今后每年都到长沙去一两次，也可稍微宽解她忧愁的心情。耦耕先生的学问和文章，在同辈中是出类拔萃的，做官也快乐随意，宽宏大量，然而家运竟会如此凋败，真是让人无法理解！你的挽联写得还算妥当。

《诗经》中的字有不一致的地方，不过现在我已经不记得了。凡是经文中有版本不同的地方，阮氏校勘记得最详细（阮刻《十三经注疏》，今年六月在岳州寄回去一部，每卷的最后都附有校勘记。《皇清经解》中也刻有校勘记，可拿来看看)。凡是经文引用有不同的，段氏“撰异”最详细（段茂堂有《诗经撰异》《书经撰异》等著作，都刻在《皇清经解》中)。你可以随时翻阅对照着看看，这样有疑问的地方便会迎刃而解。

咸丰八年十二月初三日

一四　谕纪泽：做人要有气量

【原文】

字谕纪泽：

闻尔至长沙已逾月余，而无禀来营，何也？少庚讣信百余件，闻皆尔亲笔写之，何不发刻？或请人帮写？非谓尔宜自惜精力，盖以少庚年未三十，情有等差，礼有隆杀，则精力亦不宜过竭耳。

近想已归家度岁。今年家中因温甫叔之变，气象较之往年迥不相同。余因去年在家，争辨细事，与乡里鄙人无异，至今深抱悔憾。故虽在外，亦恻然寡欢。尔当体我此意，于叔祖各叔父母前尽此爱敬之心。常存休戚一体之念，无怀彼此歧视之见，则老辈内外必器爱尔，后辈兄弟姊妹必以尔为榜样，日处日亲，愈久愈敬。若使宗族乡党皆曰纪泽之量大于其父之量，则余欣然矣。

余前有信教尔学作赋，尔复禀并未提及。又有信言涵养二字，尔复禀亦未之及。嗣后我信中所论之事，尔宜一一禀复。

余于本朝大儒，自顾亭林之外，最好高邮王氏之学。王安国以鼎甲官至尚书，谥文肃，正色立朝，生怀祖先生。念孙经学精卓，生王引之，复以鼎甲官尚书，谥文简，三代皆好学深思，有汉韦氏、唐颜氏之风。余自憾学问无成，有愧王文肃公远甚，而望尔辈为怀祖先生，为伯申氏，则梦寐之际，未尝须臾忘也。怀祖先生所著《广雅疏证》《读书杂志》家中无之。伯申氏所著《经义述闻》《经传释词》，《皇清经解》内有之。尔可试取一阅。其不知者，写信来问。本朝穷经者，皆精小学，大约不出段、王两家之范围耳。余不一一。

父涤生示

咸丰八年十二月三十日

【译文】

字谕纪泽：

听说你抵达长沙已经一月有余，为什么至今没有写信到军营中来？少庚的讣告信件有一百多封，据说都是你亲自写的，为什么不拿去刻写？或者请人帮写呢？我的意思并不是让你惜力，而是因为少庚生前未满三十，情谊有差别，礼节有轻重，就是有精力也无须过分消耗。

你最近几天应该已回家过年了吧？因为温甫叔的变故，今年家里的气氛和往年相比迥然不同。去年我在家中，因为一些鸡毛蒜皮的小事和温甫叔发生了矛盾，简直跟那些鄙夷的乡下人无异，现在想来，依然深感悔恨。如今虽然身在异乡，还是不免会郁郁寡欢，心生愧疚。你应该理解我的心意，在叔祖和各位叔父、叔母面前多尽敬爱之心。平常做事的时候，要谨记全家就是一个不可分割的整体，万不可怀有相互歧视之心，这样家中老辈、内外亲戚必然会器重、喜爱你，后辈的兄弟姐妹们也必以你为榜样，对你更加亲近尊敬。如果能让宗族、乡党们都认为纪泽的度量跟他的父亲相比，有过之而无不及，那就是我莫大的欣慰了。

以前我在信中曾教你学作赋，你的回信中却没有提及此事；后来我又写信教导你涵养二字，你的回信中同样也没有提到，不知到底是什么原因。以后我在信中议论的事，你的回信时要逐一作出回应。

历数本朝大儒，除了顾亭林以外，我最喜欢的要数高邮王氏的学问。王安国早年以科举鼎甲进入仕途，官至尚书，追谥文肃，以严正之名被朝中官员推崇。他生怀祖先生念孙，念孙对于经学研究精卓；念孙生王引之，引之又以鼎甲入仕，官至尚书，追谥文简。祖孙三代都好学深思，沿袭了汉韦氏、唐颜氏的学识和风范。我自问自己的学问无所成就，深感遗憾，与王文肃公相差如此之远，更是有愧。如今只希望你能成为怀祖先生，成为伯申氏，这是我做梦都没有忘记的事。怀祖先生的著作《广雅疏证》《读书杂志》家里没有，不过伯申氏的著作《经义述闻》《经传释词》，在《皇清经解》中都有，你可以找出来仔细研读。若碰到不懂之处，可以写信问我。本朝研究经学的人，都精通小学，但大致都没有超越段、王两家的水平。其余的就不一一列举了。

父涤生示

咸丰八年十二月三十日

一五　致两弟：交人带回字帖等物各得所用

【原文】

澄侯、沅甫两弟左右：

昨初四日发去一缄，声明俊四即日送书归去。兹交俊四篾篓一担，内殿版初

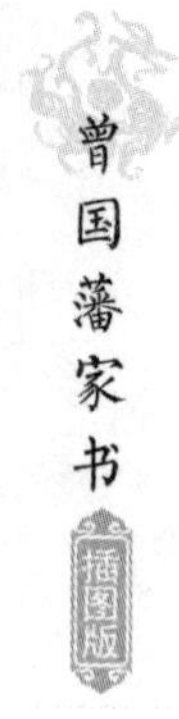

印《十三经注疏》一部、端砚一方、《圣教序》帖一本、耕织图墨一匣，皆许仙屏所送者。墨似是御府所赐，应是戴中堂家之物。沅弟前索之墨并非佳品，兹以此墨赠沅。

《圣教序》以给纪泽儿。纪泽好作字，此帖即属难得者。仙屏送此四物，皆罕见之珍。渠北上时，余当有以酬之。此外送余各书无甚精者，皆未寄回，即存营看也。《注疏》余用油纸包过，应可不汗坏。外寄魏德三银信一件照收。即问近好。

兄国藩手草

咸丰九年十二月初五日

【译文】

澄侯、沅甫两弟左右：

我昨天初四发出了一封信，信中告知俊四当天送书回去。现交给俊四的篾篓一担，其中有殿版初印的《十三经注疏》一部、端砚一方、《圣教序》字帖一本，另外还有耕织图一匣，这些东西都是许仙屏送的。墨好像是朝廷所赐，估计是戴中堂家中之物。沅弟前次要的墨并不是佳品，现在就把这种朝廷所赐之墨送给沅弟。

《圣教序》可交给我儿纪泽。纪泽喜好练字，而此帖是难得的好字帖。其实许仙屏赠送的这四样东西，都是当时难得的珍品。他北上之时，我应该好好地酬谢他。此外他送给我的各种书籍中没什么精品，所以都没有寄回去，暂时搁置在军营中以备随时翻看。我已用油纸将《十三经注疏》包扎得很是妥善，大概不会被汗水浸坏。另外随书寄出的还有给魏德三的银信一件，请按数查收。即问近好。

兄国藩手书

咸丰九年十二月初五日

一六　致两弟：人无完人，不可强求完美

【原文】

沅、季两弟左右：

十一日接沅弟初六日信，是夕又接两弟初八日信，知有作一届公公之喜。初

七家信尚未到也。应复事，条列如左：

一、进驻徽州，待胜仗后再看，此说甚是。目下池州之贼思犯东、建，普营之事均未妥叶，余在祁门不宜轻动，已派次青赴徽接印矣。

二、僧邸之败，沅弟去年在抚州之言皆验，实有当验之理也。余处高位，蹈危机，观陆、何与僧覆辙相寻，弥深悚惧，将有何道可以免于大戾？弟细思之百详告我。吾恐诒先人羞，非仅为一身计。

三、癸冬屏绝颇严，弟可放心。周之翰不甚密迩，或三四日一见。若再疏，则不能安其居矣。吴退庵事，断不能返汗，且待到后再看。文士之自命过高，立论过亢，几成通病。吾所批其硬在嘴、其劲在笔，此也。然天分高者，亦可引之一变而至道。如罗山、璞山、希庵皆极高亢后乃渐归平实。

即余昔年亦失之高亢，近日稍就平实。周之翰、吴退庵，其弊亦在高亢，然品行究不卑污。如此次南坡禀中胡镛、彭汝琮等，则更有难言者。余虽不愿，而不能不给札，以此衡之，亦未宜待彼太宽而待此太褊也。大抵天下无完全无间之人才，亦无完全无隙之交情。大者得正，而小者包荒，斯可耳。

四、浙江之贼之退，一至平望，一至石门，当不足虑，余得专心治皖南之事。春霆尚未到，殊可怪也。

咸丰十年八月十二日

【译文】

沅、季两弟左右：

我于十一日接到沅弟于本月六日寄来的一封信，晚上又接到两弟于本月八日的来信，知道自己当了爷爷，真是天大的喜事。本月七日的家信还没有收到。现将应答复的事情，逐条排列如下：

一、关于进驻徽州之事，等打了胜仗再另行商谈，这个建议很对。如今池州的敌军正准备进攻东、建等地，普营的事也还没办好，我在祁门不宜轻举妄动，已经派次青赶赴徽州接管印信。

二、僧王的失败，说明沅弟去年在抚州的预言得到了应验，可见沅弟的见解确实很有道理。我现在身居要位，常蹈危机，如今又看到陆、何与僧相继战败的厄运，心中更是恐惧，怎样才能够让我免除大难呢？请你深思熟虑之后，详细地告知于我。我这样做不仅仅是为了自己的前途安危考虑，而是害怕自己的过失会使先人蒙受羞辱。

三、对癸冬我摒绝得很严格，你大可放心。对周之翰也不再亲密，有时隔三四天才会与他约见一次，如果过于疏远他，就无法使他安心了。目前绝不可让吴退庵返汗，暂且等到以后再说。文人大多自认为很了不起，不免言辞狂傲，这几乎成了文人的通病。我曾批评他口气强硬、文笔刚劲，说的就是这个意思。不过天赋高的人，若适当引导，也可变成得道之士。如罗山、璞山、希庵原本都是非常高傲的人，后来才慢慢磨炼得归于平实。

我过去也是如此，错在高傲，直到近些年来才逐渐变得平淡朴实。周之翰、吴退庵的缺点也是太过高傲，但是他们的品行终究不卑污。像这次南坡信中说的胡镛、彭汝琮等人，就更难说了。虽然我心中也不愿如此，但却不得不下公文，用这个来衡量一下，也不应该厚此薄彼。总的来看，天下没有一点缺陷都没有的完美之人，也没有完全没有摩擦和矛盾的友谊。只要在大的方面能够做得正直，一些小瑕疵也可以包容，这样也就过得去了。

四、浙江的敌军已逐渐败退，一部分到了平望，一部分去了石门，都已经不足为虑了。这样我就可以静心治理皖南的军务了。春霆现在竟然还没有到，真有些奇怪，不知道到底怎么回事。

咸丰十年八月十二日

一七　致四弟：不宜非议讥笑他人

【原文】

澄侯四弟左右：

二月初一日唐长山等来，接正月十四日弟发之信，在近日可谓极快者。

弟言家中子弟无不谦者，此却未然，余观弟近日心中即甚骄傲。凡畏人，不敢妄议论者，谦谨者也，凡好讥评人短者，骄傲者也。弟于营中之人，如季高、次青、作梅、树堂诸君子，弟皆有信来讥评其短，且有讥至两次三次者。营中与弟生疏之人，尚且讥评，则乡间之与弟熟识者，更鄙睨嘲斥可知矣。弟尚如此，则诸子侄之藐视一切，信口雌黄可知矣。

谚云："富家子弟多骄，贵家子弟多傲。"非必锦衣玉食、动手打人而后谓之骄傲也，但使志得意满毫无畏忌，开口议人短长，即是极骄极傲耳。余正月初四信中言戒骄字，以不轻非笑人为第一义；戒惰字，以不晏起为第一义。望弟常常猛省，并戒子侄也。

此间鲍军于正月二十六大获胜仗，去年建德大股全行退出，风波三月，至此悉平矣。余身体平安，无劳系念。

咸丰十一年二月初四日

【译文】

澄侯四弟左右：

二月初一这天唐长山等人到来，收到了正月十四日弟弟寄出的信，在近些日子到达的信件中，速度也算是很快的了。

弟弟说家里子弟没有一个不谦和恭谨的，我看事实并非如此。我观察弟弟近日就开始心生傲气了。凡是敬畏别人、不敢对人妄加评论的，都是恭谨谦和的人；凡是喜欢讥笑评论他人短处的，都是骄傲的人。对于营中的人，如季高、次青、作梅、树堂诸位君子，弟弟都在来信中讥笑评论了他们短处，而且有两三次之多。对于营中与你比较生疏的人，你都要毫不留情地讥笑评论，那乡里间与你熟悉认识的人，你对他们的睥睨和斥责，更是可想而知了。弟弟尚且如此，那其余的子侄们目中无人、藐视一切、信口雌黄的行径想必并不在少数。

谚语说："富家子弟多骄，贵家子弟多傲。"从此句来看，并非只有锦衣玉食、对人动不动就拳脚相加才称得上是骄傲，其实言语间流露出的志得意满、毫

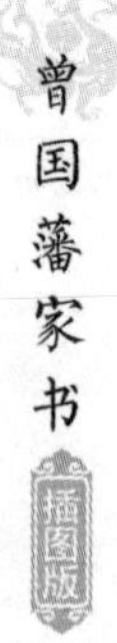

无顾忌，开口闭口议人短长，这就是极骄傲的体现。我正月初四的信中说戒除“骄”字，就是以不轻易非议嘲笑人为第一要义；戒除“惰”字，就是以不晚起为第一要义。望弟弟常以这两点来反省自己，并时时告诫子侄们谨守。

这里鲍军于正月二十六日大获胜仗，去年建德大股敌军全部退出，三个月的风波，至此终于全部平息了。我近来身体无恙，健康平安，无须挂念。

咸丰十一年二月初四日

一八 致九弟季弟：述有负朋友

【原文】

沅、季弟左右：

湖南之米昂贵异常，东征局无米解来，安庆又苦于碾碓无多，每日不能舂出三百石，不足以应诸路之求，每月解子药各三万斤，不能再多，望弟量入为出，少操几次，以省火药为嘱。扎营图阅悉。得几场大雨，吟、昆等营必日松矣，处处皆系两层，前层拒城贼，后层防援贼，当可稳固无虞。少泉代买之洋枪，今日交到一单，待物到即解弟处，洋物机括太灵多不耐久，宜慎用之。

次青之事，弟所进箴规，极是极是，吾过矣！吾过矣！吾因郑魁士享当世大名，去年袁、翁两处及京师台谏尚累疏保郑为名将，以为不妨与李并举，又有郑罪重李情轻，暨王锐意招之等语，以为比前折略轻。逮拜折之后，通首读来，实使次青难堪。今得弟指出，余益觉大负次青，愧悔无地。余生平于朋友中，负人甚少，惟负次青实甚。两弟为我设法，有可挽回之处，余不惮改过也。

同治元年六月初二日

【译文】

沅弟、季弟左右：

湖南的米价，近日昂贵异常，为东征供应的米粮已经很久没有解送来营，再加上安庆没有足够的碾碓，每天舂米不过三百石而已，根本不足以供应各路官兵的需求。目前每月最多解送子弹、火药各三万斤，不能超出这个范围，希望弟弟

量入为出，细心衡量，尽量少操演几次，以节省火药。扎营地图我已看过，下几场大雨，吟、昆等营的防守定会日渐松懈。现在到处都是两层抵御，前一层是抵抗城里的敌人，后一层是防御支援的敌人，如此应当比较稳固，暂时不会有太大危险。少泉代买的洋枪，今天收到一个单子，等货到了马上解送弟弟营中，洋枪机括太灵，多数达不到经久耐用的要求，告诫士兵们要慎用。

关于次青的事，弟弟的规劝，说得很有道理，确实是我的过失！是我的过失！我因为郑魁士享当世大名，去年袁、翁两处，以及京城台谏，还多次上疏保郑为名将，认为失守的事是与郑李两人同罪的，再者，郑罪重、李情轻，及皇上锐意招之这些话，以为比前面的奏折分量减轻了。等到拜读了奏折以后，才发现通篇文字，实在让次青过于难堪。现在弟弟指出来，我更感觉对次青很是有愧，实在愧疚、无地自容！我生平与朋友相处，负人之处很少，但这次实在有负于次青，而且负欠的很多。希望两弟尽力为我想办法，只要能够挽回，我一定诚心改过。

同治元年六月初二日

一九　谕纪泽：安危之际，不可为一己之身名计

【原文】

字谕纪泽儿：

接尔闰月禀，知澄叔尚在衡州未归，家中五宅平安，至以为慰。

此间连日恶风惊浪。伪忠王在金陵苦攻十六昼夜，经沅叔多方坚守，得以保全。伪侍王初三四亦至，现在金陵之贼数近二十万，业经守二十日，或可化险为夷。兹将沅叔初九、十与我二信寄归，外又有大夫第信，一慰家人之心。

鲍春霆移扎距宁郡城二十里之高祖山，虽病弁太多，十分可危，然凯军在城主守，春霆在外主战，或足御之。惟宁国县城于初六日失守，恐贼猛扑徽州、旌德、祁门等城，又恐其由间道径窜江西，殊可深虑。

余近日忧灼，迥异寻常气象，与八年春间相类。盖安危之机，关系太大，不仅为一己之身名计也。但愿沅、霆两处幸保无恙，则他处尚可徐徐补救。此信送澄叔一阅，不详。

涤生手示

同治元年九月十四日

【译文】

字谕纪泽儿：

我已经收到了你闰八月写来的信，得知澄叔尚在衡州，还没有回去。家中五宅平安，心里十分欣慰。

这里连日恶风惊浪。伪忠王在金陵苦攻十六昼夜，经沅叔多方坚守，最终得以保全。初三四伪侍王也抵达金陵。如今金陵附近的敌人已有近二十万之多，不过我军已经坚守了二十天，或许能够化险为夷。现将沅叔初九、初十写给我的两封信寄回，另外还有大夫第（曾国荃的府第）的信，以宽慰家人的忧虑之心。

鲍春霆已经移营，目前驻扎在距宁郡城二十里的高祖山上，虽然生病的士兵很多，情势十分危险，但凯军在城内专注于防守，春霆军在城上专注于作战，估计已经足以抵御敌人的进攻了。只是初六那天，宁国县城失守，我担心敌人会趁此猛扑徽州、旌德、祁门等城，或者是由小路直接窜往江西，这些都很让人忧虑。

近来情势危急，以致内心忧虑焦灼，所以气色完全不同于往日，与咸丰八年春天有些相似。目前前线处于安危关头，关系太大，所以不仅仅是为自己的名利而考虑了。但愿沅、霆两地有幸能保无事，那么其他地方还可以慢慢补救。把这封信送给澄叔看看。不再详写了。

涤生手示

同治元年九月十四日

二〇　谕纪鸿：凡岁考科考，须有老成者照应

【原文】

字谕纪鸿儿：

接尔禀件，知家中五宅平安，子侄读书有恒为慰。

尔问今年应否往过科考？尔既作秀才，凡岁科考，均应前往入场，此朝廷之功令，士子之职业也。惟尔年纪太轻，余不放心，若邓师能晋省送考，则尔凡事有所禀承，甚好甚好。若邓师不赴省，则尔或与易芝先生同住，或随罼山、镜和、子祥诸先生同伴，总须得一老成者照应一切，乃为稳妥。

尔近日常作试帖诗否？场中细检一番，无错平仄，无错抬头也。此次未写信与澄叔，尔为禀告。

涤生手示

同治二年五月十八日

【译文】

字谕纪鸿儿：

我已经接到了你的来信，信中说家中五宅平安，子侄们读书都能做到持之以恒，我看后深感欣慰。

你在信中问我，你今年是否要参加科举考试，你既然已经是秀才了，凡是岁考科考，都应该去参加，这是朝廷的命令、士子的义务啊。只是担心你年纪尚小，阅历太浅，所以我不放心你一个人前去。如果邓老师能送你到省城参加考试，那么你许多事情都有人照应，就再好不过了。如果邓老师不去省城，那么你要么与易芝生先生一起住，要么与罼山、镜和、子祥几位先生做伴，总之要有一个老成的人照应一切，才是稳妥之举。

你近日是否还常作试帖诗？考试的时候，要仔细检查自己的考卷，注意平仄、抬头是否有错。这次没有给澄叔写信，你向他禀告即可。

涤生手示

同治二年五月十八日

二一　谕纪鸿：船行沿途不可误挂帅旗，不可惊动官长

【原文】

字谕纪鸿儿：

尔于十九日自家起行，想九月初可自长沙挂帆东行矣。船上有大帅字旗，余未在船，不可误挂。经过府县各城，可避者略为避开，不可惊动官长，烦人应酬也。余日内平安。沅叔及纪泽等在金陵亦平安。此谕。涤生手示。

同治二年八月十二日

【译文】

字谕纪鸿儿：

你于十九日从家中出发，估计九月初就开始从长沙挂帆向东航行了。船上虽然有大帅字的旗帜，但是我并未在船上，所以不可以误挂。沿途会经过很多的府县，到时能避开的就尽量避开，以免惊动地方长官，给他们带去不必要的麻烦，进行一些不必要的应酬。我现在平安无事，沅叔及纪泽等人还在金陵，一样平安。此谕。

同治二年八月十二日

二二　谕纪泽：如涉外事请子密作缄相告

【原文】

字谕纪泽儿：

连接二十九日、初一、初二日三天四禀，具悉一切。

筱泉竟尔不起，深用悼惨，尔往吊祭，余再致联幛、赙仪也。各处咨文尽可不粘保单。兹将排单寄去十余份。如咨文尚未发，排可也，不排亦可也。各省发咨太迟，今亦不复谕矣。

安庆并无长龙解饷，此间已派长龙数号回皖。外间司道及各署有应商之事，余曾嘱其就子密一商。以后凡涉外事，请子密作一缄寄我可也。

裱地图，面背皆用白纸，但用黄绫镶边而已。和州图稍展，令宽四旁略有可折为妥。此嘱。涤生手示。

今日逢四磅信之期，途寄四叔信一缄，日记一本，尔阅后专人送去。

同治三年七月初四日

【译文】

字谕纪泽儿：

近日连续接到你上月二十九日、本月一日、二日三天寄来的四封信，信中所写的事情都知道了。

不曾想筱泉竟然就此一病不起，心中深感哀痛。你要亲自前往吊祭，我还要再派人送去挽联挽幛和赙仪。各处来的咨文完全不必粘保单。现将排单寄去十几份。如果咨文还没有发出，粘排单就行了，不粘排单也没关系。各省发送咨文太慢，暂时不用在意这些。

安庆暂时没有长龙押送军饷，这里已派了数号长龙回安徽。外间的司员、道员和各官署有要商议的公事，我曾经吩咐他们到钱子密那里商议。今后凡是有关外间公事，请子密写信告诉我即可。

若要裱地图的话，正面和背面都应用白纸装裱，不过镶边时一定要用黄绫。和州图应略为加宽一些，四边略微留点儿折边的地方就可以了。此嘱。

今天逢四，是应该送信的日期。我寄给你四叔一封信，一本日记，你看过后派专人给他送去。

同治三年七月初四日

二三　谕纪泽：凡认证皆发给盘川，以示体恤

【原文】

字谕纪泽儿：

接尔十一、十二、十三等号禀，具悉一切。此间初十、十一二等日戏酒三日，沅叔料理周到，精力沛然，余则深以为苦。亢旱酷热，老人所畏，应治之事多搁废者。江西周石一案，奏稿久未核办，尤以为疚。自六月二十三日起，凡人证皆由余发给盘川。以示体恤。尔托子密告知两司可也。

鄂刻地图，尔可即送一份与莫偲老。"轮船行江说"三日内准付回。另纸缮写，粘贴大图空处。万篪轩、忠鹤皋及泰州、扬州各官日内均来此一见。李少荃亦拟来一晤，闻余将以七月回皖，遂不来矣。此谕。

涤生手示

同治三年七月十三日巳刻

【译文】

字谕纪泽儿：

我已经收到了你十一、十二、十三等日所寄的来信，信中一切尽知。初十、十一、十二这几天一直在演戏庆贺，还置办了酒宴，一切的应酬沅叔处理得都很周到，恰到好处，显出充沛的精力，我却整日为这些事烦心。最近天气旱得厉害、酷热难当，老年人最厌恶的就是这样的天气，如此一来，本该处理的很多公务都被耽误了。其中江西周石一案，因奏稿长时间没有核实完成，至今仍被搁置，心中特别愧疚。从六月二十三日起，凡是做人证的都由我发给路费，以示体恤下情。你可以托付钱子密告知布、按两司。

湖北所刻的地图，你可以送一份给莫友之。《轮船行江说》三天之内一定送回，另外取纸重新誊写，粘贴在大图的空白处。万篪轩、忠鹤皋以及泰州、扬州各衙署的官员这几天都来金陵一见。李少荃原本准备同来金陵会面，后来听说我将于七月回安徽，就取消了行程。此嘱。

涤生手示

同治三年七月十三日巳刻

二四　谕纪鸿：为人以谦敬二字为主，择交要慎重

【原文】

字谕纪鸿：

自尔还湘启行后，久未接尔来禀，殊不放心。今年天气奇热，尔在途次平安否？

余在金陵与沅叔相聚二十五日，二十日登舟还皖，体中尚适。

余与沅叔蒙恩晋封侯伯，门户太盛，深为祗惧。

尔在省以谦敬二字为主，事事请问意臣、芝生两姻叔，断不可送条子，致腾物议。十六日出闱，十七八拜客，十九日即可回家。九月初在家听榜信后，再起程来署可也。

择交是第一要事，须择志趣远大者。此嘱。

涤生手示（旧县舟次）

同治三年七月廿四日

【译文】

字谕纪鸿：

自从你起程回湖南之后，很久没有接到你的来信，心中总是放心不下。今年天气非常热，不知你一路上是否平安？

我在金陵与沅叔相聚了二十五天，二十日上船回安徽，身体还好。

我与沅叔蒙受厚恩晋封了侯伯，门户太过兴盛了，心中深为恭敬惧怕。

你在省城要以谦敬二字为主，凡事都要请教意臣、芝生两位姻叔，千万不可送条子，招引来别人的批评。你十六日出试场，十七八日去拜访客人，十九日就

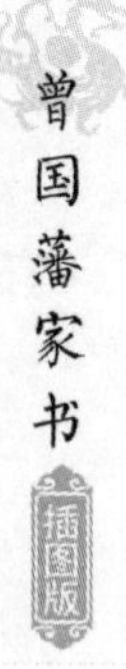

可回家。九月初在家听了榜上的信息后，再起程来官邸就行了。

选择朋友是人生的第一要事，务必选择志趣远大的相交。此嘱。

涤生手示（旧县舟次）

同治三年七月二十四日

二五　谕纪泽纪鸿：须按月接济邵宅

【原文】

字谕纪泽、纪鸿儿：

十五日接泽儿十一日禀，鸿儿无禀，何也？

今日接小岑信，知邵世兄一病不起，实深伤悼。位西立身行己读书作文俱无差谬，不知何以家运衰替若此？岂天意真不可测耶？尔母之病，总带温补之剂，当无他虞。罗氏外孙及朱金权已痊愈否？

此间大水异常，各营皆已移渡南岸。惟余所居淮北两营系罗茂堂所带，二日内尚可不移。再长水八寸，则危矣。阴云郁热，雨势殊未已也。

邵世兄处，应送奠仪五十金，可由家中先为代出，有便差来营即付去。滕中军所带百人，可令每半月派一兵来，此不必定候家乡长夫送信。余托陈小浦买龙井茶，尔可先交银十六两，亦候下次兵来时付去。邵宅每月二十金，尔告伊卿照常致送否？须补一公牍否？尔每旬至李宫保处一谈否？幕中诸友凌晓岚等，相见契惬否？气势、识度、情韵、趣味四者，偶思邵子四象之说可以分配，兹录于别纸。尔试究之。

涤生手示

同治四年六月十九日

【译文】

字谕纪泽儿、纪鸿儿：

我于十五日接到泽儿十一日寄来的禀帖，却没有鸿儿的禀帖，不知道什么原因？

今天我接到了小岑的来信，得知邵世兄一病不起，竟然就此病故，实在深感哀痛。邵世兄在立身、处世言行、读书、作文等方面都没有什么过失，不知为何家运竟衰落到了如此程度？难道说天意真的神秘莫测吗？你母亲的病，总要用些温补的药剂，估计应该没什么大碍。不知罗氏外孙及朱金权的病情是否见好？

我这里的水灾十分严重，各营都已转移到南岸。只是我所住的淮北两个营是罗茂堂所带的部队，两天内尚可不迁移。如果水再涨八寸，情势就十分危险了。最近天气总是阴云密布，十分闷热，看来雨势还没有要停的趋势。

邵世兄病故，应该送上奠仪银五十两，可暂时由家中先代我垫付，以后有便差来营中就顺便捎带回去。滕中军带的一百人，可叫他每半个月派一名士兵来，不必非要等候家乡派来的长夫送信。我拜托陈小浦为我买了龙井茶，你可以先给他十六两白银，也等下次有兵差来营时顺便带回去。邵家每月的二十两，你告诉伊卿照常送去吗？要不要再补发一道公函？你还是每隔十天到李宫保那里谈一次吗？你与凌晓岚等官署中的幕僚诸友，都还算投机吧？以前我说的气势、识度、情韵、趣味这四个方面，偶然想起邵世兄四象之说可以与之对应，现另外写在一张纸上。你试着深深研究一番。

涤生手示

同治四年六月十九日

二六　谕纪泽纪鸿：好而知其恶，恶而知其美

【原文】

字谕纪泽、纪鸿儿：

接泽儿八月十八日禀，具悉。择期九月二十日还湘。十月二十四日四女喜

事，诸务想办妥矣。凡衣服首饰百物，只可照大女二女三女之例，不可再加。纪鸿于廿日送母之后，即可束装来营。自坐一轿，行李用小车，从人或车或马皆可，请沅叔派人送至罗山，余派人迎至罗山。

淮勇不足恃，余亦久闻此言，然物论悠悠，何足深信。所贵好而知其恶，恶而知其美。省三、琴轩均属有志之士，未可厚非。申夫好作识微之论，而实不能平心细察。余所见将才杰出者极少，但有志气，即可予以美名而奖成之。

余病虽已愈，而难于用心，拟于十二日续假一月，十月奏请开缺，但须沅叔无非常之举，吾乃可徐行吾志耳。否则别有波折，又须虚与委蛇也。此谕。

同治五年九月初九日

【译文】

字谕纪泽、纪鸿儿：

接到泽儿八月十八日信，知道了一切。你选定日子在九月二十日回湘乡，十月二十四日是四女出嫁的喜期，各种事务我想已备办停当了。大凡衣服首饰等物，只能依照大女、二女、三女出嫁时的定例办，不要再增。

纪鸿在二十日送过母亲后，就可以收拾行装来大营。自己坐一顶轿子，行李用小车搭载，跟从的人乘车骑马都行，请沅叔派人送到罗山处，我再派人到罗山去迎接。

淮勇不能够依靠，我也早有耳闻，但人多嘴杂，哪值得相信？可贵之处在于喜好他能知其恶，厌恶他能知其美。刘省三、潘琴轩都是有志向的人才，不能批评过分。申夫好作一些洞察秋毫的议论，实际上却不能静下心观察。我所见过的将才里面，杰出的极少，但只要有大志，就可以给他美名奖励他，成就他。

我的病虽已好，但难以用心，准备于十二日续假一个月，十月奏请去职。但前提是你沅叔没有不寻常的举动，我才能慢慢实现我的愿望。否则的话，另生波折，又要敷衍应付。此谕。

同治五年九月初九日

二七　致沅弟：与他人交际，须省己之不是

【原文】

沅弟左右：

初四日接二十八日信，初五日又接三十夜信，具悉一切。

二十日之寄谕（令余入觐者），初二日之复奏，均于初三日交专差带去，想已收到。顷又得初一日寄谕，令回江督本任。

余奏明病体不能用心阅文，不能见客多说，既不堪为星使，又岂可为江督？即日当具疏恭辞。余回任之说，系小泉疏中微露其意。兹将渠折片并来信抄寄弟，余回信亦抄阅。

弟信云“宠荣利禄利害计较甚深”，良为确论。然天下滔滔，当今疆吏中不信倚此等人，更有何人可信可倚？吾近年专以至诚待之，此次亦必以江督让之。余仍请以散员留营，或先开星使、江督二缺，而暂留协办治军亦可，乞归林泉亦非易易。

弟住家年余，值次山、筱泉皆系至好，故得优游如意。若地方大吏小有隔阂，则步步皆成荆棘。住京养病尤易招怨丛谤。余反复筹思，仍以散员留营为中下之策，此外皆下下也。

弟开罪于军机，凡有廷寄，皆不写寄弟处，概由官相转咨，亦殊可诧。若圣意于弟，则未见有薄处，弟惟诚心竭力做去。吾尝言：“天道忌巧、天道忌盈、天道忌贰”，若甫在向用之际，而遽萌前却之见，是贰也。即与他人交际，亦须略省己之不是。弟向来不肯认半个错字，望力改之。顺问近好。

同治五年十一月初七日

【译文】

沅弟左右：

初四日接到弟二十八日的来信，初五又接到三十夜的来信，得悉了一切情况。

二十日的寄谕（命我入朝觐见），初二的复奏，都在初三日交由专差带去，估计应该已经收到了。刚刚又接到初一的寄谕，令我回两江总督署担任原职。我向朝廷奏明自己近来多病，无法用心阅文，更不能见客多说话，既然不能担任钦差大臣，又怎可担任两江总督呢？当日就写了奏章，推辞了这个职务。回到原任之事，系小泉的奏疏中稍有提及，现将他的折稿和来信抄寄给弟，我给他的回信也一并抄阅寄去。

弟弟在信中说“宠荣对利禄利害计较太深”，确是如此。但世上人物众多，事情也纷乱无章，当今的疆吏不信赖倚仗这样的人，还有什么人可以信赖倚仗的呢？我近年至诚待他，这次也必定也要让他担任两江总督一职。我仍请求自己以散员的身份留在军营，或者先辞去钦差、江督二职，暂留军营协办治军也可以，若要解甲归乡就很难了。

弟在家住了一年多，适逢次山、筱泉都是好友至交，所以能够优游如意。如果地方大官与我们小有隔阂，就足以使我们阻碍丛生，寸步难行了。如果辞官住京养病，更容易招来怨恨，滋生谤议。我反复考虑仍以散员留营为中下之策，其他都不是明智之举，乃下下之策。

弟弟得罪了军机处，所以朝中凡有廷寄，都不写寄弟处，一概由官相转送公文于弟处，也很令人奇怪。皇上对于贤弟，也未见有减薄的表现，贤弟只要尽心竭力地做好自己的分内之事即可。我曾说过：“天道忌恨伪诈，天道忌恨自满，天道忌恨不专一”，就像以前正受重用之时，即刻又萌发前却后退的想法一样，这就是“贰”了。与他人交往时，也必须反省自己不对的地方。弟向来不肯向别人认半个“错”字，希望以后能够用心改正这个毛病。顺问近好。

同治五年十一月初七日

二八 谕纪泽：构怨太多将毁仕途

【原文】

字谕纪泽儿：

正月初四日专人送信并书箱之式回家。旋于初六日自周家口起行，至十五日抵徐州府。一路平安，惟初十日阻雪一天，余均按程行走。定于十九日接印。官员中自李少荃宫保而下，至大小文武各员，皆愿我久于斯任，不再疏辞；江南士民闻亦望之如岁。自问素无德政，不知何以众心归向若此？

沅叔劾官相之事，此间平日相知者如少荃、雨生、眉生皆不以为然，其疏者亦复同辞。闻京师物论亦深责沅叔而共恕官相，八旗颇有恨者（雨生云然）。尔当时何以全不谏阻？顷见邸抄，官相处分当不甚要，而沅叔构怨颇多，将来仕途易逢荆棘矣。

曾文煜尚未到营，而尔交彼带来之信却已先到。近两旬未接尔信，殊深悬系。嗣后除专勇接信外，须另写两次交李中丞排递来营。每月三信，不可再少。信中须详写几句，如长沙风气如何，吾县及吾都风俗如何，尔与何人交好，凡本家亲邻近状，皆宜述及，以慰远怀。此信呈澄叔一阅。涤生手示（徐州考棚）。

同治六年正月十七日

【译文】

字谕纪泽儿：

正月初四，我派专人送信和书箱图样回家。初六即自周家口起行，十五日抵达徐州府。这一路上还算平安，只是初十下了一场大雪，耽搁了一天，其他时间都达到了行程所指定的目的地。我决定十九日接掌印信。官员中从李少荃宫保到下层文武各官，都希望我久居此官，不要再上奏辞职。江南的士绅百姓听说这事之后，都很希望我能回任江督。我自问一直没有什么出色的政绩，不知为何众心

归向竟到如此程度？

至于你沅叔参劾官文的事，平日相好的如李鸿章、丁日昌、金安清等人，都认为此事不妥，关系疏远的人，也持有同样的看法。听说京师舆论也深责沅甫而宽恕官相，八旗中对沅甫更是怀恨在心（据丁日昌所言）。你当时为何不提出建议，力阻你沅叔的行为呢？刚看到邸报，对官相的处分不是很严重，麻烦的是你沅叔在官场构怨太多了，他将来仕途必定是易逢荆棘了。

曾文煜还没来到军营，但你交由他带来的信却已提前收到。近两旬来都没接到你的来信，我心里很是放心不下，日日牵挂。以后除了派兵勇专人接送信外，你还要另写两次交给李中丞转递到军营来。这样就能达到每月三封信了，不可再少。信中要详写几句，如长沙的风气如何，我县和我乡的风俗如何，以及你与何人交往，等等。只要是本家亲邻的近况，都要尽多提及，以宽慰我身在远方的牵挂之心。这信可交由澄叔一阅。

涤生手示（徐州考棚）

同治六年正月十七日

二九　致九弟：必须逆来顺受

【原文】

沅弟左右：

接李少帅信，知春霆因弟复奏之片，言省三系与任逆接仗，霆军系与赖逆交锋，大为不平，自奏伤疾举发，请开缺调理。又以书告少帅，谓弟自占地步。弟当此百端拂逆之时，又添此至交龃龉之事，想心绪益觉难堪。然事已如此，亦只有逆来顺受之法，仍不外悔字诀。硬字诀而已。

朱子尝言：“悔字如春，万物蕴蓄初发；吉字如夏，万物茂盛已极；吝字如秋，万物始落；凶字如冬，万物枯凋。”又尝以元字配春，亨字配夏，利字配秋，贞字配冬。兄意贞字即硬字诀也。弟当此艰危之际，若能以硬字法冬藏之德，以悔字启春生之机，庶几可挽回一二乎？

闻左帅近日亦极谦慎。在汉口气象何如？弟曾闻其略否？申夫阅历极深，若遇危难之际，与之深谈，渠尚能于恶风骇浪之中默识把舵之道，在司道中不可多得也。

同治六年三月初二日

【译文】

沅弟左右：

接到李少帅的信，知道春霆因弟弟复奏的片子，说省三是与任逆接仗，霆军是与赖逆交锋，大为不平，自奏伤疾举发，请开缺调理。又写信告诉少帅，说弟弟自占地步。弟弟处于这种百事不顺的时候，又增加这种与好朋友闹矛盾的事，想你心绪更加难堪。但事已如此，也只有逆来顺受了，仍然不外是悔字诀、硬字诀罢了。

朱子常说：“悔字如春天，万物蕴藏积蓄的生机开始生发。吉字如夏天，万物茂盛已极。吝字如秋天，万物开始败落。凶字如冬天，万物凋谢。”又常用元字配春天，亨字配夏天，利字配秋天，贞字配冬天。为兄以为，贞字就是硬字诀。弟弟处在艰危的时候，如果能够以硬字诀效法冬天收藏的德行，以悔字开启春天的生机，也许可以挽回一二吧。

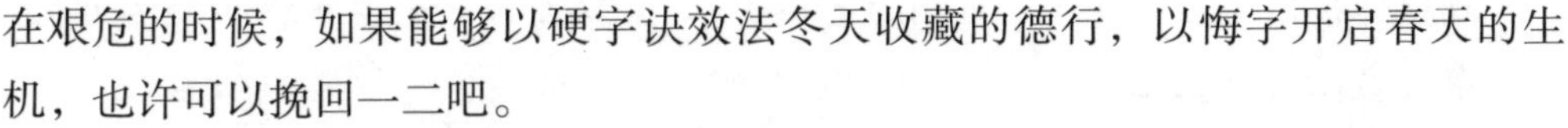

听说左帅近来也很谦慎，在汉口情形如何？弟弟是否知道大致情况？申夫的阅历极深，如果遇到危险，可和他深谈，他还能在恶风骇浪之中，把好舵，领好航，在司道人员中，是不可多得的人才。

同治六年三月初二日

三〇　谕纪泽：勿与权贵相交及银两用度事宜

【原文】

字谕纪泽儿：

久未闻两江折差入京，是以未及写信。前接尔腊月二十六日禀，本日固安途次又接尔正月初七禀，具悉一切。余自十二月十七至除夕已载于日记中，兹付回。

正月灯节以前惟初三、五无宴席，余皆赴人之召。然每日仅吃一家，有重复者辄辞谢，不似李、马二公日或赴宴四五处。盖在京之日较久，又辈行较老，请者较少也。军机处及弘德殿诸公颇有相敬之意，较去冬初到时似加亲厚，九列中亦无违言。然余生平最怕以势利相接，以机心相贸，决计不作京官，亦不愿久作直督。约计履任一年即当引疾悬车，若到官有掣肘之处，并不待一年期满矣。

接眷北来，殊难定策，听尔与尔母熟商。或全眷今春即回湖南，或全家北来保定，明年与我同回湖南，均无不可。若全来保定，三月初即可起行。余于二十日出京，先行查勘永定河。二十七八可到保定，接印后即派施占琦回金陵，二月二十日外可到。尔将书箱交施由沪运京，即可奉母北行耳。

余送别敬壹万四千余金，三江两湖五省全送，但亦厚耳。合之捐款及杂费凡万六千上下，加以用度千余金，再带二千余金赴官，共用二万两。已写信寄应敏斋，由作梅于余所存缉私经费项下提出归款。阅该项存后路粮台者已有三万余金，余家于此二万外不可再取丝毫。尔密商之作梅先生、雨亭方伯，设法用去。凡散财最忌有名，总不可使一人知（一有名便有许多窒碍，或捏作善后局之零用，或留作报销局之部费，不可捐为善举费）。至嘱至嘱。余生平以享大名为忧，若清廉之名尤恐折福也。

杜小舫所寄汇票二张，已令高列三涂销寄回。尔等进京，可至雨亭处取养廉数千金作为途费，余者仍寄雨亭处另款存库，余罢官后或取作终老之资，已极丰裕矣。纪鸿儿及幕府等未随余勘河，二十三日始出京赴保定也。此谕。

涤生手示（固安工次）

同治八年正月二十二夜

【译文】

字谕纪泽儿：

已经很久没有两江的送奏折的人到北京的消息了，所以一直没有给你们写信。前些天收到你腊月二十六日的来信，今日在固安路上，又收到你正月初七的来信，信中的一切都知道了。我已经将十二月十七至除夕之间所发生的事情都写在日记中，最近就可以寄回。

正月灯节以前几乎日日应邀参加宴席，只有初三、初五两日没有宴请，但每日只到一家而已，有重复的就辞谢不去，而不像李、马二人，每日竟然要去四五家赴宴。估计是因为我在京为官已久，辈分又高，所以邀请的人较少。军机处和弘德殿的各位同僚对我很是敬重，比去年冬天我初到之时的交情更加笃厚亲近了。九卿中的诸位官员，对我也很少有批评的言语。只是我生平最不愿和权势利益有所沾染，更不习惯用诡诈的心机与人交往，所以我打算不再担任京官，也不愿久居直隶总督之位。大约履任一年我就称病辞职，如果到任后有掣肘之处，并不会等一年期满，自然会提前辞官。

接家眷北来的事，我很难决定，由你与你母亲好好商量一下决定。或者全家今年春天就回湖南，或者全家北来保定，明年和我一起回湖南，都可以。如果决定全家来保定，三月初就可以出发。我二十日出京，先去查勘永定河。二十七八日可到保定，接印后就派施占琦回金陵，他二月二十日后就能到金陵。你把书箱交给施占琦由他从上海运来京城，你就可奉侍母亲北行了。

我临别时馈赠的一万四千余两银子，三江两湖五省全送到了，但亦丰厚。加上捐款和杂费共一万六千左右，加上用度一千余两，再带两千余两赴任，共用两万两。我已写信给应敏斋，由作梅在我存下的私款中提出该款。估计该项存在后路粮台的已有三万多两，我家在这二万两之外不可再取分毫了。你与作梅先生、雨亭方伯密商，设法把余项用去。凡是散财最忌有名，总之不能让任何人知道（一有名就会附带来许多障碍，把余项或做善后用度，或做报销局的部费，不可捐作善举费）。至嘱至嘱。我一生以享得大名声为忧虑，如果是清廉的美名更恐折损了自己的福气。

杜小舫寄来的两张汇票已令高列三涂销寄回去。你们进京，可到雨亭那里提取几千养廉银做路费，其他的仍放在雨亭那里另款存库，我罢官后可能会把它当作养老的费用，已是极丰裕的了。纪鸿和幕府等人都没跟随我查勘永定河，他们二十三日才出京到保定来。此谕。

涤生手示（固安工次）

同治八年正月二十二夜

三一 遗嘱

【原文】

一曰慎独则心安。

自修之道莫难于养心。心既知有善，知有恶，而不能实用其力，以为善去恶，则谓之自欺。方寸之自欺与否，盖他人所不及知，而己独知之，故《大学》之《诚意》章两言慎独。果能“好善如好好色，恶恶如恶恶臭”，力去人欲，以存天理，则《大学》之所谓“自谦”，《中庸》之所谓“戒慎恐惧”，皆能切实行之。即曾子之所谓“自反而缩”，孟子之所谓“仰不愧，俯不怍”，所谓“养心莫善于寡欲”，皆不外乎是。故能慎独，则内省不疚，可以对天地，质鬼神，断无行有不慊于心则馁之时，人无一内愧之事，则天君泰然，此心常快足宽平，是人生第一自强之道，第一寻乐之方，守身之先务也。

二曰主敬则身强。

敬之一字，孔门持以教人，春秋士大夫亦常言之，至程朱则千言万语不离此旨。内而专静纯一，外而整齐严肃，敬之工夫也；出门如见大宾，使民如承大祭，敬之气象也；修己以安百姓，笃恭而天下平，敬之效验也。程子谓上下一于恭敬，则天地自位，万物自育，气无不和，四灵毕至。聪明睿智，皆由此出。以此事天飨帝，盖谓敬则无美不备也。吾谓敬字切近之效，尤在能固人肌肤之会、筋骸之束。庄敬日强，安肆日偷，皆自然之征应。虽有衰年病躯，一遇坛庙祭献之时，战阵危急之际，亦不觉神为之悚，气为之振，斯足知敬能使人身强矣。若人无众寡，事无大小，一一恭敬，不能懈慢，则身体之强健，又何疑乎？

三曰求仁则人悦。

凡人之生，皆得天地之理以成性，得天地之气以成形，我与民物，其大本乃同出一源。若但知私己而不知仁民爱物，是于大本一源之道，已悖而失之矣。至于尊官厚禄，高居人上，则有拯民溺、救民饥之责。读书学古，粗知大义，即有觉后知、觉后觉之责。若但知自了，而不知教养庶民，是于天之所以厚我者，辜负甚大矣。孔门教人，莫大于求仁，而其最切者，莫要于欲立立人，欲达达人数语。立者，自立不惧，发富人百物有余，不假外求；达者，四达不悖，如贵人登高一呼，群山四应。人孰不欲己立己达，若能推以立人达人，则与物同春矣。后世论求仁者，莫精于张子之《西铭》。彼其视民胞物与，宏济群伦，皆事天者性分当然之事。必如此乃可谓之人，不如此，则曰悖德，曰贼。诚如其说，则虽尽立天下之人，尽达天下之人，而曾无善劳之足言，人有不悦而归之者乎？

四曰习劳则神钦。

凡人之情，莫不好逸而恶劳，无论贵贱智愚老少，皆贪于逸而惮于劳，古今之所同也。人一日所着之衣，所进之食，与一日所行之事、所用之力相称，则旁人韪之，鬼神许之，以为彼自食其力也。若农夫织妇终岁勤动，以成数石之粟数尺之布，而富贵之家，终岁逸乐，不营一业，而食必珍馐，衣必锦绣，酣豢高眠，一呼百诺，此天下最不平之事，鬼神所不许也，其能久乎？古之圣君贤相，若汤之昧旦丕显，文王日昃不遑，周公夜以继日，坐以待旦，盖无时不以勤劳自励。《无逸》一篇，推之于勤则寿考，逸则夭亡，历历不爽。为一身计，则必操习技艺，磨炼筋骨，困知勉行，操心危虑，而后可以增智慧而长才识。为天下计，则必己饥己溺，一夫不获，引为余辜。大禹之周乘四载，过门不入，墨子之摩顶放踵，以利天下，皆极俭以奉身，而极勤以救民。故荀子好称大禹、墨翟之行，以其勤劳也。军兴以来，每见人有一材一技，能耐艰苦者，无不见用于人，见称于时。其绝无材技，不惯作劳者，皆唾弃于时，饥冻就毙。故勤则寿，逸则夭。勤则有材而见用，逸则无能而见弃；勤则博济斯民，而神祇钦仰，逸则无补于人，而神鬼不歆。是以君子欲为人神所凭依，莫大于习劳也。

余衰年多病，目疾日深，万难挽回，汝及诸侄辈身体强壮者少，古之君子修己治家，必能心安身强，而后有振兴之象，必使人悦神钦，而后有骈集之祥。今书此四条，老年用自儆惕，以补昔岁之愆；并令二子各自勖勉，每夜以此四条相课，每月终以此四条相稽。仍寄诸侄共守，以期有成焉。

同治十年金陵节署中日记

【译文】

第一是要慎独，慎独心里自然就会安心平静。提升自我修养的方法，最难的莫过于养心了。虽然自己心中能够洞悉善恶，却不能尽自己的力量去扬善除恶，这样的做法就是自欺。是否自欺，别人无从知晓，只有自己心里明白。所以《大学》的《诚意》一章，两次说到慎独的重要。若真的能够做到喜好善美如同喜好漂亮的女色，厌恶丑恶就像厌恶难闻恶臭，尽力去人欲，存天理，那么《大学》中所说的自觉满足而心安理得，《中庸》所说的戒除恐惧的境界，就都能够实现了。这就是曾子所说的自我反省而收敛，孟子所说的上无愧于老天，下无愧于内心。所谓养心，没有比清心寡欲更高的境界了。以上所说的各种境界都是这个道理。所以，若能慎独，那么自我反省时便不会有自满自足之感，可以面对天地、质问鬼神，绝不会有行为无可悔恨而心却畏缩的情况出现。如果一个人没有做过感到愧疚的事，那他面对天地时，自然是神色泰然、镇定自若，这样的心就会是快乐、满足、宽厚、平和的，这就是人生的第一自强之道，也是寻乐的首选，更是保守身心的第一件要事。

第二是要求敬，敬身体自然愈加强健。“敬”这个字，孔门圣人靠它来教育后人，春秋的大夫也经常提及此字，到了程颐朱熹，他们的学说中，纵有千言万语也都不脱离这个宗旨。保持内心的专一宁静，外貌的整齐严肃，这是达到敬所要做的必要的功夫；每次出门都像要去会见贵宾，即便是役使百姓也像举行大祭祀一样庄重，这是敬的气象；自我修养以使百姓平安，忠实恭顺而使天下太平，这是敬的效验。程颐说，若上下致力于恭敬，那么天地就自然运行有序，万物就会发育成长，气数和谐有致，四灵一齐到来，聪明睿智自会衍生，并以此来侍奉天帝，意思就是说敬就没有不完美的。我认为敬字最贴近我们的功用，尤其在于能使人肌肤筋骨得到锻炼。庄重端敬则日益强健，安逸放纵则日渐怠惰，都是自然的征兆的验证。即使年老体弱之人，一旦参加了坛庙祭祀之事，或恰逢战阵危急之际，也会在不自觉间就变得精神抖擞，意气风发，这些足以说明敬能强身健体。若不论多少人，不论大小事，我们都以恭敬之心相待，无懈怠之心，那么做到身体始终强健无恙，还有什么值得怀疑的呢？

第三是要求仁，求仁自然可使人喜悦。常人出生于世，都得到天地之理，以成各自的心性，得天地之气而成形体，所以我与众民、万物一样，从根本上说，都是出自同一源头。如果只知道求一己之私利，而不知道对百姓宽仁，爱护万物，这等于是违逆了同出本源的道理。至于高官厚禄，高居人上，就有拯救人民于水火、饥饿之中的责任。读书学习，效仿古人，自然对大义之所在有了大致粗浅的认识，就有使后知后觉的人觉悟起来的责任。如果只是自己知晓，而不知要教化百姓，这就大大辜负了天地厚待我的初衷。

孔门教人，求仁被列为最重要的位置，而其中最为切要的，就是“欲立立人”“欲达达人”之句，立者，自立就不畏惧，像富人财物有余，不需向外借贷寻求；达者，四通八达，没有违逆，像贵人登高一呼，群山回应。有谁会不愿意自立自达？如果能推而广之到使人立、使人达，那就可以与万物媲美共辉了。后代论求仁的文章，要数张载的《西铭》最为精辟。他把泛爱一切人与物，宠爱救济万物看作天性分内的事。只有这样做，才能称为人；不这样做，就是违背德，称之为贼。果真如此，那么即使尽立天下人，尽达天下人，却没有一句自显行善、劳苦的话，还会有人不尊敬，还会有人不心甘情愿归附的吗？

第四要说的是务必做到习惯于劳苦，劳则鬼神都会敬重。世人的性情，都是好逸恶劳的。无论贵贱智愚老少，大多贪图安逸，逃避劳苦，古今都是如此。如果一个人每天的穿衣饮食与他所做的事所出的力相称，那么别人就会敬重他，连鬼神也会加以赞许，认为他是自食其力的人。农夫、织妇终年勤勤恳恳，收获几石粟粮，织成几尺家布，但富贵之家从不亲历亲为，终年只知安逸享乐，而食必佳肴美味，穿必绫罗绸缎，高枕而卧，一呼百应，这是天下最不公平的事，鬼神也不会称许，这样的情况又如何能长久呢？

古代的圣君贤相时刻以勤劳自勉，如商汤，天还没亮就开始操劳，整日不闲；如文王，太阳偏西，还不见有一刻闲暇；如周公，更是夜以继日、通宵达旦。《天逸》一篇，推之于勤劳就可增寿，安逸则早亡，此规律屡试不爽。若要为自身的一生打算，就一定要练习技艺，磨炼筋骨，在困境中奋勉前行，操心竭虑，之后才能增智慧、长才识。若为天下人打算，一定要做到忘我，即使自己饥渴、自己身落水中，也要先想着拯救别人，若有一人未获得救护，也要当作自己的罪恶。大禹治水四年，过家门而不入；墨子为了推行兼爱，身心俱是损伤，以使天下得利，都是严于律己，奉献自身，只想着勤劳地助救百姓的，所以荀子会对大禹、墨翟的行为赞不绝口，原因就是他们的勤勉。

自从军队兴建以来，凡有人身怀一才一技，又能耐艰苦，没有不被别人重用，也没有不受到时人称颂的。而那些既无才能技艺，又不惯劳作的，都被时人所唾弃，最终的下场大多是受饥冻而死。所以勤劳使人长寿，安逸使人早亡，勤劳有才华而被人举用，安逸无能而被人唾弃，勤劳则能够广济百姓，神灵敬仰，安逸则于人无益，鬼神也不会庇佑。因此君子如果要担起人神所赋予的重任，勤奋劳作应该是第一要事。

我老年多病，眼病也日益严重，无法再挽回了。各位子侄的身体都不是很强壮，古代的君子修身治家，一定要先使自己身体强壮，而后才有振兴的能力，一定要使别人高兴，鬼神敬重，然后才会出现吉祥之兆。今天写下了这四条，用来警惕自己已进年老之心，并尽量弥补以往的过失。两个儿子也要以此各自努力，互相勉励，每夜用这四条作为功课答问，每个月底都用这四条来相互检验，并将此文重复寄给各侄子共守，以期望他们都能有所成就。

同治十年金陵节署中日记